中國學術思想 研究輯刊

初 編

林 慶 彰 主編

第 2 冊

《焦氏易林》易學研究

喬 家 駿 著

花木蘭文化出版社

國家圖書館出版品預行編目資料

《焦氏易林》易學研究／喬家駿 著 — 初版 — 台北縣永和市：
花木蘭文化出版社，2008〔民 97〕

目 4+204 面：19×26 公分（中國學術思想研究輯刊 初編：第 2 冊）
ISBN：978-986-6657-74-0（精裝）
1.（漢）焦延壽 2.學術思想 3.易學 4.研究考訂
121.17 97016039

ISBN - 978-986-6657-74-0

中國學術思想研究輯刊
初 編 第 二 冊 ISBN：978-986-6657-74-0

《焦氏易林》易學研究

作 者 喬家駿
主 編 林慶彰
總 編 輯 杜潔祥
出 版 花木蘭文化出版社
發 行 所 花木蘭文化出版社
發 行 人 高小娟
聯 絡 地 址 台北縣永和市中正路五九五號七樓之三
電話：02-2923-1455／傳真：02-2923-1452
網 址 http://www.huamulan.tw 信箱 sut81518@ms59.hinet.net
印 刷 普羅文化出版廣告事業
封 面 設 計 劉開工作室
初 版 2008 年 9 月
定 價 初編 28 冊（精裝）新台幣 46,000 元

《焦氏易林》易學研究

喬家駿　著

作者簡介

喬家駿，屏東市人，國立高雄師範大學文學碩士，目前就讀於國立高雄師範大學國文研究所博士班，同時現職為高雄師範大學國文學系助教。研究領域為漢代易學與思想。著有〈《焦氏易林》作者辨略〉、〈《焦氏易林》陰陽觀探析〉、〈淺論董仲舒三統說——以《春秋繁露‧三代改制文》為探討中心〉、〈論董仲舒人性論要旨及其對孔、孟、荀人性論之轉化〉、〈《管子》一書開展之養生思想探析〉、〈河圖洛書要旨試探〉、〈論揚雄《法言》之處世哲學〉、〈我行我素，特立獨行——陽虎其人其事及其評價新探〉、〈試探《古詩十九首》模糊之美〉、〈談孔子思想之「中和之美」〉、〈淺論《滄浪詩話》「興趣」之義涵與形成〉、〈淺論席慕蓉「詩話一體」的詩歌特色〉等十餘篇思想及文學方面之論文。

提　　要

　　《焦氏易林》一書以其獨特之體例，於史上之易學領域中自創一格，更是象數與逸象之集大成者。此書因其特殊之性質與內容，而在歷史主流之經、史、子、集的書籍分類方法下無法建立明確之地位，導致此書於千百年以來湮沒於歷史洪流之中，乏人問津，不被重視，故此書之要義與其歷史地位自然無法彰顯。而本論文將探討《焦氏易林》之易學特色、體例、方法與影響，企圖闡明此書不為人知之奧義與價值。本篇論文共計六章，首章緒論，講述研究動機與目的，並對相關研究資料作一現況之介紹與分析。第二章探討《易林》之作者與成書背景；欲窺《焦氏易林》之精華與價值，必需先從此書作者及成書背景著手，若是無法確定此書是位處於何時及其時代風氣與學術環境，也就無從談起此書在易學上與歷史中的貢獻；第三章剖析《焦氏易林》一書之特殊體例與特色；第四章將此書主要內容——解釋四千零九十六首林辭之方法加以分類與說明，進一步了解此書所蘊含之易學象數條例；第五章茲將《焦氏易林》豐富之逸象加以分析與說明；第六章則將此書獨到之處與易學上之價值與影響力，以客觀中肯之角度，予以總評。

第一章　緒　論 ………………………………………………… 1
　第一節　研究動機 ………………………………………… 1
　第二節　研究目的 ………………………………………… 4
　第三節　文獻探討 ………………………………………… 5
　第四節　研究進路 ………………………………………… 7
第二章　《焦氏易林》作者考辨及成書背景 ………………… 9
　第一節　《焦氏易林》作者辨略 ………………………… 9
　　一、《易林》歷代著錄 ………………………………… 9
　　二、《易林》作者之各家說法 ………………………… 11
　　　（一）爲西漢元帝、成帝間人所作 ………………… 12
　　　（二）爲崔篆所撰 …………………………………… 14
　　　（三）東漢以後人撰，託之焦延壽 ………………… 23
　　　（四）東漢許峻所撰 ………………………………… 26
　　　（五）王莽時建信天水焦延壽所撰 ………………… 26
　　　（六）焦延壽即易林之作者 ………………………… 27
　　　（七）爭論此說作者爲誰，無所裨益 ……………… 29
　第二節　《焦氏易林》作者生平相關 …………………… 30
　　一、焦延壽之生平簡介 ………………………………… 30
　　二、焦延壽之師承關係與易學淵源 …………………… 31
　　三、焦延壽之生卒年辨析 ……………………………… 35
　　　（一）生於昭帝始元六年，卒於成帝建始
　　　　　　元年 ………………………………………… 35
　　　（二）生於武帝天漢太始年間，卒於元帝
　　　　　　竟寧年間 …………………………………… 36
　　　（三）生於武帝太始二年，卒於元帝建昭
　　　　　　四年 ………………………………………… 37
　　　（四）生於武帝太始元年，卒於成帝河平
　　　　　　四年 ………………………………………… 37
　第三節　《焦氏易林》成書與反映時代之背景 ………… 40
　　一、《焦氏易林》成書之時代背景 …………………… 40
　　　（一）漢武帝末年 …………………………………… 40
　　　（二）漢昭帝 ………………………………………… 41
　　　（三）漢宣帝 ………………………………………… 41
　　　（四）漢元帝、成帝 ………………………………… 43
　　二、《焦氏易林》反映之時代背景 …………………… 44
　　　（一）政治黑暗的批判 ……………………………… 45
　　　（二）人民現實生活的悲歌 ………………………… 46

（三）理想安樂之社會與生活的追求……… 46

第三節　本章結語………………………………… 48

第三章　《焦氏易林》之體例與特色………… 51

第一節　《焦氏易林》要旨…………………… 52

一、卜筮與象數………………………………… 52

二、《周易》之象數…………………………… 54

三、《易傳》象數論…………………………… 54

第二節　《焦氏易林》之體例………………… 61

一、全書六十四卦爻變組成………………… 61

二、以四言詩鋪陳全文……………………… 63

（一）首句偶句韻式……………………… 64

（二）偶句韻式…………………………… 65

（三）奇句韻式…………………………… 65

（四）全詩一韻式………………………… 65

（五）密韻式……………………………… 65

（六）交韻式……………………………… 66

（七）首末句同韻式……………………… 66

（八）每兩句換韻式……………………… 67

三、《焦氏易林》占卜之法………………… 70

（一）焦林值日法………………………… 70

（二）大衍筮卦法………………………… 72

（三）代著法……………………………… 73

第三節　《焦氏易林》之特色………………… 74

一、「言近意遠」之特質…………………… 74

二、與「先驗主義」有相互呼應之處…… 75

（一）先驗哲學簡述……………………… 76

（二）先驗的感性論……………………… 76

（三）先驗的分析論……………………… 77

（四）先驗的辨證論……………………… 77

（五）《焦氏易林》與「先驗哲學」之比

對…………………………………… 78

三、援用古籍所言說明林辭真義………… 79

四、以「象數」為貫穿全篇之核心……… 80

五、擴大了《周易》之應用範圍………… 81

第四節　本章結語…………………………… 84

第四章　《焦氏易林》釋林辭之法………… 87

第一節　運用「旁通」、「相綜」之概念… 88

一、「旁通」之定義 …………………………… 88

二、「旁通」之溯源 …………………………… 88

三、「相綜」之意蘊 …………………………… 89

四、「相綜」之溯源 …………………………… 90

五、「旁通」與「相綜」之連繫 ……………… 92

六、《焦氏易林》運用「錯綜」之法 ………… 93

七、本節小結 …………………………………… 96

第二節　運用「先天八卦」之概念 …………… 97

一、先天八卦之內涵簡述 ……………………… 97

二、《焦氏易林》運用先天八卦之卦位 ……… 101

三、《焦氏易林》運用先天八卦之卦數 ……… 109

四、本節小結 …………………………………… 118

第三節　運用「互體」之概念 ………………… 119

一、「互體」之定義 …………………………… 119

二、「互體」之溯源 …………………………… 119

三、《焦氏易林》運用「互體」之法 ………… 121

四、本節小結 …………………………………… 124

第四節　運用「半象」之概念 ………………… 124

一、「半象」之意義與溯源 …………………… 124

二、《焦氏易林》運用「半象」之法 ………… 125

三、本節小結 …………………………………… 129

第五節　運用「大象」之概念 ………………… 129

一、「大象」之定義 …………………………… 129

二、「大象」之溯源 …………………………… 131

三、《焦氏易林》運用「大象」之法 ………… 131

四、本節小結 …………………………………… 135

第六節　運用「納甲」之概念 ………………… 135

一、「納甲」之定義與簡述 …………………… 135

二、《焦氏易林》運用「納甲」之法 ………… 137

三、本節小結 …………………………………… 139

第七節　運用「辟卦」之概念 ………………… 140

一、四正卦與二十四氣 ………………………… 142

二、辟卦與雜卦 ………………………………… 143

三、《焦氏易林》運用「辟卦」之概念 ……… 145

四、本節小結 …………………………………… 148

第八節　本章結語 ……………………………… 148

第五章　《焦氏易林》逸象探析 ……………… 151

第一節　《焦氏易林》八卦逸象分析⋯⋯⋯⋯⋯⋯151
一、《焦氏易林》八卦逸象⋯⋯⋯⋯⋯152
二、《焦氏易林》逸象之產生途徑⋯⋯⋯⋯167
（一）由《周易》經傳六十四卦所用之
象⋯⋯⋯⋯⋯⋯⋯⋯⋯⋯⋯167
（二）由〈說卦傳〉、〈雜卦傳〉引伸而
來之象⋯⋯⋯⋯⋯⋯⋯⋯⋯167
（三）由《左傳》所用之象而來⋯⋯⋯168
三、本節小結⋯⋯⋯⋯⋯⋯⋯⋯⋯⋯⋯168
第二節　《焦氏易林》集逸象之大成⋯⋯⋯⋯⋯169
一、孟氏逸象⋯⋯⋯⋯⋯⋯⋯⋯⋯⋯⋯169
二、九家逸象⋯⋯⋯⋯⋯⋯⋯⋯⋯⋯⋯172
三、虞氏易象⋯⋯⋯⋯⋯⋯⋯⋯⋯⋯⋯173
第三節　本章結語⋯⋯⋯⋯⋯⋯⋯⋯⋯⋯⋯178
第六章　《焦氏易林》易學之價值、影響與論文
結論⋯⋯⋯⋯⋯⋯⋯⋯⋯⋯⋯⋯⋯179
第一節　《焦氏易林》易學之價值與影響⋯⋯⋯180
一、孟喜易學之特色與貢獻⋯⋯⋯⋯⋯180
（一）探象數之奧妙，以明立辭之本旨⋯181
（二）明卦候卦氣之徵旨，以符合人事
之用⋯⋯⋯⋯⋯⋯⋯⋯⋯⋯181
（三）明究災異之深旨⋯⋯⋯⋯⋯⋯182
二、《焦氏易林》易學之價值⋯⋯⋯⋯182
（一）《焦氏易林》以獨特之體例自創一
格⋯⋯⋯⋯⋯⋯⋯⋯⋯⋯⋯182
（二）集象數之大成⋯⋯⋯⋯⋯⋯⋯183
（三）保留先秦易學精髓，擴大《周易》
應用範圍⋯⋯⋯⋯⋯⋯⋯⋯185
三、《焦氏易林》易學之影響⋯⋯⋯⋯186
（一）「卦變」方法之影響⋯⋯⋯⋯⋯186
（二）「焦林值日法」、「辟卦」、「納甲」、
「旁通」方法之影響⋯⋯⋯⋯188
（三）「互體」、「半象」之法的影響⋯189
（四）「先天卦位」方法之影響⋯⋯⋯189
（五）「相綜」、「大象」方法之影響⋯190
第二節　論文結論⋯⋯⋯⋯⋯⋯⋯⋯⋯⋯⋯191

主要參考書目⋯⋯⋯⋯⋯⋯⋯⋯⋯⋯⋯⋯⋯197

第一章 緒 論

第一節 研究動機

　　《周易》列於群經之首，其重要地位不言可喻，歷代學者研究《周易》之解釋、意義與闡發其意蘊而形成一股潮流，稱之爲「易學」。筆者自碩士班修習恩師　林文欽教授之「《易經》研究」課程，課堂上當老師介紹漢代象數《易》之時，以「義理」與「象數」二者並重的教學方式，帶領學生進入象數易學的殿堂，也漸漸萌生了對於漢代易學探討之興趣。

　　漢代易學最大之特色是以天文、曆法、陰陽五行配合象數說解或闡發《周易》經傳之思想，而此時玄之又玄的學理與術數內容艱深且晦澀，不易了解，若欲探究其意涵並從「象數」著手，進而推求其「義」，其實不失爲一窺易學真義的入門之好方法。《周易‧繫辭傳》有云：「八卦成列，象在其中」〔註1〕、「聖人設卦觀象，繫辭焉而明吉凶」〔註2〕、「天數二十有五，地數三十，凡天地之數，五十有五，此所以成變化而行鬼神也」〔註3〕聖人觀察自然宇宙之天、地、水、火、雷、風、山、澤之象，制定八卦，顯現寰宇萬物之運轉、變化，又天地之數爲成就萬物變化的神妙之數，而後又從其卦象與爻象推測人事吉凶之理；張善文在《象數與易理》一書中曾對於易學當中之「象數」

〔註1〕 晉‧王弼編、清‧阮元校勘《十三經注疏》冊1《周易‧繫辭下》卷八，台北，藝文印書館，西元1955年初版，頁165。
〔註2〕 《十三經注疏》冊1《周易‧繫辭上》卷七，頁145。
〔註3〕 《十三經注疏》冊1《周易‧繫辭上》卷七，頁153。

與「義理」彼此之關係提出他的看法：

> 《周易》哲學，原本象數，發爲義理……象數猶如根幹，義理猶如
> 枝葉，二者密相關聯而不可分割，是《周易》哲學體系中互爲依存
> 的兩大要素。〔註4〕

筆者對於張善文之意見頗爲贊同，「象數」與「義理」就如同是根幹與枝葉一樣，缺一不可，並重不可偏廢，而「象數」不僅是漢代易學特色之一，也是《周易》經傳所構成之重要來由之一。筆者竊以爲自己在於易學中對於「象數」相關主題缺乏通盤概念，又因恩師　林文欽教授於此領域正好有其獨到之見解與看法，再加上筆者對於漢代易學深感興趣，遂投入於相關領域之研究。

筆者於搜集與閱讀漢代易學之書籍與資料時，《漢書‧儒林傳》提及西漢易學之傳承云：

> 田何傳易授丁寬，丁寬授田王孫，王孫授沛人施讎、東海孟喜、琅
> 邪梁丘賀，由是易有施、孟、梁丘之學。又東郡京房受易於梁國焦
> 延壽，別爲京氏學。〔註5〕

西漢易學大家與象數易學之代表，諸如孟喜、京房之「孟京易學」都有許多相關之探討與資料分析，唯獨孟喜之弟子，同時也是京房之師—焦延壽，卻少有學者對其投注關愛的眼神。歷史上對於焦延壽其人與其易學著作《焦氏易林》〔註6〕一書著墨者甚少，又或是易學相關之書籍探討漢代易學提及焦氏之時，通常一語帶過，如徐芹庭在《兩漢十六家易注闡微》說明「易陰陽災異卦氣卦候之淵源」云：「焦延壽云『嘗從孟喜問易』，京房受易於焦延壽」〔註7〕，文中徐芹庭對於孟喜或是京房易學及特色都有深入探討，唯提到「焦延壽」之學僅以數語帶過；又朱伯崑於《易學基礎教程》言及「漢代象數學派」之主題有云：「漢代象數學派的代表人物是孟喜、京房和虞翻」〔註8〕，提到漢代象數易學大家卻對於京房之師焦延壽之學沒有相關簡述或評論；再者熊十力於《讀經

〔註4〕此文節錄自張善文《象數與義理‧前言》台北，洪葉文化事業股份有限公司，西元1997年1月出版，首頁。

〔註5〕漢‧班固《漢書‧儒林傳》冊7，卷八十八，列傳第五十八，據清乾隆武英殿本校刊，臺北 中華書局，西元1984年第三版，頁6。

〔註6〕焦延壽的著作，除《焦氏易林》外，尚有《易林占變》十六卷，但已亡佚，今不復見。

〔註7〕徐芹庭《兩漢十六家易注闡微》台北，五洲出版社，西元1975年出版，頁46。

〔註8〕朱伯崑《易學基礎教程》北京，九洲出版社，西元2003年2月第四版，頁146。

示要》敘述漢代易學傳承與特色時云：「世儒以焦京之學，明陰陽術數……焦延壽得隱士說，授京房。」〔註9〕，熊十力在漢代易學中點出其中的一個重點「焦京之學」，但言僅於此，對於焦延壽其人與其易學之體例與特色也無進一步之說明；而在歷代對於焦延壽與其書探索有限之情形中，若有提到焦氏之代表作——《焦氏易林》之時，又大都著眼於其「文學價值」而言；諸如宋代黃伯思《東觀餘論・校定焦贛易林序》云：

> 延壽所著，雖卜筮之書，出于陰陽家流，然當西漢中葉，去三代未遠，文辭淡雅，頗有可觀。〔註10〕

又如李鄴嗣《杲堂文詩文集》稱讚胡一桂之詩中有云：

> 得其四言詩一卷，奇文奧義，識學兼造，當是焦延壽一流，為後來詞人所絕無者，讀之驚賞彌日，其思得盡百藥詩文益甚……今百藥猶得存此一卷詩，使後世與《易林》繇辭并讀。〔註11〕

再者明朝楊慎於其書《升庵外集》中對於《焦氏易林》文學評價表達他的看法：

> 《焦氏易林》西京文辭也，辭皆古韻，與《毛詩》、《楚辭》叶音相合，或似詩，或似樂府童謠。〔註12〕

鍾惺於《古詩歸》也提出他對於《焦氏易林》文辭運用提出看法：

> 焦延壽用韻語作占易，蓋倣古繇辭，如「鳳凰于飛，和鳴鏘鏘」之類也。其語似讖、似謠、似諢、似隱、似寓、似脫，異想幽情，深文急響，取其靈警奇奧，可純乎四言者，以存漢詩一派。〔註13〕

茲因《焦氏易林》全書之體例是以「四言詩」為主體，因而學者易以文學價值評論此書，至於隱藏於《焦氏易林》中之易學精華則乏人問津。尚秉和於《焦氏易林注》曰：

〔註9〕　此文節錄自熊十力《讀經示要》（下），台北，明文書局，西元1987年再版，頁546～547。

〔註10〕　宋・黃伯思《東觀餘論・校定焦贛易林序》收錄於景印文淵閣四庫全書，冊850，台北，商務印書館，西元1983年出版，頁383。

〔註11〕　此文節錄自清・李鄴嗣《杲堂文詩文集・後五詩人傳》卷四，浙江古籍出版社，西元1988年第一版，頁475～476。

〔註12〕　此文節錄自明・楊慎《升庵外集》冊四，台北，學生書局，西元1971年初版，頁1818。

〔註13〕　明・鍾惺《古詩歸》收錄於《續修四庫全書》冊1589，上海古籍出版社，西元1995年初版，頁400。

西漢釋《易》之書，其完全無缺者，祇有《焦氏易林》與揚子《太玄》，乃《太玄》至漢末宋衷首爲之注，吳陸績因之作釋義，范望更因宋陸而集其成。至唐王涯、宋許翰、司馬光等更起迭爲而注益詳，獨《易林》無注者。烏程蔣氏影元本略注其故實，然甚鮮，十卦九注未詳，偶有注者，皆《左傳》、《國語》所習見，無大益也。後牟庭作校略，丁晏作釋文，陳喬樅據《易林》以解齊詩，顧千里、黃丕烈等於字句皆略有考訂……然皆病其太略，且所釋只名物故實，至於以卦象釋《易林》文者，詎無一人。〔註14〕

尚秉和感嘆歷代對於《焦氏易林》爲之作注者，無論在質與量上都明顯不足，無法將其精髓闡發出來。黃壽棋於《焦氏易詁・敍》也云：

《焦氏易林》自唐王俞，宋黃伯思、晁公武、程迴諸人，皆不能通其義。……及宋元間，有注其故實者，寥寥無幾之事。後翟雲升、牟庭、丁晏、劉毓崧之徒，均酷愛其辭，竭生平之力而考訂其名物故實。然十不得二三。至於《易林》繇辭，無一字不從象生，不從數出。且對象、覆象、大象、半象，往來雜用，妙義環生，與《周易》之象辭、爻辭，合若符契，則二千年來無一人能察見也。〔註15〕

黃壽祺也對於歷代解釋《焦氏易林》者，尚無人眞正切中此書核心重點，導致其光芒隱而不顯之情況深表遺憾。也由於《焦氏易林》一書之易學思想在史上之探析並不深入與完整，更加深了筆者對於焦延壽與其書一窺究竟的欲望，最後遂決心投入於《焦氏易林》一書之易學研究。

第二節　研究目的

筆者研究《焦氏易林》易學思想，其最主要之目的有以下幾項要點：其一，論文全書以「易學」爲主之角度切入研究主題，而有別於歷史上多以「文學」審美欣賞之視角看待此書，所謂以「易學」探討範疇包含《焦氏易林》一書中所運用之各種釋易之方法條例加以分析、整理，再者探討此書之體例、特色，並從易學史中找出其價值與貢獻之所在。其二，《焦氏易林》一書之作

〔註14〕此文節錄自尚秉和注・常秉義點校《焦氏易林注》北京，光明日報出版社，西元 2005 年 5 月第一版，頁 3。

〔註15〕尚秉和《焦氏易詁・敍》北京，光明日報出版社，西元 2005 年 5 月第一版，頁 3。

者與著作年代在歷史上爭論不休，針對此點筆者以有限之史料與線索試圖推
闡出一個合理之答案，並藉由釐清作者與著作之年代，配合當代學術思潮，
尋找此書之價值與定位。其三，自先秦兩漢以來，象數易學於後代易學發展
有深遠之影響，又本論文之主角《焦氏易林》一書，如同尚秉和先生所言「《易
林》繇辭，無一字不從象生，不從數出」，「象數」實爲此書之關鍵所在，而
「象數易學」之領域對於筆者而言，是一塊既有些陌生又充滿吸引力之寶地，
於是筆者冀望在完成論文的過程之中，一面請益於吾師，一面增進自我對於
象數易學完整概念之構築與涵養自身解答詮釋易學問題之能力，以求得箇中
眞義。其四，筆者欲將此書之作者、時代、易學體例與特色、運用象數之法、
價值與影響作一全面之闡述與整理，期許能夠提供中肯之意見，並以己身微
薄之學力，讓《焦氏易林》一書長久埋沒於歷史洪流下之光芒能重現於萬一。

第三節　文獻探討

　　關於焦延壽或是《焦氏易林》一書之相關研究，可分爲兩大部份加以說
明；首先以台灣方面而言，查詢國家圖書館—全國碩博士論文資訊網，鍵入
關鍵字「焦延壽」或是「易林」等主題之後，目前台灣研究生之學位論文尚
未有發表任何一篇；若是用中華民國期刊論文與論文集查找相關主題，目前
有五篇作品，分別爲〈「易林」古繇詩的藝術美〉、〈焦氏易林的史證價值—詩
經通釋質疑〉、〈現存易林研究〉、〈從漢易源流探討「京房易之傳梁丘賀」與
「焦延壽之傳京房」〉與〈易林作者作時問題重探〉。五篇作品之前兩篇是以
文學角度解讀《焦氏易林》之價值與林辭之義，第三篇〈現存易林研究〉則
是將《焦氏易林》當中之作者、著錄、讀法、內容與逸象作一整理與闡述，
筆者以爲此篇文章以目前台灣地區有關《焦氏易林》有限之研究中，唯一以
「易學」角度切入之作品，可惜因其篇幅有限，許多問題都是點到爲止，稍
欠全盤之連貫與完整性，但仍給予筆者相當之啓發作用。第四篇期刊則是談
到易學傳承與焦延壽之師承之問題；最後一篇〈易林作者作時問題重探〉之
單篇論文爲葉國良於《毛子水先生九五壽慶論文集》所作，此篇探索之主題
集中於「易林作者」與其「時代」辨析，文中蒐集、引用之史料與書籍種類
繁多，給予筆者相當多之線索與可著眼之處。

　　相較於台灣對於《焦氏易林》之問題著墨不深，大陸方面以期刊單篇論

文而言，產量較爲豐富，數量在二、三十篇上下，其切入角度大致是將《焦氏易林》當成是一部四言詩集或是探索其文學價值與詩歌藝術爲主軸，極少數之篇章是以「易學」或是綜合與簡介此書概要的方式呈現，如〈漢代易學與《焦氏易林》〉、〈《焦氏易林》管見〉、〈西漢梁國的易學大師焦延壽〉等，但其文章內容都是以淺論方式帶過，較無有系統地論述。

　　眞正對於筆者有較大之實質幫助，爲大陸地區以下幾本有關《焦氏易林》之易學專著：其一爲陳良運《焦氏易林詩學闡釋》，此書雖是以文學視角探究林辭之意義與價值，但是陳良運對於《焦氏易林》作者相關資料之整理、說明頗爲豐富；而其時代背景之剖析及作者的師承關係之探討也給予筆者許多靈感與線索，進而繼續針對相關問題找到更多之事證與更深入之分析，此書較爲不足之處是資料之引用與論述散見於各章節，較無系統性的整合。其二，鄧球柏譯注《焦氏易林》共上下兩冊。此書顧名思義是以白話口語之方式，說解林辭之意義與卦爻彼此之變化。筆者初涉入《焦氏易林》一書之時，作爲入門之書，對於了解此書林辭之意涵與建立基本概念有相當之幫助。其三爲尚秉和《焦氏易林注》、《焦氏易詁》，此二書是目前研究《焦氏易林》相關問題最爲著名與重要之著作。常秉義於《焦氏易詁·導言》對於尚秉和之易學成就有云：

> 尚秉和，字節之，河北省行唐縣人，生於清同治九年（1870 年），逝於 1950 年。爲前清光緒進士。他學識淵博，著述甚豐，尤精於易學。其代表作有《焦氏易林注》、《焦氏易詁》及《周易尚氏學》。上述三部著作，奠定了尚氏在中國易學史上承先啓後，繼往開來的崇高地位。〔註16〕
>
> 一言以蔽之，從《焦氏易林》到《焦氏易詁》，我們一窺先秦以來原汁原味的「以象盡意」思維系統。〔註17〕

《焦氏易林注》、《焦氏易詁》是史上歷來研究《焦氏易林》之象數義理方面較爲全面且完備之書。《焦氏易林注》一書之中首先考證歷代此書之版本與文字異同之問題，接著將每一首林辭所運用之取象方法一一說解；又《焦氏易詁》將《周易》經傳與《焦氏易林》林辭所顯示之象數條例與逸象整理說明並加以闡揚其意義，對於筆者論文之研究奠下良好之基礎。

〔註16〕《焦氏易詁·導言》，頁 1。
〔註17〕《焦氏易詁·導言》，頁 9。

筆者撰寫《焦氏易林易學研究》一文，於有限之資料與基礎上，以《焦氏易林注》文本爲主、《焦氏易詁》及其他研究《易林》相關專書資料爲輔，儘可能再對《焦氏易林》充實其內容，並對於此書之背景、作者、體例、特色、運用象數之法到歷史價值與影響，企圖作一全面性之探討與剖析，然而囿限於筆者學力有限，冀望本篇論文能將長久被埋沒於歷史洪流中之《焦氏易林》易學原貌，得到重新之審視與評價。

第四節　研究進路

本論文《焦氏易林易學研究》在訂定論文題目之後，筆者開始著手蒐集有關漢代易學思想、哲學、相關象數易學研究之書，乃至於象數易學大家諸如孟喜、京房、荀爽、虞翻思想探討之專書與論文都在收羅範圍之內，最後再搭配各朝史書對於焦延壽其人與《焦氏易林》其書之記載、台灣與大陸有關《焦氏易林》單篇研究之專書、期刊與評論爲本論文主要參考資料之來源。

本論文所依之《焦氏易林》文本，是以尚秉和先生之《焦氏易林注》爲依據，尚秉和於《焦氏易林注》一書對於版本問題有云：

> 《易林》以象學失傳之故，訛字獨多，有形訛者，有音訛者，各本與各本不同，從違至爲困難，本注所依據者有三本：一黃本。黃本乃瞿曇谷從錢牧齋宋本臨得，後陸敕先復爲詳校。嘉慶間陸本歸黃蕘圃，遂以付梓，注內稱宋本者此也。一元本。此本係烏程蔣氏密韻樓藏影元本，今四部叢刊印出者是也。內容大致與黃本同，而恒、桓等字皆缺末筆，則所據亦宋本也，然與黃本異字甚多，往往有勝處。一爲汲古本，汲古所據蓋又一宋本，與黃本、元本異同尤多，故黃本、元本之訛誤爲他本所不能正者，唯汲古能正之。且以汲古校宋本、元本，凡形訛、音訛之沿革皆能屈曲考出，由此證汲古所據之宋本又在黃本、元本之前，故黃本、元本字同訛者，汲古往往能存其眞。以此三本回環互證，雖不能盡通，然已得八九矣，其餘各本亦間採之，然所益甚少，而明本尤雜亂無理，無一善者。〔註18〕

尚秉和將歷代《焦氏易林》之版本分爲黃本、元本、汲古本爲主，所謂「黃本」是瞿曇谷自錢謙益宋本臨得，經由陸敕校訂，最後由黃蕘圃訂本；「元本」

〔註18〕《焦氏易林注》，頁7。

是今四部叢刊據烏程蔣氏之影元本所刊行，其內容與黃本大致相同，尚有少數之異字；「汲古本」爲校正黃本或是元本之用，凡是黃本與元本產生形訛、音訛之沿革皆能自此本爲據加考訂，而此版本之年代在黃本與元本之前。除此之外，其餘版本雜亂疏漏甚多，無一善者；尚秉和將此三本字句異同相互對照加以考據，得出《焦氏易林注》之版本。茲因尚秉和對於《焦氏易林》林辭之字句已考之甚詳，故筆者於本篇論文提及林辭相關字句都是依《焦氏易林注》一書爲主。

欲探求《焦氏易林》易學之精華，就必須解決此書之時代背景與作者究竟爲誰之問題。唯有確定此書所處時代背景之後，才能進一步顯現《焦氏易林》對易學與後世之影響與價值，因而本論文先將歷代各家學者對於《焦氏易林》之作者與時代不同意見加以整理後，一一剖析並證之以史書記載，期望以有限之史料中得出一中肯與合理之答案。

再者，論文將進入《焦氏易林》一書之內，將此書特殊之體例與特色分項整理與分析、闡發，藉以明瞭其中之眞義。又爲了能更深入了解《焦氏易林》易學思想內涵，筆者自解析隱藏於林辭中的象數條例著手，又將此書解釋林辭之取象方法分爲「旁通」、「相綜」、「先天八卦」、「互體」、「半象」、「大象」、「納甲」、「辟卦」八類，針對每一大類的方法探其源流與意義，再以《焦氏易林》之林辭加以佐證，並儘可能秉持客觀之態度，嘗試作出較爲中肯之結論。茲以《焦氏易林》中「卦象」與「取象方法」所運用之象數條例梳理之後，並進一步將林辭本於《周易》經傳之文、或運用其他典籍之佐證所產生之「逸象」加以探析。

論文最後筆者將秉持著自我充實之態度，廣泛閱讀與整理相關資料，在明瞭此書之時代背景、易學特色與表現方法後，試圖尋找《焦氏易林》之地位、價值與影響，企圖以宏觀的視角與論述，來彰顯《焦氏易林》易學於歷史之中扮演的角色與定位。

第二章 《焦氏易林》作者考辨及成書背景

中國史上歷來易學著作稱之爲《易林》者，多如過江之鯽，而本論文所探討之中心——《焦氏易林》（《易林》〔註1〕）即是其中之一；同時此書之作者與成書年代也是各朝各代易學家爭論不休、各執一詞之焦點所在。

本章先將歷代有關《易林》之相關著作羅列整理後，從歷史資料與各代易學專家之說法加以剖析並試圖找尋《焦氏易林》之作者與成書年代。而後進一步探討《易林》作者之生平、思想淵源與成書背景。

第一節 《焦氏易林》作者辨略

一、《易林》歷代著錄

探討《易林》之作者究竟爲何之前，以下茲將二十五史有關《易林》〔註2〕之著錄整理如下表，以利下節《焦氏易林》作者考辨時所用：

史書名稱、部類	焦贛（延壽）〔註3〕《易林》	其他《易林》書目	備 註
《後漢書·崔駰列傳》第四十二		崔篆《周易林》六十四篇。	建武初……幽州刺史又舉篆（崔篆）賢良，篆自以宗門受莽僞寵，愧漢朝，遂辭歸不仕，客居榮陽，閉門潛思，著《周易林》六十四篇。（〈崔駰傳〉）
《後漢書·方術列傳》第七十二（下）		許峻《易林》。（無註明卷數）	

〔註1〕 在討論《焦氏易林》作者前，文中提及此書，先以《易林》稱之。

〔註2〕 此處二十五史即是從《史記》至《清史稿》之範圍中，將書名有「易林」二字之書整理如表，至於各朝各代其它有關易學方面之書，不勝枚舉，在此不一一列舉。

〔註3〕 據《漢書·京房傳》云：「京房事梁人焦延壽，延壽字贛。」

			許曼者，汝南平輿人也，祖父峻，字季山……所著《易林》，至今行於世。（〈方術傳〉）
《梁書‧庾詵列傳》第四十五		庾詵《易林》二十卷。	詵（庾詵）所撰《帝歷》二十卷，《易林》二十卷，《續伍端休江陵記》一卷，《晉朝雜事》五卷，總抄八十卷，行於世。
《南史‧簡文帝本紀》第八		蕭綱（簡文帝）《易林》十七卷。	……帝（簡文帝）文傷於輕靡，時號「宮體」，所著《昭明太子傳》五卷……《易林》十七卷……並行於世。
《南史‧隱逸列傳》第六十六		庾詵《易林》二十卷。	詵（庾詵）所撰《帝歷》二十卷，《易林》二十卷，《續伍端休江陵記》一卷，《晉朝雜事》五卷，總抄八十卷，行於世。
《北史‧藝術列傳》第七十七		吳遵世《易林雜占》百餘卷。	遵世（吳遵世）著《易林雜占》百餘卷，後預尉遲迥亂，死焉。
《隋書‧經籍志》第二十九，五行類	《易林》十六卷。（注曰：焦贛撰，梁又本三十二卷）《易林變占》十六卷。（注曰：焦贛撰）	《易林》二卷。（注曰：費直撰，梁五卷）《易林》三卷。（注曰：魯洪度撰）《周易林》十卷。《易新林》一卷。（注曰：後漢方士許峻等撰‧梁十卷）《易林要訣》一卷。	
《舊唐書‧經籍志》第二十七，五行類	《焦氏周易林》十六卷。（注曰：焦贛撰）	《費氏周易林》二卷（注曰：費直撰）《崔氏周易林》十六卷。《周易林》四卷（注曰：管輅撰）《易林》十四卷。《新易林占》三卷。（注曰：杜氏撰）《周易林》七卷。（注曰：張滿撰）	
《新唐書‧藝文志》第四十九，五行類	《焦氏周易林》十六卷。（注曰：焦贛撰）	《又周易林》二卷《崔氏周易林》十六卷。（注曰：崔篆撰）管輅《周易林》四卷張滿《周易林》七卷。《杜氏新易林占》三卷。《易林》十四卷。	

《宋史‧藝文志》第一百五十九，五行類、蓍龜類	焦贛《易林傳》十六卷。	《易林》三卷。《諸家易林》一卷。	
《明史‧藝文志》第七十二，易類		楊啓新《易林疑說》二卷。楊瞿崍《易林疑說》十卷。	
《清史稿‧藝文志》第一百二十，易類、第一百二十二，術數類		費直《易林》一卷《易林釋文》一卷（注曰：丁晏撰）《易林校略》十六卷（注曰：翟雲升撰）	

　　根據二十五史所載稱之為《易林》者，自《後漢書》後即開始如雨後春筍般出現於正史之中，[註4] 包括崔篆《周易林》、許峻《易林》、費直《易林》、庾詵《易林》、焦贛《易林》、吳遵世《易林雜占》、魯洪度《易林》、張滿《周易林》、管輅《周易林》、杜氏《新易林占》、楊瞿崍《易林疑說》、楊啓新《易林疑說》、丁晏《易林釋文》、翟雲升《易林校略》及其他未知名的《易林》、《易林要訣》等書。這些林林總總之《易林》之書，其形式與內容是否有相雷同之處，由於亡佚大半，若要一一以原典比對，實有困難。而本章節所探討之《易林》作者，即是從現今有限留下之史料與匯整諸家意見，試圖為其找到一合理之說法。

二、《易林》作者之各家說法

　　翟雲升在〈焦氏易林校略序〉有云：

> 世所行《焦氏易林》無善本，宋槧亦交相齟齬，蓋傳寫傳刻為後人
> 改竄、顛倒、割裂久失真矣。[註5]

翟雲升此言可說是道盡《易林》自古以來有眾多歧異不同看法之因。《易林》一書在書中既無自序也無署名作者，只有一篇費直所作之序文，而其序文又有偽作之嫌（下文提到各家說法時將此說加以辨析，此不多作贅述），故留給後人無窮發揮之空間，眾說紛紜。以下茲將歷來大家之說法匯整並辨析如下，

〔註4〕 宋代之後，遼、金、元正史無「經籍」、「藝文」二部，而《明史‧藝文志》則只收當朝著作書目。（此意見參自於陳良運《焦氏易林詩學闡釋》南昌，百花洲文藝出版社，西元 2005 年 5 月第 1 版，頁 284）

〔註5〕 清‧翟雲升《焦氏易林校略‧序》收錄於景印文淵閣續修四庫全書，冊 242，上海古籍出版社，西元 1995 年初版，頁 145。（以下當各書重複引用時，將不再逐次寫明作者、出版資訊，謹註記書名、篇名、卷數與頁碼。）

冀能尋出一合理之答案。

（一）為西漢元帝、成帝間人所作

明人鄭曉對於《易林》作者提出他的看法：

> 《易林》十六卷，世傳出焦延壽，雖隋、唐〈經籍志〉亦然。今考
> 《漢書·儒林傳》、〈藝文志〉及荀悅《漢記》，皆不言焦氏著《易
> 林》。疑今之《易林》未必出於焦氏……今〈明夷之咸〉林云：「新
> 作初陵，踰陷難登。三駒推車，跌損傷頤」，乃成帝時事；〈節之解〉
> 林云：「皇母多恩，字養孝孫。脫於襁褓，成就為君。」似定陶傳太
> 后育哀帝事，皆在延壽後，不應延壽預言之也。……唐王俞序《易
> 林》云：「延壽與孟喜同時」又云：「當在西漢元成間。」喜與梁丘
> 賀同門，豈元成間人耶？〔註6〕

鄭曉認為《易林》應不出自焦延壽之手，因為內容提及成帝及哀帝事，與其時
代不合。〔註7〕鄭曉認為《易林》是西漢元成間人所作，所據有二，其一是《易
林·明夷之咸》云：「新作初陵，踰陷難登。三駒推車，跌損傷頤。」〔註8〕鄭
曉認為是引用漢成帝時之事，但考《漢書·成帝紀》說：

> 秋七月，詔曰：「朕執德不固，謀不盡下，過聽將作大匠萬年已言：『昌
> 陵三年可成。』作治五年，中陵、司馬殿門內尚未加功。天下虛耗，
> 百姓罷勞，客土疏惡，終不可成。朕惟其難，怛然傷心。〔註9〕

成帝自責作昌陵，天下虛耗，民不聊生。〈成帝紀〉所言是「昌陵」並非「初
陵」；「初陵」見於《漢書·劉向傳》：「陛下即位，躬親節儉，始營初陵，其
制約小，天下莫不稱賢明」〔註10〕「昌陵」是「客疏土惡」，「初陵」是「天
下莫不稱賢明」並不是「踰陷難登」，故《易林》所說「新作初陵」也非成帝
時之「初陵」。至於言《易林·節之解》提到「皇母多恩，字養孝孫。脫於襁

〔註6〕 清·朱彝尊《經義考》（上）卷六，日本京都，中文出版社，西元1978年出
版，頁45。

〔註7〕 焦延壽史雖無明載其生卒年，但推之應為昭宣之時人，其推理之過程與所據
之因，將在下一小節探討。

〔註8〕 尚秉和注·常秉義點校《焦氏易林注·明夷之咸》北京，光明日報出版社，
西元2005年5月第一版，頁366。本篇論文提到《焦氏易林》原文皆是以此
本為主。

〔註9〕 漢·班固《漢書·成帝紀》冊1，卷十，本紀第十，據清乾隆武英殿本校刊，
臺北，中華書局，西元1984年第三版，頁9～10。

〔註10〕《漢書·劉向傳》冊4，卷三十六，列傳第六，頁22。

裸，成就爲君。」〔註11〕疑涉定陶傅太后養育哀帝之事；《漢書·外戚傳》云：

> 元帝崩，傅昭儀隨王歸國，稱定陶太后。後十年，恭王薨，子代爲
> 王。王母曰丁姬。傅太后躬自養視，既壯大，成帝無繼嗣……傅太
> 后多以珍寶賂遺趙昭儀及帝舅驃騎將軍王根，陰爲王求漢嗣……明
> 年，遂徵定陶王立爲太子……太子小，而傅太后抱養之，今至太子
> 家，以乳母恩耳。〔註12〕

劉毓崧對於此事有云：

> ……繇詞所言皇母爲定陶傅太后，不知《易林》言皇母亦言元后，
> 皆係指泛詞而無專屬。夫元后既非王太后，則皇母亦非傅太后矣。
>
> 〔註13〕

劉毓崧舉出《易林·艮之訟》：「元后貪欲，窮極民力。執政乖互，爲夷所覆。」
〔註14〕；《易林·旅之姤》：「爲國妖祥，元后以薨。」〔註15〕此二例認爲《易
林》不只稱「皇母」，也稱「元后」，故「皇母」、「元后」都只是泛稱而已。
筆者以爲劉毓崧此說有些牽強，因爲「皇母多恩，字養孝孫。脫於襁褓，成
就爲君」若皇母只是泛稱的話，我們遍尋漢代之史，已找不到如此符合《易
林》此說的情節，是由皇祖母「傅太后」親自撫養幼主「哀帝」。再者，〈外
戚傳〉提到「而傅太后抱養之，今至太子家，以乳母恩耳。」可見得傅太后
對於哀帝恩澤之厚，直至哀帝成人即位，故才稱之「脫於襁褓，成就爲君。」
除此說法外，另外在《四庫全書總目提要》認爲是：「或方伎家輾轉附益，竄
亂原文」才發生《易林》中有這樣不符何年代突兀之事件存在。最後，鄭曉
認爲王俞《易林序》有云：「當在西漢元成間」，故判爲《易林》是元成間人
所作，這是有問題的。因爲王俞《易林序》除說「當在西漢元成間」也有云：

> 俞巖耕東鄙，自前因蒙，客有枉駕蓬廬，以焦辭數軸相示……嘗讀
> 班史列傳及歷代名傳系譜、諸家雜說之文。……先生乃或出或處，
> 外比苞蒙，輒以易道上干梁王，遂爲郡察舉，詔補小黃令。〔註16〕

〔註11〕《焦氏易林注·節之解》，頁589。
〔註12〕此文節錄自《漢書·外戚傳》冊8，卷九十七（下），列傳第六十七（下），頁
　　　　15～16。
〔註13〕清·丁晏《易林釋文》收錄於嚴靈峰《無求備齋易經集成》冊153，台北，成
　　　　文出版有限公司，西元1976年第一版，頁167～168
〔註14〕《焦氏易林注·艮之訟》，頁512。
〔註15〕《焦氏易林注·旅之姤》，頁554。
〔註16〕此文節錄自漢·焦延壽《易林·序》據士禮居校宋本校刊，台北，中華書局，

王俞在此序文中說到「以焦辭數軸相示」、「詔補小黃令」等語是明指《易林》之辭爲焦延壽所作，而鄭曉只因用「新作初陵」、「皇母多恩」之事再加上王俞所說「當在西漢元成間」，就說《易林》是「元成間人」所作，忽略焦延壽作《易林》之可能性。我們仔細審視，「新作初陵」一條已經澄清並非成帝事，王俞之說也認爲《易林》應是焦延壽所爲；至於「皇母多恩」沒有足夠資料顯示此條林辭是否爲後人所篡入抑或是作者所爲，若僅以此單一「孤證」說《易林》就是「元成間人」所作，尚有可議之處。

（二）為崔篆所撰

牟庭在〈校正崔氏易林序〉提到：

> 傳稱焦延壽爲小黃令，以候伺先知，姦邪盜賊不得發。其說長於災變，分卦直日用事，以風雨寒溫爲候，而京房奏考功法、論消息、卦氣皆傳焦氏學，乃觀象玩辭，非言災變者也，何以爲焦延壽書？……一日，檢《後漢書·儒林傳》孔僖拜臨晉令崔駰，以家林筮之；又檢〈崔駰傳〉云：「駰祖篆，王莽時爲建新大尹，稱疾去杠。建武初，客居滎陽，閉門潛思，著《周易林》六十四篇。」余於是執卷惝怳而笑曰：「余乃知之矣，《易林》者，王莽時建新大尹崔延壽之所撰也。」〔註17〕

牟庭接著提出五大證據來證實他的說法，其一：「新信同聲」；其二：「大尹形誤爲天水」；其三：「崔形誤爲焦」；其四：「崔篆蓋字延壽，與焦贛偶同。寫者知有焦延壽，不知有崔延壽」；其五：牟庭引《東觀漢記》永平五年「沛獻王輔」之事，認爲沛獻王輔所受詔次之《易林》序是舊序或出自輔之手，又或爲後人加以竄改，而《隋書·經籍志》據之以嫁名「焦贛」。對於牟庭「崔篆蓋字延壽」的看法，清代學者丁晏反駁此說，認爲遍檢書傳，篆無延壽之字。余嘉錫在《四庫提要辨正》補充說明：

> 然書傳中及崔篆者本少，都不言其字，則亦無以見其必不得字延壽，且安知原文不舉崔篆之字，作王莽時建新大尹崔某某之所作也。……近敦煌石室所出之古書，內有唐寫卷子本古類書殘卷，僅存鶴鴻鵠雉四類……其鶴部內引《易林·謙之泰》「白鶴銜珠」一條，作崔贛《易林》，此必原作《崔氏易林》，後人妄改氏爲贛，而忘改

西元 1970 年第二版，頁 2。

〔註17〕《焦氏易林校略》卷一，頁 145～146。

崔字，遂致以崔篆之姓冠延壽之名，可見焦、崔兩人之書，以姓氏
點畫相近，往往互混爲一。《藝文類聚》卷九十鶴部記崔顥《易林》
曰：「白鶴銜珠」，又誤「贛」爲「顥」。……又日本人所譔類書名爲
《秘府略》者，今尚存寫本殘卷。其中卷八百六十八引《易林・謙
之大過》「被錦夜行」一條，亦題作崔贛。〔註18〕

余嘉錫主張《易林》是崔篆所作，同時對於牟庭論證「崔篆字延壽」之方式
之不足加以補強。余嘉錫以史傳中沒有提及崔篆之字，認爲其字延壽是不無
可能的。他以敦煌石室之古類書殘卷本提到「白鶴銜珠」一條是註明爲崔贛
所作與日人之類書《秘府略》提到《易林》「被錦夜行」一條也是題爲崔贛所
寫，用此二證相互證明：其實因爲焦、崔兩人之書，因爲姓名與筆畫之形相
似，所以才造成史籍記載時之訛誤。余嘉錫雖以崔篆爲《易林》作者，但他
也並沒有否認有《焦氏易林》存在：

唐趙璘《因話錄》卷六云：崔相國群之鎮徐州，嘗以《崔氏易林》
自筮，遇〈乾之大畜〉，其繇曰：「典冊法書，藏在蘭臺。雖遭亂潰，
獨不遇災。」及經王智興之亂，果除秘書監也。此繇見今本《易林・
坤之大畜》，潰作潰，《因話錄》乾字蓋坤之誤，此可爲今本實崔篆
書之佳證。……《崔氏易林》即就焦氏之本而稍加移改。〔註19〕

余嘉錫又以唐代趙璘《因話錄》文中說到《崔氏易林》之名以及《因話錄》
提及〈乾之大畜〉之林辭即今之〈坤之大畜〉爲證，認爲今天我們可見之《易
林》版本是將焦氏文本稍加修改後，由崔篆寫定。

針對牟庭將《易林》作者歸之於崔篆的說法，清代劉毓崧於《易林釋文・
跋》提出反駁：

按後漢明帝永平五年，以《易林》占雨，明帝諱莊而不避莊字，則
非作於明帝時，可知崔篆之《易林》作於光武帝初年。光武帝諱秀
而《易林》不避秀字，斷不出自篆手，則非作於光武帝時可知。……
王莽自言出自田齊，實爲陳恆之後裔。當是時，孰敢指斥恆之罪惡？
而《易林》則言其弑君。夫篆之屈節莽朝，實憚其威虐，豈肯觸犯
猜忌，自蹈誅夷？況莽未篡立之時，已改禁中爲省中，以避其祖諱，

〔註18〕此文節錄自余嘉錫《四庫提要辨證》收錄於陳良運《焦氏易林詩學闡釋》南
　　　　昌，百花洲文藝出版社，西元2005年5月第一版，頁670。
〔註19〕此文節錄自《四庫提要辨證》收錄於《焦氏易林詩學闡釋》，頁671。

而《易林》不避禁字，則非作於莽時可知。

劉毓崧認爲《易林》非崔篆所撰原因如下；其一，《後漢書・崔駰傳》提到崔駰之祖父有云：

> 建武初，朝廷多薦言之者，幽州刺史又舉篆賢良。篆自以宗門受莽僞寵，慚愧漢朝，遂辭歸不仕。客居滎陽，閉門潛思，著《周易林》六十四篇〔註20〕

據《後漢書》所載崔篆在東漢光武劉秀時完成《周易林》，而光武帝之名「秀」卻仍在《易林》書中出現；諸如〈需之艮〉：「黍稷苗稻，垂秀方造。」〔註21〕、〈夬之晉〉：「麥秀傷心，叔父有憂。」〔註22〕都出現「秀」字，明顯犯了帝諱之忌；余嘉錫不贊同以此說證明崔篆沒有作《易林》一書：

> 高祖名邦，惠帝名盈，文帝名恆，景帝名啓，武帝名徹，《易林》皆不避。劉氏云：「漢時法制，尚爲疏闊，惟時主之名，避諱甚嚴。若先代之名，有因以祧不諱，有因臨文不諱，可以隨時變通，故或諱或不諱。」此其說尤不可通。將謂臨文不諱乎，……崔氏亦自可不諱「秀」矣。將謂已祧不諱乎，則高祖固百世不祧，即自惠帝以下，當昭帝時，亦皆未祧廟也。若云時主之名須諱，先代之名不須諱，不知出何典禮，據何經傳？〔註23〕

此番推論頗中劉毓崧之要害，劉氏用《易林》不避「秀」字，故崔篆非作者，但劉氏又說「避諱甚嚴……可以隨時變通」，這一番話，豈不是有前後矛盾之嫌？再加上余嘉錫以《易林》根本不避先帝時人名諱，若要說漢代「避諱甚嚴」也是大有問題。

其二，《漢書・元后傳》有云：

> 孝元皇后，王莽之姑也。莽自謂黃帝之後，其自本曰：黃帝姓姚氏，八世生虞舜。舜起媯汭，以媯爲姓。至周武王封舜後媯滿於陳，是爲胡公，十三世生完。完字敬仲……齊桓公以爲卿，姓田氏。十一世，田和有齊國，三世稱王，至王建爲秦所滅。項羽起，封建孫安爲濟北王。至漢興，安失國，齊人謂之「王家」。因以爲

〔註20〕南朝宋・范曄《後漢書・崔駰傳》冊4，卷八十二，列傳第四十二，據清乾隆武英殿本校刊，台北，中華書局，西元1966年第一版，頁2。

〔註21〕《焦氏易林注・需之艮》，頁55。

〔註22〕《焦氏易林注・夬之晉》，頁431。

〔註23〕此文節錄自《四庫提要辨證》收錄於《焦氏易林詩學闡釋》，頁671

氏。〔註24〕

王莽自述其家族最早源於黃帝，本姓姚；後至舜改姓嬀；齊桓公時改以「田」為姓，最後漢興時，齊人稱為「王家」，因以為氏。王莽出自於田齊（田完），而劉毓崧認為王莽為陳恆之後裔，此二者之關係為何？《史記・齊太公世家》有云：

> 十四年，陳屬公子完，號敬仲，來奔齊。齊桓公欲以為卿，讓；於是以為工正。田成子常之祖也。……康公二年，韓、魏、趙始列為諸侯。十九年，田常曾孫田和始為諸侯，遷康公海濱。〔註25〕

應劭於《漢書・賈鄒枚路傳》索隱中云：

> 燕王噲賢其相子之，欲禪以燕國，國乃大亂。田常，陳恆也。齊簡公悅之，而殺簡公。今使人君去此心，則國家安全也。〔註26〕

綜合《史記》、《漢書》與應劭之說，我們可以得之「陳恒」即是「田常」二者為同一人；而田和為田常之曾孫，王莽又為田和之子孫，故王莽確為田常（陳恆）之後裔。再者，陳恆之事，《左傳》、《論語》皆有記載：《左傳》云：「甲午，齊陳恆弒其君壬于舒州。」〔註27〕；《論語》：「陳成子弒簡公。孔子沐浴而朝，告於哀公曰：『陳恆弒其君，請討之。』」〔註28〕有關此「弒君」之舉，《易林・觀之遯》加以斥責：「雍門內崩，賊賢傷仁。暴亂狂悖，簡公失位。」所謂讓簡公失位之「暴亂狂悖」之事，應就是指陳恆此舉。試想崔篆身於王莽之世，而王莽又為陳恆之後裔，他敢直言不諱，批評當朝天子的祖先嗎？崔篆是如此果敢之人嗎？《後漢書・崔駰傳》有云：

> 莽嫌諸不附己者，多以法中傷之。時篆兄發以佞巧幸於莽，位至大司空。母師氏能通經學、百家之言，莽寵以殊禮，賜號義成夫人……後以篆為建新大尹，篆不得已，乃歎曰：「吾生无妄之世，值澆、羿之君，上有老母，下有兄弟，安得獨潔己而危所生哉？」乃遂單車

〔註24〕《漢書・元后傳》冊8，卷九十八，列傳第六十八，頁1。
〔註25〕此文節錄自瀧川龜太郎《史記會註考證・齊太公世家》卷三十二，世家第二，臺北，大安出版社，西元2005年1月初版第四刷，頁540～549。
〔註26〕《漢書・鄒陽傳》冊5，卷五十一，列傳第二十一，頁6。
〔註27〕楊伯峻《春秋左傳注・哀公十四年》（下冊）高雄，復文圖書出版社，西元1991年9月再版，頁1680。
〔註28〕楊家駱主編《論語古注集箋・憲問篇（中）》台北，鼎文書局，西元1981年3月第三版，頁868。

到官，稱疾不視事，三年不行縣。〔註29〕

由此文可得知，崔篆於新莽時為了保全家人安然無恙，故委屈求全、被迫出仕，而若是崔篆在《易林》斥責王莽先祖陳恆之暴虐行為，豈不是觸犯龍顏，全家有性命之憂嗎？其三，劉毓崧指出王莽的姑姑─孝元皇后，其父親名「禁」，王莽為避其諱，將「禁中」改為「省中」；而《易林‧坤之否》云：「六龍爭極，服在下飾，謹慎管鑰，結禁無出。」〔註30〕卻直言「禁」不諱，崔篆倘若為《易林》作者，又身在王莽之時，上自天子都已避諱此字，崔篆為保護其家人安全，又怎會犯此大忌而招致大禍？除劉毓崧所言之外，崔篆於其臨終作《漢書‧崔駰傳》〈慰志賦〉云：

豈脩德之極致兮，將天祚之攸適。愍余生之不造兮，丁漢氏之中微。
氛霓鬱以橫屬兮，羲和忽以潛暉。嗟三事之我負兮，乃迫余以天威。
豈無熊僚之微介兮，悼我生以殲夷。庶明哲之末風兮，懼大雅之所譏。……懿氓蚩之悟悔兮，慕白駒之所從。〔註31〕

崔篆於此賦中充份表露自身處於黑暗時代下之無奈與愧疚之情。無奈是因不想連累家人，只好忍氣吞聲，戰戰兢兢彎身過日，以期能夠明哲保身。崔篆還說「懼大雅之所譏」，不敢高言闊論大聲批評時政，以防禍從口出，這與《易林》中大量反映時代之黑暗與不滿、勇於批判當代奸佞亂政之情況有很大之出入；例《易林‧家人之晉》：「陰霧不清，濁政亂民。孟秋季夏，水壞我居。」〔註32〕、〈離之萃〉：「苛政日作，蝝食華葉。」〔註33〕二首林辭描述天下因為苛政與濁世，讓人民生活痛苦不堪；又如〈家人之履〉：「君子失意，小人得志。亂擾並作，姦邪充塞。雖有百堯，顛不可救。」〔註34〕、〈豐之咸〉：「腐臭所在，青蠅集聚。變白為黑，敗亂邦國。」〔註35〕此二首更是直接批判當時小人得志，朝綱腐敗，且就算是如同堯舜之賢君再世，也無法挽救病入膏肓之時局。以如此激烈口誅筆伐之方式表達對世局的痛心與不滿，倘若看在當政者之眼裡，豈不是難逃人頭落地之禍？再者，《易林》之批判精神對照於

〔註29〕此文節錄自《後漢書‧崔駰傳》冊4，卷八十二，列傳第四十二，頁2。
〔註30〕《焦氏易林注‧坤之否》，頁14。
〔註31〕《後漢書‧崔駰傳》冊4，卷八十二，列傳第四十二，頁3。。
〔註32〕《焦氏易林注‧家人之晉》，頁376。
〔註33〕《焦氏易林注‧離之萃》，頁305。
〔註34〕《焦氏易林注‧家人之履》，頁372。
〔註35〕《焦氏易林注‧豐之咸》，頁544。

崔篆在〈慰志賦〉中所顯示出無力對抗時代之力不從心之感與怕禍亂上身的怯懦形象，有如天壤之別，因此要說《易林》是崔篆所作，實難以服人。

其四，鄭曉曾懷疑《易林》中提到「皇母養孫」指定陶傅太后而言，在前文討論時，我們並沒有足夠資料証據顯示這究竟爲「後人所篡入之文」或是爲《易林》作者本身所云。再者，倘若要說《易林》爲崔篆所作，也有問題。《漢書·外戚傳》有云

> 傅太后既尊，後尤驕，與成帝母語，至謂之嫗。與中山孝王母馮太
> 后並事元帝，追怨之，陷以祝詛罪，令自殺。元壽元年崩，合葬渭
> 陵……哀帝崩，王莽秉政，使有司舉奏丁、傅罪惡。莽以太皇太后
> 詔皆免官爵，丁氏徙歸故郡。莽奏貶傅太后號爲定陶共王母……既
> 開傅太后棺，臭聞數里。〔註36〕

由上文所載我們可以清楚得知，王莽對於定陶傅太后怨懟之深，視之如寇讎，在她死後，不但削其尊號，甚至還挖其冢，讓已逝之人得不到安息，可見王莽對於傅太后可說是恨之入骨。雖說「皇母養孫」其實也並非專指定陶傅太后，但崔篆是王莽時之官吏，寫出「皇母多恩，字養孝孫」這種令人有遐思空間的字眼，看在王莽之眼裡，如同芒刺在背，豈不是太歲頭上動土，自找死路嗎？其五，《漢書·崔駰傳》可知崔篆客居滎陽，而《易林·師之否》：「柱國雄勇，鬪死滎陽」〔註37〕、〈噬嗑之旅〉：「趙國雄勇，敗於滎陽」〔註38〕，崔篆何必對於自己所居之地加以貶抑之意？其六，歷史上有名之「崔杼棠姜之亂」，這是崔姓後裔所諱之家醜，而《易林》分別於〈乾之夬〉：「東郭棠姜，武子以亡」〔註39〕、〈需之剝〉：「東郭棠姜，武氏破亡」〔註40〕、〈睽之解〉：「東郭棠姜，武子以亡」〔註41〕、〈坎之升〉：「入宮无妻，武子哀悲」〔註42〕、〈升之剝〉：「入室无妻，武子悲哀」〔註43〕五次提到此事，崔篆對於家族此事感到羞愧的話，何必多次以爲美談一般談論，一再觸及陳年舊事之歷史瘡

〔註36〕 此文節錄自《漢書·外戚傳》冊8，卷九十七（下），列傳第六十七（下），頁
　　　 17～18。
〔註37〕 《焦氏易林注·師之否》，頁70。
〔註38〕 《焦氏易林注·噬嗑之旅》，頁218。
〔註39〕 《焦氏易林注·乾之夬》，頁8。
〔註40〕 《焦氏易林注·需之剝》，頁50。
〔註41〕 《焦氏易林注·睽之解》，頁386。
〔註42〕 《焦氏易林注·坎之升》，頁296。
〔註43〕 《焦氏易林注·升之剝》，頁457。

疤？實有違常理。

另外胡適也主張《易林》作者是崔篆而非焦延壽，其所持理由整理如下：

1. 胡適贊同翟雲升《焦氏易林校略》所說：

> 李石《續博物志》後漢崔篆著《易林》六十四篇，篆，駰之祖父，或曰《卦林》，或曰：《象林》。自唐以來，言《易林》者，皆稱焦氏，惟石得其實。又〈同人之豫〉、〈鼎之節〉云：「安民呼池」，考《漢書·孝平帝紀》元始二年，罷安定呼池苑，以為安民縣。孝平正崔氏時，柱焦氏後皆是崔非焦之證也。〔註44〕

查看《漢書·平帝紀》記載：

> 罷安定呼池苑，以為安民縣，起官寺市里，募徙貧民，縣次給食。至徙所，賜田宅什器，假與島、牛、種食。又起五里於長安城中，宅二百區，以居貧民。〔註45〕

胡適質疑丁晏於《易林釋文》所說不實，因為丁晏認為按照毛本（毛何本校本）與黃本（黃丕烈重校宋本）之〈同人之豫〉是「按民呼池」，而後翟本改為「安民」，此是臆改遷就。雖說毛本與黃本在〈同人之豫〉林辭中是「按民呼池」，而〈鼎之節〉毛本與黃本皆為「安民呼池」，這一點丁晏卻沒有加以說明，避而不談，有失公允。〔註46〕 2. 《舊唐書·經籍志》與《新唐書·藝文志》皆記載《焦氏周易林》十六卷、《崔氏周易林》十六卷二部書，胡適認為單憑《新唐書》、《舊唐書》的記錄，尚不足以判別此二書是否為「同書異名」；而後胡適以趙麟《因話錄》說到崔群以《崔氏易林》自筮之事，其中〈乾之大畜〉之林辭與今本〈坤之大畜〉相同，胡適藉此認為是關鍵性之證據；崔群是與韓、柳、元、白同時之文人，而趙麟又與崔群年代相當，因此胡適認為《因話錄》舉崔群占筮內容恰好與今本所見《易林》相同之事，剛好可判定新、舊唐書提到《焦氏周易林》、《崔氏周易林》二部書卷數相同，實是崔篆所撰之同一部書。而趙麟所書之〈乾之大畜〉卻是今本之〈坤之大畜〉林辭，是誤記所致。〔註47〕 3. 除史書記錄，胡適以《易林》提到「昭君」、「安

〔註44〕《焦氏易林校略序》，頁147。

〔註45〕《漢書·平帝紀》冊1，卷十二，本紀第十二，頁5。

〔註46〕此意見整理自胡適〈易林斷歸崔篆的判決書〉收錄於胡適《胡適選集·考據》台北，傳記文學社，西元1970年初版，頁57～58。

〔註47〕此意見整理自〈易林斷歸崔篆的判決書〉收錄於胡適《胡適選集·考據》，頁59～68。

民呼池」之事駁斥焦延壽撰《易林》之可能性。〔註48〕由以上推論之過程，
胡適爲《易林》作者下了八點結論：

（1）漢明帝在永平五年用的是崔篆的《周易卦林》，即是今本《易
　　林》。

（2）漢章帝元和二年崔駰用的「其家卦林」即是今本《易林》。

（3）梁、隋兩代著錄的十六卷本與三十二卷本《易林》，和那十六
　　卷本書《易林變占》，也都是崔篆《易林》，都是今本《易林》。

（4）開元盛時著錄的兩部十六卷本《周易林》都是崔篆的《易
　　林》，都是今本《易林》。

（5）唐元和十五年崔群用來自筮的《崔氏易林》是崔篆的《易
　　林》，也就是今本的《易林》。

（6）北宋嘉祐五年編成的《新唐書·藝文志》著錄的兩部十六卷的
　　《周易林》都是崔篆的《易林》。

（7）宋以後流行的各種本子的《焦氏易林》都是崔篆的《易林》。

（8）嘉慶二十一年牟庭從《易林》的僞序的「王莽時建信天水」幾
　　個誤字上看出線索，大膽的提出「《易林》是王莽時建新大尹
　　崔篆所撰」的結論，現在完全證明爲最大膽而不錯誤的結論。
〔註49〕

胡適認爲自隋至今史書所載之《易林》皆是崔篆所作，史書實是誤題。試想
歷朝歷代史書之編纂，豈是一錯再錯，隨意抄錄，因襲不改嗎？試以《隋書·
經籍志》成書背景爲例：

> 梁有祕書監任昉、殷鈞四部目錄，又文德殿目錄。其術數之書，更
> 爲一部……隋開皇三年，祕書監牛弘，表請分遣使人，搜訪異本。……
> 於是民間異書，往往間出。及平陳已後，經籍漸備。檢其所得，多
> 太建時書，紙墨不精，書亦拙惡。於是總集編次，存爲古本。召天
> 下工書之士，……於祕書內補續殘缺，爲正副二本，藏于宮中……
> 大唐武德五年，克平僞鄭，盡收其圖書及古跡焉。……舊錄所取，
> 文義淺俗、無益教理者，並刪去之．其舊錄所遺，辭義可采，有所

〔註48〕此意見整理自〈易林斷歸崔篆的判決書〉收錄於胡適《胡適選集·考據》，頁
　　　59～68。

〔註49〕〈易林斷歸崔篆的判決書〉收錄於胡適《胡適選集·考據》，頁69～70。

弘益者，咸附入之。遠覽馬史、班書，近觀王、阮志、錄，挹其風
流體制，削其浮雜鄙俚，離其疏遠，合其近密，約文緒義，凡五十
五篇，各列本條之下，以備經籍志。〔註 50〕

以《隋書・經籍志》成書背後，是經過前代舊圖書錄的根柢，加上搜羅民間
藏書與珍貴古籍，參考前賢之史書資料，召天下精英編纂成集，並經過多次
考訂與修正，去蕪存菁而成，絕非錯誤百出之作。再者，梁朝時已經非常重
視術數之書，另為一部，且據《梁書・元帝紀》梁元帝尚親著《洞林》三卷，
而在梁朝時各《易林》之刻本眾多，諸如表（一）所記載《易林》十六卷（注
曰：焦贛撰，梁又本三十二卷）、《易林》二卷。（注曰：費直撰，梁五卷）《易
新林》一卷。（注曰：後漢方士許峻等撰・梁十卷）等，這都顯示梁代對易學
一定之喜好與重視，如此一來，梁代不可能對於當朝所刊印之三十二卷本《易
林》究竟為焦氏或崔氏混為一談。

陳良運於《焦氏易林詩學闡釋》一書對於胡適〈易林斷歸崔篆的判決書〉
的說法也加以駁斥，其理由筆者整理如後：1. 《後漢書・崔駰傳》記錄「篆
著《周易林》六十四篇」、趙麟《因話錄》說崔群用《崔氏易林》自筮，證明
確有《崔氏易林》書之存在；再兼之以陳良運用（1）《隋書・經籍志》之總
論（2）《舊唐書・經籍志》總論云：

内庫皆是太宗、高宗先代舊書，常令宮人主掌，所有殘缺，未遑補
輯，篇卷錯亂，難於檢閱。卿試為朕整比之。」至七年，詔公卿士
庶之家，所有異書，官借繕寫。〔註 51〕

以此段證明記錄於《舊唐書》之書，是經過官員整理與校輯，並仔細檢閱而
後編成。（3）王俞《易林序》提到：以焦辭數軸出示……詔補小黃令」之語
（4）《新唐書》修於北宋慶曆年間，由歐陽修、宋祁等著名學者檢校而成。
其書將崔篆之名標示於《崔氏周易林》之下，使焦、崔二書更不易混淆。（5）
北宋黃伯思曾於其書《東觀餘論》〈較定《易林》原序〉一文中云：

所校讐中焦延壽《易林》定著十六篇，或字誤，以「快」為「決」，
以「羊」為「年」，「喜」為「嘉」，「鸛」為「鵲」，義可兩存……焦

〔註 50〕 此文節錄自唐・魏徵等撰《隋書・經籍志》卷三十二，志第二十七，據清乾
隆武英殿校刊，台北，藝文印書館，西元 1972 年出版，頁 470～471。

〔註 51〕 此文節錄自晉・劉昫《舊唐書・經籍志（上）》冊 4，卷四十六，志第二十六，
據清乾隆武英殿本校刊，台北，中華書局，西元 1971 年第二版，頁 2。

> 延壽者名贛，梁人……延壽所著，雖卜筮之書出于陰陽家流，然當
> 西漢中葉，去三代未遠，文辭雅淡，頗有可觀。〔註52〕

黃伯思於此序文中清楚點出《易林》之作者爲焦延壽，但胡適於〈易林斷歸崔篆的判決書〉中對於此項記載沒有提出說明。〔註53〕

　　綜觀牟庭、翟雲升、余嘉錫、胡適等學者之說法，都有不完全之處，而於上文之中都一一加以補充說明與訂正，因而若要說明《易林》是崔篆所言，恐失之偏頗。

（三）東漢以後人撰，託之焦延壽

　　顧炎武在《日知錄》認爲《易林》之作者是東漢以後人所撰，而是後人託之爲焦延壽所作，他將《易林》非延壽所作之疑點列舉如下：

> 延壽在昭宣之世，其時左氏未立學官，今易林引左氏語甚多；又
> 往往用漢書中事，如曰：「彭離濟東，遷之上庸」，事在武帝元鼎
> 元年；曰：「長城既立，四夷賓服，交和結好，昭君是福」，事在
> 元帝竟寧元年；曰：「火入井口，陽芒生角，犯歷天門，窺見太微，
> 登上玉床」，似用李尋傳語；曰：「新作初陵，踰陷難登」，似用成
> 帝起昌陵事；又曰：「大蛇當路，使季畏懼」，則又非漢人所宜言
> 也。〔註54〕

顧炎武質疑《易林》「彭離濟東，遷之上庸」引漢書之事，《四庫全書總目提要》對於顧氏此說提出看法：「語雖出漢書，而事在武帝元鼎元年，不必漢書始載。」〔註55〕

　　顧炎武對於《易林》提出有關用《左傳》語的疑問，顯然忘卻河間獻王爲左氏春秋立博士，而張蒼、賈誼、翟方進等皆爲左氏專家。此事於《漢書》、《左傳》有云：

1. 河間獻王德以孝景前二年立，脩學好古，實事求是。……獻王所
   得書皆古文先秦舊書，周官、尚書、禮、禮記、孟子、老子之屬，
   皆經傳說記，七十子之徒所論。其學舉六藝，立毛氏詩、左氏春

〔註52〕宋·黃伯思《東觀餘論》卷下，收錄於景印文淵閣續修四庫全書，冊850，上海古籍出版社，西元1987年出版，頁382～383。

〔註53〕以上5點意見歸納自《焦氏易林詩學闡釋》，頁484～491。

〔註54〕清·顧炎武《日知錄》冊6，臺北，商務印書館，西元1965年第一版，頁126。

〔註55〕清·乾隆敕撰《四庫全書總目》卷一○九，術數類，台北，漢京文化事業有限公司，西元1981年12月出版，頁582。

秋博士。脩禮樂，被服儒術，造次必於儒者。〔註56〕

2. 左氏，漢初出於張蒼之家，本無傳者。至文帝時，梁太傅賈誼爲訓詁，授趙人貫公。其後劉歆典校經籍，考而正之，欲立於學，諸儒莫應〔註57〕

3. 方進字子威，汝南上蔡人也。家世微賤，至方進父翟公，好學……辭後母，欲西至京師受經。母憐其幼，隨之長安，織屨以給方進讀，經博士受春秋。積十餘年，經學明習，徒眾日廣，諸儒稱之。〔註58〕

由以上可證，左傳在當時雖未立學官，而民間早已流傳，《易林》若引《左傳》之語，也不足以致疑。〔註59〕

顧炎武質疑《易林》提到元帝有關王昭君之事，清代丁晏曾對此加以澄清：

至昭君不必爲元帝時事，或取昭明之義，如毛詩平王之類。〈萃之臨〉曰：「昭君守國，諸夏蒙德」此昭君又何以解？〔註60〕

丁晏認爲若是《易林》中之「昭君」一定就是指王昭君（王嬙），如此一來「昭君守國」就是指王嬙曾擔任一國之君，而四方諸侯都感受到她的恩德澤披天下嗎？這名顯與史實不符了。劉毓崧在《易林釋文・跋》當中有補充《易林》提到昭君不合時代之疑義說明：

〈鼎之噬嗑〉云：「乾侯野井，昭君喪居」，此昭君謂魯昭公又是一義，其剖析最爲明顯。毓崧竊謂《易林》屢言昭君，亦屢言文君，所謂文君者，或專言周之文王，或泛言文德之君，說《易林》者未聞以文君爲卓女，何獨以至昭君爲明妃？〔註61〕

劉毓崧進一步找出《易林》中「昭君」之不同意義；此段說明中，除點出〈鼎之噬嗑〉中之「昭君」是指魯昭公外，尚有「周文王」、「文德之君」之義。《易林》〈謙之困〉有云：「四夷慕德，來興我國。文君陟降，合受其德。」〔註62〕

〔註56〕此文節錄自《漢書・河間獻王傳》冊5，卷五十三，列傳第二十三，頁1～2。

〔註57〕此文節錄自《隋書・經籍志》卷三十二，志第二十七，頁480。

〔註58〕此文節錄自班固《漢書・翟方進傳》冊7，卷八十四，列傳第五十四，頁1～2。

〔註59〕以上三點舉證之意見見於李周龍〈現存易林研究〉《孔孟學報》第57期，西元1989年3月，頁182。

〔註60〕丁晏《易林釋文》收錄於《無求備齋易經集成》冊153，頁1～2。

〔註61〕《易林釋文》收錄於《無求備齋易經集成》冊153，頁1～2，頁162～163。

〔註62〕《焦氏易林注・謙之困》，頁157。

因文王公正嚴明的態度，讓少數慕德歸順的民族都受到文王的恩澤福德；〈復之姤〉：「行如桀紂，雖禱不祥。命衰絕周，文君乏祀。」〔註63〕如果國君行為似夏桀、商紂般暴虐無道，即使祈求上天庇佑仍然是會招致禍亂。周朝天命衰拜，氣數已盡，文王無人祭祀。以上所舉二例中之「昭君」應指周文王而言；又如〈咸之既濟〉：「文君德義，仁聖致福。」〔註64〕賢明能主廣積恩德，以仁義之政事使天下招致幸福；〈歸妹之咸〉：「文君之德，養人致福。」〔註65〕明君德行高尚，以仁善之心使天下平安幸福。此二則《易林》之例提到「文君」明顯是指有德有能之明君。歸納丁晏或劉毓崧看法，筆者以為《易林》提及「昭君」是指有德之「周文王」或是泛指「明君」之義，有時也用「文君」來表達此意涵，都並非專指漢元帝「王昭君」之義，而顧炎武把「昭君」侷限於王嬙之義，確有可商討之餘地。

對於顧炎武提到有關《易林》中提到有關應該避諱漢高祖劉邦之名「季」字，但是同是漢代司馬遷《史記·高祖本紀》有云：

> 蕭何曰：「劉季固多大言，少成事。」高祖因狎侮諸客，遂坐上坐，無所詘。酒闌，呂公因目固留高祖……呂媼怒呂公曰：「公始常欲奇此女，與貴人。沛令善公，求之不與，何自妄許與劉季？」呂公曰：「此非兒女子所知也。」卒與劉季。呂公女乃呂后也，生孝惠帝、魯元公主。〔註66〕

《史記》多次直言「劉季」沒有避諱，可見漢代並非事事與書書皆要避諱帝名，因此不可就因此斷定《易林》「非漢人所宜言」。

再者，顧炎武質疑《易林》「似用李尋傳語」以及「似用成帝起昌陵事」，不該是焦延壽當世所見，〔註67〕劉毓崧於《易林釋文·跋》提出澄清：

> 然考李尋傳其在成帝時，係言「月太白入井」而不言「火入井口」，與《易林》所言固異；……亭林又謂《易林》用成帝起昌陵事，然考成帝紀云：昌陵客土疏惡，終不可成。〈劉向傳〉云：始營初陵，其制約小，天下莫不稱賢明。是昌陵曾陷，而初陵未嘗陷。《易林》所言初陵，必非成帝之初陵，更非成帝之昌陵，況成帝諱驁，其嫌

〔註63〕《焦氏易林注·復之姤》，頁245。
〔註64〕《焦氏易林注·咸之既濟》，頁317。
〔註65〕《焦氏易林注·歸妹之咸》，頁535。
〔註66〕此文節錄自《史記會註考證·高祖本紀》卷八，本紀第八，頁155～156。
〔註67〕有關於《易林》成書年代，將於下一節探討。

名爲驁，而《易林》不避驁字，則非作於成帝可知。〔註68〕

劉毓崧認爲《易林》「火入井口」這條林辭似用〈漢書‧李尋傳〉之語，實則不然，因原本〈李尋傳〉所說爲「月太白入東井」，雖有數字相同，但表達意涵與《易林》有所差異，無法明確斷定自〈李尋傳〉所出。其二：《易林‧明夷之咸》言：「新作初陵」之事，已於前文論及「元成間人所作」之時，已澄清「新作初陵」非成帝時之「初陵」。其三：漢成帝名驁，照理而言也應避諱同音字「獒」，但《易林‧鼎之震》：「老猾大貐，東行盜珠。困於噬獒，幾不得去。」〔註69〕卻沒有避諱，故要說《易林》是用成帝事尚有其值得深究之處。

（四）東漢許峻所撰

左暄在《日知錄集釋》之註腳有對於《易林》之作者表達他的看法：

〈許曼傳〉，曼祖父峻，亦著易林，崔篆《易林》不可考，峻所著《易林》，范氏以爲至今行于世，則後世所傳《易林》，當即峻書，而人誤以爲焦延壽也。

許峻之孫與外孫與應劭同時，其著作年代遠在永平之後。由表（一）可知許峻所作之書范曄《後漢書》稱爲《易林》，《隋書》稱之爲《易新林》，只有一卷，且與十六卷六十四篇之《易林》明顯不同，因而許峻《易林》應並不是今本所見《易林》之作者。

（五）王莽時建信天水焦延壽所撰

費直於《焦氏易林‧序》云：「六十四卦變占者，王莽時建信天水焦延壽之撰也。」在審視焦延壽是否爲《易林》之作者前，先探討《漢書》之記載：

京房字君明，東郡頓丘人也。治易，事梁人焦延壽。延壽字贛〔註70〕

至成帝時，劉向校書，考易說，以爲諸易家說皆祖田何、楊叔、丁將軍，大誼略同，唯京氏爲異，黨焦延壽獨得隱士之説。〔註71〕

《漢書》不只一次於書中提及「京房受《易》於焦延壽」，而歷史對於京房之年代的記載較明確，而京房之師有爲焦延壽，難不成京房也是王莽時人嗎？，

〔註68〕此文節錄自《易林釋文》收錄於《無求備齋易經集成》冊153，頁161～162。
〔註69〕《焦氏易林注‧鼎之震》，頁500。
〔註70〕《漢書‧京房傳》冊6，卷七十五，列傳第四十五，頁5。
〔註71〕《漢書‧儒林傳》冊7，卷八十八，列傳第五十八，頁9～10。

另外，班固《東觀漢記》也有一段歷史可資佐證：

> 沛獻王輔，善京氏《易》。永平五年秋，京師少雨，上御雲臺，召尚
> 席取卦具自卦，以《周易卦林》占之，其繇曰：「蟻封穴戶，大雨將
> 集。」明日大雨。上即以詔書問輔曰：「道豈有是耶？」輔上書曰：
> 「案易卦震之蹇，蟻封穴戶，大雨將集。蹇，艮下坎上，艮爲山，
> 坎爲水。山出雲爲雨，蟻穴居而知雨，將雲雨，蟻封穴故以蟻爲興
> 文。」詔報曰：「善哉！王次序之。」〔註72〕

此段文字說明沛獻王精通京房之易學，又今書蹇縣，實於〈震〉林辭之中，
足以爲明證。《後漢書》之說也可爲輔證：

> 輔矜嚴有法度，好經書，善說京氏《易》、《孝經》、《論語》傳及圖
> 讖，作五經論，時號之曰《沛王通論》。〔註73〕

論是《東觀漢記》、《後漢書》皆言沛獻王輔善京氏《易》，此說應已無疑；在
《東觀漢記》所說之《周易卦林》雖未言是誰所作，但以前後文對照與史書
皆說「善京氏《易》」，此《周易卦林》是屬於京氏《易》之系統，而京房又
受易於焦延壽，如此一來，焦延壽怎可能爲「王莽時人」？顯然不符歷史之
記錄。牟庭在〈校正崔氏易林序〉對於此說也有疑問：

> 焦延壽是昭宣時人，何爲言王莽時？焦延壽，梁人也，何爲而言建
> 信天水？王莽改千乘郡曰建信，改天水郡爲塡戎，則莽時有建信而
> 無天水，且二郡不相屬，建信、天水非可兼稱也。〔註74〕

總括史書之記載與牟庭舉出王莽時「有建信」而「無天水」，而且建信與天水
二者不兼稱之史實，我們可以確定焦延壽並非王莽時「建信天水」之人。

（六）焦延壽即易林之作者

《四庫全書總目提要》云：

> 《易林十六卷》漢焦延壽撰。延壽字贛，梁人。……舊本《易林》，
> 首有費直之語，稱王莽時建信天水焦延壽。其詞蓋出僞託，鄭曉嘗辨
> 之審矣。……《易》於象數之中別爲占候一派者，實自贛始。所撰有
> 《易林》十六卷，又《易林變占》十六卷，見《隋志》。《變占》久佚，

〔註72〕 漢・班固《東觀漢記》冊1，卷七，台北，中華書局，西元1985年新一版，
頁54。
〔註73〕 《後漢書・沛獻王輔傳》冊4，卷七十二，列傳第三十二，頁4。
〔註74〕 《焦氏易林校略》，頁145。

惟《易林》尚存。……考《漢·藝文志》所載《易》十三家,著龜十五家,不及焦氏。《隋·經籍志》始著錄於五行家,唐王俞始序而稱之。似乎後人所附會。……今錄季宣序與王俞序以存一家之言。俞序本名《大易通變》,與諸本不同,疑為後來卜筮家所改,非其舊也。

此書隋、唐、宋《志》俱作十六卷,故季宣序稱每卷四林,六十四變。

今一本作四卷,不知何時所併。無關宏旨,今亦姑仍之焉。〔註75〕

《四庫總目》力主《易林》十六卷為焦贛所撰,其所據是歷代史書之記錄。由表(一)《易林》歷代著錄可知,《隋書·經籍志》始載《易林》十六卷,著錄於五行類之內,而後唐、宋時皆有此書之記載。遼、金、元正史無〈經籍〉、〈藝文〉部,《明史·藝文志》只收本朝人著作,不再記錄歷代古籍書目。根據尚秉和《焦氏易林·例言》有「烏程蔣氏略注其故實」之語,表示元代時已有人為《焦氏易林》作注;明代時也有兩部書與《焦氏易林》有關。據《四庫總目》記載,其一:

《易占經緯四卷》明韓邦奇撰。邦奇有《易學啓蒙意見》,已著錄。茲編專闡卜筮之法,以三百八十四變為經,四千九十六變為緯。經者《易》之爻辭,緯取焦氏《易林》附之,占則一以孔子占變為主。
〔註76〕

其二是:

《大易通變六卷》明喬中和撰。中和有《説易》,已著錄。是書一名《焦氏易林補》。取焦贛《易林》刪其詞之重複者,而以己意補綴其闕,凡一千餘首。〔註77〕

明代時《易林》之書仍繼續流傳於世,且有學者為其補注或加以闡發,至於清代則有各類之《易林》書與注疏出現。〔註78〕從表(一)我們發現崔篆之《崔周氏易林》自《新唐書》後,於正史中已不復見,只有焦延壽之《易林》保留至今。

另一位主張《易林》是焦延壽所作之學者,是民國以來研究《易林》的先驅─尚秉和。尚秉和提出之理由筆者將其整理、闡釋如下:

〔註75〕此文節錄自《四庫全書總目》卷一○九,術數類,頁582。
〔註76〕《四庫全書總目》卷一一一,,術數類,頁595。
〔註77〕《四庫全書總目》卷一一一,,術數類,頁595。
〔註78〕以上各代《易林》流傳情況參自於《焦氏易林詩學闡釋》,頁486。

1. 用春秋故事，有爲三：傳《國語》、《韓詩外傳》、《說苑》等書所無者。故雖唐人不能注，古書亡也。又所用之字，古義甚多。在存西漢淳樸之氣，文不加修飾，自然峭古，與魏晉之涂澤者異。

2. 宗以《周易林》筮雨，遇〈塞〉。其辭在今《易林》中。

3. 京氏易說可考見者，如朋來爲崩來，〈无妄〉爲大旱卦，皆與焦氏易說同，師弟授受，蹤跡分明。

4. 韻之古，直同周、秦。

5. 志即有焦贛《易林》，唐志焦《易林》與崔《易林》並存。其名實久定，不應誤崔爲焦。〔註79〕

尚秉和將歷來對於《易林》出於焦延壽之疑問作一統整與澄清，諸如：以《東觀漢記》沛獻王輔之事及《隋書》、《唐書》記載《焦氏易林》之存在，佐證《易林》爲焦氏所作；不僅如此，尚秉和找出許多隱藏於《易林》書中本身之證據，更進一步證實焦延壽確爲《易林》作者之可信度；如：其一，運用京房之易說，發掘並連結其學說與《易林》之密切關係，此即證明史書所載「京房受易於焦延壽」所言不假，也證實《易林》出自焦氏之手。其二，探究《易林》四言用韻之規則、運字之奧義，配合時代的文風推敲《易林》確實符合西漢古樸之風。

（七）爭論此說作者爲誰，無所裨益

對於《易林》究竟作者爲何？歷代學者爭論不休，錢鍾書對於這樣的情形有些不以爲然，他在《管錐編》有云：

>……焦歟、崔歟，將或許歟，姓氏偶留，而文獻尟徵，苟得主名，亦似於知其人，讀此書，無甚裨益。竊欲等楚弓之得失，毋庸判兒貓之是非也。〔註80〕

筆者以爲此話似乎說得太絕對了。我們若把只是單純欣賞此書的文辭之美，因而不知作者是誰，看似影響不大。但若要深究其文章內容所反映之時代背景，又或從書中作者所透露之思想、傳承關係與歷史定位的話，就不能也無法將作者撇開避談，因爲作品的本身反映作者思考方式與時代影響。作品與作者是息息相關，如果完全對於當時之社會狀況與作者自身遭遇都不加考

〔註79〕此五點結論整理自尚秉和《焦氏易詁》北京，光明日報出版社，西元 2005 年 5 月第一版，頁 42。

〔註80〕錢鍾書《管錐編》冊 2，台北，蘭馨室書齋出版，西元 1978 年初版，頁 535。

察，許多的文詞無法加以合理的解釋與闡發了，這些問題都會造成我們對於認識一書之內涵不完整，甚而是片面之辭的情形產生，故判定一書作者之重要性，自然是不在話下。

（八）小　結

探討了有關《易林》作者之七種說法後，除《易林》為焦氏一說外，其餘說法都有所不足，諸如：不合史實之說或歷史記載，以不足史料作錯誤之推衍、證據不足、沒有考量《易林》歷史背景等問題。《易林》之作者我們經過以上之討論後，可以確定應是西漢焦延壽所作，此說雖不是百分之百無缺點，尚有如同「皇母多恩」是否為後人篡入或是作者所為此一不確定之因素，但是以目前有限資料、史書之記錄不斷及配合各種作者說法之釐清與多方考證下，在尚未有更決定性關鍵文物出土時，《易林》是焦延壽所作應是較好且較為完整之說法，而今本所見之《易林》也才稱作《焦氏易林》。

第二節　《焦氏易林》作者生平相關

一、焦延壽之生平簡介

《焦氏易林》作者焦延壽於正史上沒有為其單獨立傳，其中記載焦延壽較多資料者，就在《漢書·京房傳》：

> 京房字君明，東郡頓丘人也。治易，事梁人焦延壽。延壽字贛。贛
> 貧賤，以好學得幸梁王，王共其資用，令極意學。既成，為郡史，
> 察舉補小黃令。以候司先知姦邪，盜賊不得發。愛養吏民，化行縣
> 中。舉最當遷，三老官屬上書願留贛，有詔許增秩留，卒於小黃。
> 贛常曰：「得我道以亡身者，必京生也。」其說長於災變，分六十四
> 卦，更直日用事，以風雨寒溫為候：各有占驗。房用之尤精。好鍾
> 律，知音聲。初元四年以孝廉為郎。〔註81〕

由《漢書》之記載，我們可知焦延壽出身貧賤，但勤奮好學，因而得到梁王的賞識與資助，獲得更進一步探索學問之機會。焦氏求學過程中，「延壽云嘗從孟喜問易」，〔註82〕求教過於孟喜，而其學成之後，先為郡吏，後為小黃〔註83〕

〔註81〕《漢書·京房傳》冊6，卷七十五，列傳第四十五，頁5～6。
〔註82〕此事見於《漢書·儒林傳》冊7，卷八十八，列傳第五十八，頁9。

縣令。焦氏爲官清廉，勤政愛民，治績卓越。依照慣例，焦氏應升任於更高官職，但由於小黃縣父老及官吏上書極力挽留，因而皇帝爲他提高級別與薪奉後，仍留任於小黃之中，直到老死。〔註84〕

二、焦延壽之師承關係與易學淵源

上一節將焦延壽之生平整理後，接著就是探索焦氏之師承爲何？其易學淵源究竟爲何？這些問題之討論將有助於我們對於焦延壽更進一步的認識及增加對於《焦氏易林》一書內容思想上之了解。

《漢書・儒林傳》有云：

> 延壽云嘗從孟喜問《易》。會喜死，房以爲延壽易即孟氏學，翟牧、白生不肯，皆曰非也。至成帝時，劉向校書，考易說，以爲諸易家說皆祖田何、楊叔元、丁將軍，大誼略同，唯京氏爲異，黨焦延壽獨得隱士之說，託之孟氏，不相與同。〔註85〕

以《漢書》記載焦延壽曾自稱問易於孟喜，若是如此，焦氏爲孟喜之弟子；孟喜死後，焦延壽之弟子京房自然認爲焦氏之易學就是「孟氏學」，但是同時受易於孟喜之弟子，也算是焦氏之同窗—翟牧、白生卻不承認這樣的一段歷史。至漢成帝時，劉向認爲焦、京易學不同於田何易學之傳統，或許是焦延壽獨得隱士之說，而假託於孟喜，故與其他諸家易說大相逕庭。〔註86〕劉向此一觀點爲後世史學及易學家所接受，由表（一）《易林》於史書中之分部可知，此書自《隋書・經籍志》始，不是被分在五行類，就是於術數類，並非列爲易類之中。在清代之時，也有人肯定焦延壽爲孟喜易學系統之傳承，清人吳翊寅於《易漢學考》有云：

> 蓋翟牧所傳爲孟氏章句之學，焦、京所傳爲孟氏候陰陽災變之學，派別歧而源流無不合也。〔註87〕

〔註83〕據《漢書・地理志》記載，小黃屬陳留郡。（見冊4，卷二十八（上），志第八，頁17。）西漢之陳留郡在今河南省開封府市東南（今開封東南至杞縣之間，尚有陳留之地名）。陳留郡轄十七個縣，小黃就是其中之一。

〔註84〕有關焦延壽一生之敘述，參自於連鎮標〈焦延壽易學淵源考〉《周易研究》第27期，西元1996年，頁3。

〔註85〕《漢書・儒林傳》冊7，卷八十八，列傳第五十八，頁9～10。

〔註86〕此意見參考自連鎮標〈焦延壽易學淵源考〉《周易研究》第二十七期，西元1996年，頁4。

〔註87〕清・吳翊寅《易漢學考》收錄於《續修四庫全書》冊39，上海古籍出版社，

吳翊寅認為白生、翟牧與焦延壽都是受易於孟喜，只是白生與翟牧是得孟喜「章句之學」，而京房得自孟喜「陰陽災變之學」，此二派雖有異，實源於同一家所言。至於孟喜之易學來源，在《史記‧儒林傳》、《漢書‧儒林傳》指出：

> 自魯商瞿子木受易孔子，以授魯橋庇子庸。子庸授江東馯臂子弓。
> 子弓授燕周醜子家。子家授東武孫虞子乘。子乘授齊田何子裝……
> 要言易者本之田何……前書云：田何傳易授丁寬，丁寬授田王孫，
> 王孫授沛人施讎、東海孟喜、琅邪梁丘賀，由是易有施、孟、梁丘
> 之學。又東郡京房受易於梁國焦延壽，別為京氏學……施、孟、梁
> 丘、京氏四家皆立博士。〔註88〕

由《史記》、《漢書》之記載我們可知，孟喜之易學師承若以流程圖顯示如下：〔註89〕

西元 1995 年初版，頁 117。

〔註88〕《漢書‧儒林傳》冊7，卷八十八，列傳第五十八，頁6。

〔註89〕此圖表節錄自徐芹庭《兩漢十六家易注闡微》台北，五洲出版社，西元 1975 年出版，頁 48～49。

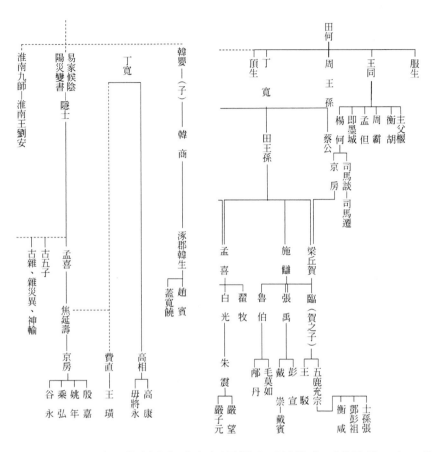

上表所顯示孟喜、施讎與梁邱賀同是得孔子嫡傳之西漢易學三家，此三家之學從田王孫授易，田王孫師從丁寬，而丁寬爲田何弟子，田何則爲孔氏易學第六代傳人。在以上之傳承關係中，「田何」是西漢時期易學傳承之關鍵人物；「田何」字子莊，淄川人（今山東淄博市）。漢初遷居杜陵（今陝西西安東南），號杜田生，他受業於孫虞。田何弟子甚多，其中有王同子仲、周王孫、丁寬、服生等，之後又授《易》於丁寬；丁寬字子襄，梁（今河南商丘）人，漢景帝時，爲梁孝王之將軍，也是田何門下「盡得其學」，出類拔萃的弟子，丁寬之後傳《易》於田王孫；田王孫爲碭縣人（今河南永城縣東），在漢代立爲博士，而後授《易》於施讎、孟喜，梁丘賀三人，即孔子九傳弟子。《漢書》稱之爲「施、孟、梁丘之學」上述三家儘管同祖於丁寬，卻是「田生將死時，枕喜膝受之，而施讎、梁丘賀皆不能」只有孟喜獨得陰陽災變之學；〔註90〕孟喜，東海蘭陵人（今山東蒼山蘭陵鎮），與施讎、梁丘賀同爲丁寬門下，因孟喜獨得陰陽災變

〔註90〕以上田何、丁寬之事蹟與簡歷參考自《焦氏易林注・導言》，頁3。

之學，同門梁丘賀嫉妒孟喜並對孟喜獨得丁寬之眞傳一事加以否認。孟喜之後傳《易》於翟牧、白光與焦延壽三人，但是孟喜之學生——翟牧與白生卻對焦延壽是否是同出於「孟氏學」這所謂易學正統傳承關係加以否定，其原因爲何？尚秉和曾於《焦氏易詁》有云：

> 寬（丁寬）既從田何受易畢，復歸洛陽，從周王孫受古義。古義者，非孔氏十翼，蓋卽許愼所謂秘書。汲冢古易，但有陰陽秘書者是也，卽陰陽災變之學也。後高相專以陰陽災變說易，自言出於丁將軍，是其證。三家之學皆同，獨孟喜能候陰陽災變，自謂田生將死時枕喜膝受之，而施讎、梁邱賀皆不能。……三家之易，獨孟喜兼明陰陽，不墜師法。而焦延壽則問易於孟喜者也，故延壽亦兼明陰陽災變。其白生翟牧不肯焦京爲孟學者，仍經師嫉妒之私。……然則陰陽災變之學，皆出自孔門，爲傳易者所必學。其淵源可謂明悉矣。徒以施、梁二家未得其全，遂謂孟喜陰陽之學非出自丁、田，更疑延壽易學非出自孟氏。豈知皆施、梁二家徒黨之誣詞哉。總之，陰陽災變之學，由丁寬證之，其源皆出於孔氏。後三家惟孟喜爲能兼明。三家後惟焦、京能傳孟學，故京氏巍然爲三家後第一大家，得立於學官。彼高相者，得丁將軍一體耳，非其倫也。〔註91〕

尚秉和先生認爲所謂陰陽災異之學，其源於孔子。丁寬曾從田何另一弟子周王孫學易之古義，而古義是所謂秘書，汲冢古易但有陰陽秘書者，即陰陽災變之學。此外，專以陰陽災變說易的高相，也自稱其說出於丁寬，既然丁寬爲孔氏易學之後，那麼陰陽災變之學出自孔門。再者，施、孟、梁三家獨孟喜能盡傳師業，兼明陰陽之學，看在其他的弟子眼中，自是十分眼紅，因此竭盡排擠、詆毀之能事。〔註92〕

筆者以爲尚秉和說明孟喜所精通之「陰陽災變之學」是源自於孔子之後，其證據是以《漢書·儒林傳》丁寬與高相之例作說明：

> 丁寬……從田何受易……寬至雒陽，復從周王孫受古義，號周氏傳……寬授同郡碭田王孫。王孫授施讎、孟喜、梁丘賀。繇是易有

〔註91〕 此文節錄自尚秉和《焦氏易詁》北京，光明日報出版社，西元2005年5月第一版，頁11～12。

〔註92〕 此段意見參考自〈焦延壽易學淵源考〉，頁5。

　　施、孟、梁丘之學。〔註93〕高相，沛人也。治易與費公同時，其學
　　亦亡章句，專說陰陽災異，自言出於丁將軍。〔註94〕

《漢書》記載丁寬從周王孫授古文義（周氏傳），即是許慎口中之「秘書」，
實所謂「陰陽災變之學」與高相從丁寬學到「陰陽災異」之說，而後孟喜又
以丁寬爲師，我們可以知道，孟喜所擅長之「陰陽災變」之學是出自孔子之
易學傳承之後。而焦延壽又從孟喜問易，也得其所長，但同時也遭到同門嫉
妒，就如同是孟喜也被同窗之人所嫉之遭遇一樣。雖說焦延壽遭翟牧、白生
所排擠，但是從易學傳承之源流而言，焦延壽之易學不但出於孟喜，更是孔
子承傳易學之門後，其淵源是顯而易見與不可抹煞的事實。

三、焦延壽之生卒年辨析

　　焦延壽之事附於《漢書・京房傳》。此文大約記載了焦氏一生之重要事績，
但其中沒有明載其生卒年，以致於諸家之說紛起，而此篇文章是目前所見有
限之焦氏相關資料中，具有相當之參考與輔證價值，以下茲將學者對於焦延
壽生卒年之看法舉列如下，再配合歷史背景、史書記錄與各家之說中歸納出
焦氏可能之生卒年代：

（一）生於昭帝始元六年，卒於成帝建始元年

　　劉毓崧根據《漢書・京房傳》、〈元帝紀〉云：

　　房見道幽屬事，出爲御史大夫鄭弘言之。房、博皆棄市，弘坐免爲
　　庶人。房本姓李，推律自定爲京氏，死時年四十一。〔註95〕
　　二年春正月，行幸甘泉，郊泰時……淮陽王舅張博、魏郡太守京房
　　坐窺道諸侯王以邪意，漏泄省中語，博要斬，房棄市。〔註96〕

由《漢書》記載可知，京房死於漢元帝建昭二年，死時年四十一歲。逆推京
房應出生於漢昭帝元鳳四年，而京房又授業於焦延壽，京房求教於焦氏時至
少也需五、六歲時，大概爲漢宣帝本始元年，此時《易林》已成；〔註97〕京

〔註93〕此文節錄自《漢書・儒林傳》冊7，卷八十八，列傳第五十八，頁6～7。
〔註94〕此文節錄自《漢書・儒林傳》冊7，卷八十八，列傳第五十八，頁9。
〔註95〕此文節錄自《漢書・京房傳》冊6，卷七十五，列傳第四十五，頁10。
〔註96〕此文節錄自《漢書・元帝紀》冊1，卷九，本紀第九，頁10。
〔註97〕劉毓崧認爲《易林》有提到「金城」、「朔方」等語，而據《漢書・昭帝紀》
　　　　云：「始元六年七月置金城郡」，因而《易林》是作於該年七月之後。故由此
　　　　開始推斷焦氏之年。

房死時，焦延壽還云：「得我道以亡身者，京生也。」〔註98〕此話代表京房死，焦延壽尚存，因此劉毓崧歸結焦延壽應當生於昭帝始元六年，死於成帝建始元年，首尾共五十載。劉毓崧推斷焦延壽之生年是因從漢昭帝設「金城」郡之後開始起算，但是其中的問題是只要在漢昭帝之後，無論何時何人都可以提到「金城」之語，若以此就判定焦延壽之生年恐有不足之處。

（二）生於武帝天漢太始年間，卒於元帝竟寧年間

余嘉錫先生推測焦延壽約生於「武帝天漢太始年間，死於元帝初年」其因如下：(1) 京房死於漢元帝建昭二年，而《漢書‧京房傳》焦延壽曾自謂「得我道以亡身者，京生也」之語，可見得京房死時焦延壽知道此事且尚存於世，才會有如此感嘆，否則焦延壽以如此肯定之語氣，預知斷定京房之生死，豈有身為人師不事前告誡，見死不救之理？；京房死後四年元帝改元「竟寧」，配合《易林》提「交和結好，昭君是福」之事，余嘉錫延續顧炎武的看法，認為焦延壽至少於此時尚在人間得知此事。(2)《太平御覽》有云：

> 昭帝時蒙人焦貢。〔註99〕為小黃令，路不拾遺，囹圄空虛。詔遷貢，
> 百姓揮涕守闕，求索還貢，天子聽增貢之秩千石。〔註100〕

由此可推知焦延壽之時代，姑且以延壽於昭帝末年為小黃令時，大約二十餘歲，逆推亦當生於武帝天漢太始之間，至昭帝始元二年梁敬王之立，大約十餘歲。由此下推之昭帝崩逝，僅十一年，而延壽尚須遊學數年，學成後為郡吏，又經過數年始以察舉補縣令。在焦延壽遊學之時，未必在梁敬王賜位之初；其補小黃令時，亦未必在昭帝末年。《漢書‧京房傳》之云：「王共其資用，令極意學」，句中之「梁王」，應是梁貞王毋傷（貞王以太始元年嗣，在位十一年薨）(3) 延壽被遷往他處時，天子下詔許增秩留，應當於漢宣帝之時，請見《漢書‧循吏傳》：

> 及至孝宣，繇仄陋而登至尊，興于閭閻，知民事之難。……常稱曰：
> 「庶民所以安其田里而亡歎息愁恨之心者，政平訟理也。與我共此
> 者，其唯良二千石乎！」以為太守，吏民之本也，數變易則下不安，
> 民知其將久，不可欺罔，迺服從其教化。故二千石有治理效，輒以

〔註98〕此文節錄自《漢書‧京房傳》冊6，卷七十五，列傳第四十五，頁6。
〔註99〕顏師古有云：「贛音貢」。
〔註100〕《太平御覽‧良令長（下）》冊3，卷二百六十八，台北，商務印書館，西元1968年第一版，頁1384。

璽書勉厲，增秩賜金，或爵至關內侯，公卿缺則選諸所表以次用之。
〔註101〕

所謂「增秩留任」，是自漢宣帝時始有之。察觀焦延壽之事，知道此條法令尚及於縣令之層及，不只有二千石而已。〔註102〕

　　從余嘉錫先生之主張而言，焦延壽約當生於武帝天漢太始年間（約西元前97～96年左右），死於元帝竟寧初年（約西元前33年），年約六十餘歲。余嘉錫依《漢書・京房傳》之記載，再以《太平御覽》點明「昭帝時蒙人焦貢。爲小黃令」推測焦延壽約是生於漢武帝天漢太始年間。審視焦氏出生時間，配合他求學與當官之時間，其年歲與一生際遇之吻合度都頗爲合情合理，不至有超出常理之情事產生，惟余嘉錫推斷焦延壽死亡時間，所依據之事證──元帝竟寧「昭君是福」一事，在判定《易林》作者時已認爲「昭君」不是專指王嬙，而有「明君」、「魯昭公」等不同之義，若要藉此來說焦延壽活到此時，因而看見元帝時所發生之事，並認爲焦氏就是活到約莫此時之結論，尚需多加斟酌。

（三）生於武帝太始二年，卒於元帝建昭四年

　　聞一多認爲焦延壽之生於西元前95年（武帝太始二年），死亡時間約爲西元前35年？（元帝建昭四年）年約六十歲。〔註103〕聞一多下了如此之結論，但卻沒有推論過程，我們目前無法得知其所據爲何。

（四）生於武帝太始元年，卒於成帝河平四年

　　陳良運於《焦氏易林詩學闡釋》一書中推測焦延壽大約是生於生於武帝太始元年（西元前96年），卒於漢成帝河平四年（西元前25年）或稍後，年約七十餘歲。其推測焦氏生於武帝太始元年之因如下：（1）焦延壽爲京房師，年齡肯定長於京房（京房生於西元前77年，漢昭帝元鳳四年），因此推估若是焦氏比京房長20歲的話，約就在武帝太始元年左右。（2）在〈京房傳〉云：「以好學得幸梁王，王共其資用」之梁王，應是「梁敬王」劉定國（漢昭帝始元二年即位，至漢元帝初元四年薨，即西元前85年至45年）。梁敬王在位四十年，正

〔註101〕此文節錄自《漢書・循吏傳》冊7，卷八十九，列傳第五十九，頁2。

〔註102〕以上余嘉錫三點意見節錄自余嘉錫《四庫提要辨證》收錄於陳良運《焦氏易林詩學闡釋》，頁674～676。

〔註103〕此意見見於聞一多《聞一多全集・易林瓊枝》文學史編，武漢，湖北人民出版社，西元1993年第一版，頁64。

是焦延壽由少年至中老年主要的生活、著述時期。(3)《焦氏易林》約是完成於漢宣帝時代左右；因京房於元帝建昭二年（西元前 37 年）被殺，焦延壽說「得我道以亡身」之語，可推知他的「道」很有可能是他的具體思想，也就是傳世之《焦氏易林》一書。再者京房已於元帝初元四年（西元前 45 年）「以明災異得幸」得知至少在元帝之前，京房已得焦氏易學之精髓，而聲名大噪，而焦氏之精華又書之於《焦氏易林》中，故推之《焦氏易林》完成於漢宣帝在位時期。

　　至於焦延壽死亡之時間，相關推測整理如下：(1)《焦氏易林》中有〈萃之臨〉、〈萃之益〉兩次提到王昭君和親出塞之事，王昭君於元帝竟寧元年（西元前 32 年）出塞，因此至少焦氏此時還尚存於人世。(2) 若按照卦序創作，「萃」是第四十五卦，後面還有十九卦，一千兩百多條林辭尚待完成，那就要比元帝竟寧元年還要活更久。(3)《易林·漸之漸》中提到「稚叔就賊」〔註104〕、《易林·井之晉》：「小人寇賊」〔註105〕等多處所謂「賊」，可能是指年輕的農民不堪忍受日趨殘酷的剝削壓迫，官逼民反，走上與官府對抗的道路。自漢成帝陽朔三年（西元前 22 年）到永始三年（西元前 14 年）爆發多次農民、工匠的起義，焦延壽有可能在寫作或是修訂時於《焦氏易林》補充這一方面的內容。(4)《易林·節之无妄》提到「狂不以理」〔註106〕、《易林·大壯之恆》「亂我事業」〔註107〕的內容，都似與匡衡有關，匡衡在元帝時擔任丞相一職；成帝時，多次遭受司隸校尉王尊等人之誣陷、彈劾而被罷官，這或許是焦延壽提到「東壁餘光，數暗不明，主母嫉妒，亂我事業」〔註108〕根據以上推測，陳良運認爲焦延壽肯定活到漢成帝之時代，至少七十餘歲，才足以完成這部篇幅浩大之著作。

　　陳良運先生之主張，我們可以分爲三個部份探討，一是有關焦延壽生年之推測：京房之卒年史有明載並註明其歲數，故京房之生年以逆推之方法得知應無問題，因此陳良運運用焦氏爲京房師此一歷史資料，認爲以一般正常情形而言，老師約比學生大二十歲左右，因而推之大約生於武帝太始元年（西元前 96 年）。二是陳良運運用「昭君」、「匡衡」與《焦氏易林》卦序來推測焦延壽活到漢成帝之時；其中「昭君」一事，再前文已談到多次，「昭君」並非專稱。至於《焦

〔註104〕《焦氏易林注·漸之漸》，頁 522。

〔註105〕《焦氏易林注·井之晉》，頁 479。

〔註106〕《焦氏易林注·節之无妄》，頁 587。

〔註107〕《焦氏易林注·大壯之恒》，頁 345。

〔註108〕有關陳良運推測焦延壽生卒年之相關事證與論述整理自《焦氏易林詩學闡釋》，頁 276～277。。

氏易林》一書完成之順序爲何？《焦氏易林》本身沒有提及，史書也無記載，更無據可依，因此要推斷著書順序是依卦序而作，純是想像之推論，若要用此當作證據，有失嚴謹；再者，所謂《易林・節之无妄》提到「征不以理」、《易林・大壯之恆》「亂我事業」似暗指「匡衡」之遭遇，審視《焦氏易林》之語：「東壁餘光，數暗不明，主母嫉妒，亂我事業」，這些被小人所害而遭致貶官之事，歷朝歷代層出不窮，實無法因《易林》提到這樣的事情就判定是誰之遭遇。其三是陳良運推測《焦氏易林》成書時間，他以《漢書》記錄「得我道以亡身」、「以明災異得幸」二語的出現，認爲焦延壽至少於漢宣帝時完成此書，但是接著陳良運又因《焦氏易林》提到「昭君」、「匡衡」之事，認爲書中有反映元帝與成帝時之內容，如此豈不是說法前後矛盾不一嗎？

（五）小　結

　　焦延壽於正史之記載資料非常有限，想要判定其生卒年更非易事。綜合以上學者所提出之四種說法，有關焦延壽之出生年，除劉毓崧認爲是昭帝時生，但是此時京房求教於焦延壽時才不過五、六歲，即使天縱英明之才，也很難在如此幼小之年紀了解易學淵深之精華。另三種說法推測結果大致是出生於武帝太始年間左右，而推測之方式都是以京房史書記錄之生卒年再配合兩者之師承關係加以推測，有憑有據，也符合常理，雖無法明確得知究竟是哪一年所生，至少可知範圍是武帝太始年間（約西元前 96 年左右）。至於焦氏死於何時，差異性頗大，因爲無明確可依之證，只能從《焦氏易林》書中之蛛絲馬跡試圖找出時代的蹤跡，但是經過上述各家說法之討論，都有「繪聲繪影」與過度解釋之嫌，持平而論，上述所提之證都沒有明顯透露出更具有判別時代之特性或人物之特徵，只是一個大致輪廓之勾勒，無法得知明確之時代。我們只能說《焦氏易林》中有大量反映時代之黑暗面，〔註109〕而此黑暗面之時期是焦延壽筆下所描繪之年代，是西漢朝政「衰於元成」〔註110〕之時，這也是《焦氏易林》成書之年代，至焦延壽死亡詳細時間，目前較有利之証據是京房死於漢元帝建昭二年，除此之外，礙於資料不足與筆者能力之囿限，只能初步推論約略卒於至少於漢元帝建昭二年之後，於西漢中衰之時期死亡。

〔註109〕對於《焦氏易林》究竟反映出時代哪些黑暗面，在本章第三節加以探討。
〔註110〕此語見《漢書・佞幸傳》冊8，卷九十三，列傳第六十三，頁13。

第三節 《焦氏易林》成書與反映時代之背景

《詩經・國風》〈關雎〉有云：

> 至于王道衰，禮義廢，政教失，國異政，家殊俗，而變風、變雅作
> 矣。國史明乎得失之迹，傷人倫之廢，哀刑政之苛，吟詠情性，以
> 風其上，達於事變而懷其舊俗者也。〔註111〕

〈關雎〉此文說明《詩經》因為天下已非明清政治，仁義王道衰弱，禮義之
政教已不復存在之時，故有「變風」、「變雅」之出現。而所謂「變風」、「變
雅」就不是再給當朝之天子與政治正面之歌頌，而是現實混亂社會中，人民
的悲泣與痛苦心聲之揭露，書中也同時反映當代政治之黑暗面，實為當代政
治與社會的一片明鏡。本節所探討之《焦氏易林》成書與反映時代之背景，
與所謂「變風」、「變雅」描寫社會政治之陰暗面與悲歌有諸多雷同之處，都
是在政事不清明之時所作。以下本節茲將《焦氏易林》成書與反映其時代背
景分別一一整理與敘述，讓我們對於《焦氏易林》筆下之社會有更深之認識。

一、《焦氏易林》成書之時代背景

《焦氏易林》作者焦延壽生於漢代由盛轉衰的關鍵時期—漢武帝末年，
太始年間，因而焦氏作《焦氏易林》主要時期都是漢代政事逐漸衰弱時，也
就是昭、宣、元、成之際。

（一）漢武帝末年

漢代文功武略達與鼎盛之時，就是漢武帝在位的這一段期間。但在光輝
成就的背後，卻是無數次的大小爭戰與人民之徭役所換來之血淚史。《資治通
鑑・漢記》有云：

> 武帝之末，海內虛耗，戶口減半。〔註112〕

> 孝武窮奢極欲，繁刑重斂，內侈宮室，外事四夷，信惑神怪，巡遊
> 無度，使百姓疲敝，起為盜賊，其所以異於秦始皇者無幾矣。〔註113〕

> 武帝時，又多取好女至數千人，以填後宮。及棄天下，多藏金錢、

〔註111〕晉・王弼編、清・阮元校勘《十三經注疏》冊 2《詩經・國風》台北，藝文
印書館，西元 1955 年初版，頁 16～17。
〔註112〕宋・司馬光、元・胡三省音註《資治通鑑》二十三卷，漢紀第十五，台北，
啟明書局，西元 1960 年出版，頁 156。
〔註113〕司馬光《資治通鑑》二十二卷，漢紀第十四，154。

財物，鳥獸、魚凡百九十物；又皆以後宮女置於園陵。〔註114〕

由《資治通鑑》記載可知，武帝末年時對外因長年四處起釁征討四方，雖漢帝國之疆域達到極致，但已導致兵竭民疲，人口數大幅銳減，百姓怨聲載道，盜寇趁勢而起；對內武帝迷信神怪之說，並大興徭役，繁刑重斂，興建宮室，愛好女色，廣招嬪妃，更使得漢帝國之強盛蒙上一層陰影；而此時正是焦延壽於孩提時的時代背景。

（二）漢昭帝

漢昭帝僅在位十三年，在這短暫的歲月中，卻是國政波濤洶湧之際，在《漢書・昭帝紀》有云：

> 武帝末，戾太子敗，燕王旦、廣陵王胥行驕嫚，後元二年二月上疾病，遂立昭帝為太子，年八歲。以侍中奉車都尉霍光為大司馬大將軍，受遺詔輔少主……匈奴入朔方，殺略吏民。……八月，齊孝王孫劉澤謀反，欲殺青州刺史雋不疑，發覺，皆伏誅。遷不疑為京兆尹……冬十月，詔曰：「左將軍安陽侯桀、票騎將軍桑樂侯安、御史大夫弘羊皆數以邪枉干輔政，大將軍不聽，而懷怨望，與燕王通謀，置驛往來相約結……交通私書，共謀令長公主置酒，伏兵殺大將軍光，徵立燕王為天子，大逆毋道。」〔註115〕

漢昭帝年幼即位時，霍光身為大司馬大將軍，承武帝遺詔輔佐幼主，但一直到昭帝之崩殂之時，都是漢朝國政動蕩不安之時。昭帝即位不久，漢代最大之外患——宿敵匈奴寇擾邊境，殺略吏民；接著齊孝王劉澤意圖謀反，後兵敗後被殺；不僅如此，燕王還想策動謀反政變，以己身取代天子之位。因而漢昭帝之時，天下紛擾不安，不得安寧。焦延壽於《焦氏易林・乾之大過》有云：「桀跖並處，人民勞苦，擁兵荷糧，戰於齊魯。」〔註116〕此林辭之意描寫暴君與盜賊同存於現實生活中，百姓水深火熱，苦不堪言。林辭提到「桀跖」中之「桀」似指「上官桀」與霍光爭權奪利之事；而「戰於齊魯」，似影射齊孝王劉澤謀反之事，可能《焦氏易林》這條林辭就是以此歷史事件當作素材。

（三）漢宣帝

漢代至宣帝時，頗有中興氣象，在《漢書・宣帝紀》提到：

〔註114〕司馬光《資治通鑑》二十八卷，漢紀第二十，頁186。
〔註115〕此文節錄自《漢書・昭帝紀》冊1，卷七，本紀第七，頁1～6。
〔註116〕《焦氏易林注・乾之大過》，頁5。

贊曰：孝宣之治，信賞必罰，綜核名實，政事文學法理之士咸精其
能，至于技巧工匠器械，自元、成間鮮能及之。〔註117〕

漢宣帝想一掃前朝陋習舊政，勵精圖治；而班固在評論之中表達對於宣帝之
政肯定之意。當我們細讀《漢書‧宣帝紀》當代相關政事之記錄時，政局的
黑暗面仍然存在於國家社稷中。其一，諸王跋扈：

元平元年四月，昭帝崩，毋嗣。大將軍霍光請皇后徵昌邑王。……
癸巳，光奏王賀淫亂，請廢。〔註118〕

光乃引延年給事中，陰與車騎將軍張安世圖計……光曰：「昌邑王行
昏亂，恐危社稷，如何？」臣皆驚鄂失色，莫敢發言。〔註119〕

在漢昭帝亡故後，漢宣帝即位之前，朝廷出現親王劉賀亂政與無視國家法紀
之事，不但震動王室並且姿態高傲，濁亂朝政；最後是霍光聯合張安世等人
才將劉賀鏟除。其二，霍氏家族干政：

上以光爲大司馬大將軍……受遺詔輔少主。明日，武帝崩太子襲尊
號，是爲孝昭皇帝。帝年八歲，政事壹決於光。……昭帝崩，亡嗣。
〔註120〕……六月丙寅，王受皇帝璽綬，尊皇后曰皇太后。〔註121〕

霍光自武帝死後，拜爲大司馬大將軍，受武帝遺詔之命輔佐年幼的漢昭帝。
漢昭帝即位之初年僅八歲，國政大權都操於霍光之手。漢昭帝即位十三年即
離開人世，而後霍光又以漢武帝之孫，也就是宣帝即位。由《漢書》之記載，
我們可知霍光自武帝死後至漢宣帝時期，即有掌握天下與皇帝之大權，權傾
朝野；而其家族也因霍光權力之光環籠照下，開始作威作福：

秋七月，大司馬霍禹謀反。詔曰：「乃者，東織室令史張赦，使魏郡
豪李竟報冠陽侯霍雲謀爲大逆，朕以大將軍故，抑而不揚，冀其自
新。今大司馬博陸侯禹與母宣成侯夫人顯及從昆弟冠陽侯雲、樂平
侯山……等謀爲大逆。顯前又使女侍醫淳于衍進藥殺共哀后，謀毒
太子，欲危宗廟。逆亂不道，咸伏其辜。諸爲霍氏所詿誤未發覺在
吏者，皆赦除之。」八月己酉，皇后霍氏廢。〔註122〕

〔註117〕《漢書‧宣帝紀》冊1，卷八，本紀第八，頁21。
〔註118〕《漢書‧宣帝紀》冊1，卷八，本紀第八，頁3。
〔註119〕此文節錄自《漢書‧霍光傳》冊6，卷六十八，列傳第三十八，頁5。
〔註120〕此文節錄自《漢書‧霍光傳》冊6，卷六十八，列傳第三十八，頁2。
〔註121〕此文節錄自《漢書‧宣帝紀》冊1，卷八，本紀第八，頁3。
〔註122〕此文節錄自《漢書‧宣帝紀》冊1，卷八，本紀第八，頁9。

霍光夫人想要讓其女兒成爲皇后，蓄意發動後宮政變，買通內廷醫女淳于衍，用毒藥謀殺妊娠中的許皇后，然後又欲除掉原許皇后所生、已立爲太子的劉奭，未遂。霍光死後，其夫人與女兒的陰謀東窗事發，兩年之後，霍氏家族遭滅頂之災，霍皇后也被廢。〔註123〕其三，酷吏亂政；漢宣帝時最有名之「酷吏」就是「嚴延年」。《資治通鑑‧漢記》有記載他的惡行惡狀：

> 河南太守嚴延年爲治陰鷙酷烈，眾人所謂當死者一朝出之，所謂當生者詭殺之，吏民莫能測其意深淺，戰栗不敢犯禁。冬月，傳屬縣囚會論府上，流血數里，河南號曰「屠伯」。……河南界中又有蝗蟲，府丞義出行蝗，還，見延年。延年曰：「此蝗豈鳳皇食邪？」〔註124〕

嚴延年爲官冷酷兇殘，在他擔任河南太守任內，其主審之案子，常違正理而殺人無數，血腥味綿延數百里，民眾聞之色變，還稱之爲「屠伯」，可見其執政手段之暴虐無道。河南某一年蝗災，民不聊生，身爲地方父母官的嚴延年居然還稱此次蝗災是「此蝗豈鳳皇食邪？」反將蝗災視爲幸運之徵兆，可說是荒唐、昏庸至極。

（四）漢元帝、成帝

漢元帝時，天災不斷，生靈荼炭：

> 地震于隴西郡，毀落太上皇廟殿壁木飾，壞敗豲道縣城郭官寺及民室屋，壓殺人眾。山崩地裂，水泉湧出。天惟降災，震驚朕師。治有大虧，咎至於斯。夙夜兢兢，不通大變，深惟鬱悼，未知其序。間者歲數不登，元元困乏，不勝饑寒。……六月，關東饑，齊地人相食。〔註125〕

漢元帝在位時，地震、饑荒等天災接踵而來，甚至發生人民彼此相食之慘狀，其民間哀鴻遍野，苦不堪言；不僅如此，元帝時期還有「石顯亂政」之問題存在：

> 石顯字君房，濟南人；弘恭，沛人也。皆少坐法腐刑，爲中黃門，以選爲中尚書。宣帝時任中書官……元帝即位數年，恭死，顯代爲中書令。〔註126〕

〔註123〕此意見參考自陳良運《焦氏易林詩學闡釋》，頁291。
〔註124〕司馬光《資治通鑑》二十七卷，漢紀第十九，頁179。
〔註125〕此文節錄自《漢書‧元帝紀》冊1，卷九，本紀第九，頁4。
〔註126〕此文節錄自《漢書‧佞幸傳》冊8，卷九十三，列傳第六十三，頁4。

時中書令石顯用事，與充宗爲黨，百僚畏之。〔註127〕

中書謁者令石顯貴幸，專權爲姦邪。丞相匡衡、御史大夫張譚皆阿附畏事顯，不敢言。〔註128〕

騫孫猛，字子游，有俊才，元帝時爲光祿大夫，使匈奴，給事中，爲石顯所譖，自殺。〔註129〕

石顯譖捐之，察其行，主父求欲鼎亨而得族，嚴、賈出入禁門招權利，死皆其所也，亦何排陷之恨哉！〔註130〕

京房受易梁人焦延壽。……災異得幸，爲石顯所譖誅。

王章字仲卿……共毀中書令石顯，爲顯所陷，……章免官。〔註131〕

石顯於漢宣帝時，以閹人的身份進入宮廷，擔任中書官；元帝之後，又升任爲中書令要職。此時石顯權傾一時，操弄政事，甚至連丞相與御史大夫都畏其勢，還「阿附」石顯，由此可見石顯權力之大，勢力之惡可見一斑。石顯在他一生之中，陷害無數忠良，不勝枚舉，例如：元帝時，擔任光祿大夫的張騫，是一位有俊才之能臣，卻因遭石顯向皇帝進讒言而被迫自殺；賈捐之、京房、王章等人對於石顯想要一手遮天，玩弄權力於股掌之間的作法大爲不滿，因此向元帝直責石顯之罪，此舉非但沒有除掉朝廷的毒癰，反而惹惱石顯，落得殺頭貶官的悽慘下場。故漢元帝時政治之腐敗，官場之黑暗可想而知。

漢成帝即位後，國政如江河日下，混亂局面越演越烈，其中以「王氏家族」操弄國事爲害最甚，只是此時已無明確證據證明焦延壽不知是否還在人間，也可能未曾親眼目睹成帝時國政亂局了。

二、《焦氏易林》反映之時代背景

從焦延壽生存之時代我們可知此時正是漢帝國由盛轉衰的時期，而焦延壽於《焦氏易林》一書中也反映出當代環境的種種面相。以下從《焦氏易林》的原文之中，歸納分類《焦氏易林》所反映的時代背景。

〔註127〕《漢書‧朱雲傳》冊6，卷六十七，列傳第三十七，頁5。

〔註128〕《漢書‧王尊傳》冊7，卷七十六，列傳第四十六，頁20。

〔註129〕《漢書‧張騫傳》冊6，卷六十一，列傳第三十一，頁8。

〔註130〕《漢書‧賈捐之傳》冊6，卷六十四（下），列傳第三十四（下），頁16。

〔註131〕此文節錄自《漢書‧王章傳》冊7，卷七十六，列傳第四十六，頁25。

（一）政治黑暗的批判

腐臭所在，青蠅集聚。變白爲黑，敗亂邦國。君爲臣逐，失其寵祿。

〔註132〕

鬱映不明，爲陰所傷。衆霧集聚，共奪日光。〔註133〕

左眇右盲，目視不明。下民多孽，君失其常。〔註134〕

這三首林辭主要爲描寫在皇帝身邊聚集小人奸臣，導致政風敗壞，產生「腐臭何在，青蠅集聚。變白爲黑，敗亂邦國」的情況，同時將更多想要爭名奪利如同「青蠅」一般聚集在朝廷最腐敗之處，而使得朝政益加惡化；而小人之野心與口蜜腹劍的兩面手法，不但「左眇右盲，目視不明」蒙蔽君上之聖聽，還想一手遮天，總攬大權。

庭燎夜明，追古傷今。陽弱不制，陰雄生戾。〔註135〕

夫妻反目，不能正室。翁云于南，姬言還北。並后匹嫡，二政亂國。

〔註136〕

此二首林辭似指涉霍氏家族女后干政，意圖要讓自身家族成員成爲皇后，還設計謀害太子與其生母之事。焦延壽也對於這種狀況提出批判。

陰霧作慝，不見白日。邪徑迷通，使君亂惑。〔註137〕

豕生魚魴，鼠舞庭堂。奸佞施毒，上下昏荒。君失其邦。〔註138〕

隙大墻壞，蠹衆木折，狼虎爲政，天降罪罰，高弒望夷，胡亥以斃。

〔註139〕

焦延壽對於政治上「小人得志」、「狼虎爲政」、「姦邪充塞」的狀況深惡痛絕，認爲這些奸佞之輩不但魚肉百姓、敗壞朝綱，還意圖控制皇帝，僭越身份取代國君之權力，等到國家病入膏肓之際，將會招致國家滅亡，無可救要的地步。由這幾首林辭可知焦延壽對於國政關心與憂心的深切之情，溢於言表。身處黑暗時代中的焦氏，對於時局之絕望於《焦氏易林》有云：「自衛反魯，

〔註132〕《焦氏易林注·豐之咸》，頁544。
〔註133〕《焦氏易林注·噬嗑之艮》，頁217。
〔註134〕《焦氏易林注·解之節》，頁407。
〔註135〕《焦氏易林注·剝之大有》，頁231。
〔註136〕《焦氏易林注·解之履》，頁401。
〔註137〕《焦氏易林注·復之鼎》，頁246。
〔註138〕《焦氏易林注·蒙之比》，頁37。
〔註139〕《焦氏易林注·乾之大壯》，頁6。

時不我與。冰炭異室，仁道閉塞。」〔註140〕焦氏用孔子的遭遇比喻自身的遭遇，但也同時反映自身對於政治亂象感到痛心。

（二）人民現實生活的悲歌

在朝廷一連串小人亂政、天災人禍之下的人民，身處於痛苦深淵之中，《焦氏易林》有許多這方面的描寫：

客入其門，奔走東西。童女不織，士棄耕畝。暴骨千里，歲饑民苦。
〔註141〕

苛政日作，螟食華葉。割下啖上，民被其賊。秋无所得。〔註142〕

賦斂重數，政爲民賊。杼軸空虛，去其家室。〔註143〕

朝中小人把持朝政，蒙蔽君上；地方貪官酷吏魚肉百姓，繁刑重斂都讓黎明百姓無所適從，生活困苦，無以爲繼，流離失所，甚而有「暴骨千里」的慘狀發生。

久旱水涸，枯槁無澤。虛修其德，未有所獲。〔註144〕

蝗食我稻，驅不可去。實穗无有，但見空薰。〔註145〕

三河俱合，水怒踴躍。壞我王室，民困於食。〔註146〕

江河淮濟，盈溢爲害。邑被其瀨，年困无歲。〔註147〕

除了政治昏暗與酷吏當政讓人民痛苦不堪之外，對於古代以農爲生的社會中，「天災」也是讓百姓生計與生命產生嚴重問題的主要威脅之一。例如蝗災、水災、旱災等不可預知的災害，使民眾更加畏懼。《焦氏易林》以幾乎白描的手法，將這一幕幕人民的慘狀與哀嚎形諸於文字，栩栩如生呈現在讀者的面前。

（三）理想安樂之社會與生活的追求

雖說焦延壽所處之時代，是各種亂政與弊端叢生的年代，而《焦氏易林》

〔註140〕《焦氏易林注・井之旅》，頁482。
〔註141〕《焦氏易林注・小畜之恆》，頁96。
〔註142〕《焦氏易林注・離之萃》，頁305。
〔註143〕《焦氏易林注・否之豐》，頁130。
〔註144〕《焦氏易林注・師之大壯》，頁75。
〔註145〕《焦氏易林注・小畜之大壯》，頁96。
〔註146〕《焦氏易林注・臨之賁》，頁193。
〔註147〕《焦氏易林注・頤之大壯》，頁273。

也有大量反映政治、社會與人民生活之黑暗面，但是《焦氏易林》也有不少對於美好與理想世界的描繪。

春草萌生，萬物敷榮。陰陽和調，國樂无憂。〔註148〕

萬物初生，蟄蟲振起。益壽增福，日受其喜。〔註149〕

相較於焦氏當時現實社會的黑暗，此處《焦氏易林》所描寫的光景是如同回到堯、舜時代一般安和樂利的社會與清明無瑕的政治狀況；焦氏會有如此兩極化的描寫，也代表了他內心對於理想社會的投射與追求。

太倉充盈，庶民蕃盛，年歲熟榮。〔註150〕

畜雞養狗，長息有儲。耕田得黍，主母喜舞。〔註151〕

桃李花實，累累日息。長大成熟，甘美可食。爲我利福。〔註152〕

龜鱉列市，河海饒有。長財善賈，商季悅喜。〔註153〕

鯉魴鮒鰍，積福多魚。資所无有，富我邦家。〔註154〕

這五首林辭是具體描繪一個物庶民豐、經濟繁榮的榮景；無論是辛勤耕耘的農人能五穀豐收、商人能大發利市或是漁業能繁榮興盛都是國家與人民所殷殷期盼的光景，也正是焦延壽最終期望的理想社會的藍圖。雖然當時焦氏生處之環境無法達到此一境界，但透過文字描寫自我之理想，也是另一種人生抒發的窗口與追求理想社會的憧憬。

（四）小　結

貢禹（西元前124至西元前44年）有云：

天下之民所爲大飢餓死者，是也。今民大飢而死，死又不葬，爲犬豬食。人至相食，而廄馬食粟，苦其大肥，氣盛怒至，乃日步作之。……武帝時，又多取好女至數千人，以塡後宮。及棄天下，昭帝幼弱，霍光專事，不知禮正，妄多臧金錢財物……又皆以後宮女置於園陵，大失禮，逆天心，又未必稱武帝意也。昭帝晏駕，光復行之。

〔註148〕《焦氏易林注・解之渙》，頁407。
〔註149〕《焦氏易林注・解之困》，頁406。
〔註150〕《焦氏易林注・蠱之睽》，頁185。
〔註151〕《焦氏易林注・大壯之咸》，頁345。
〔註152〕《焦氏易林注・泰之小過》，頁121。
〔註153〕《焦氏易林注・屯之震》，頁33。
〔註154〕《焦氏易林注・損之乾》，頁409。

至孝宣皇帝時，陛下惡有所言，臣亦隨故事，甚可痛也！〔註155〕

此番話是貢禹有鑑於漢武帝以來，國政產生無數弊端，上位者所發生種種荒淫怠政之事，民間怨聲震天，時勢已大壞，之時所上疏給漢元帝的一番話，反映出當時自漢武帝之後，國勢中衰的情況；再者，賈捐之也曾在漢元帝上疏給漢元帝時指出：

> 至孝武皇帝……籍兵厲馬，因富民以攘服之……天下斷獄萬數，民賦數百，造鹽鐵酒榷之利以佐用度，猶不能足。當此之時，寇賊並起，軍旅數發，父戰死於前，子傷於後，女子乘亭鄣，孤兒號於道，老母寡婦飲泣巷哭，遙設虛祭，想魂乎萬里之外。……今天下獨有關東，關東大者獨有齊楚，民久困連年流離，離其城郭，相枕席於道路。人情莫親父母，莫樂夫婦，至嫁妻賣子，法不能禁，義不能止，此社稷之憂也。今陛下不忍恛恛之忿，欲驅士擠之大海之中，快心幽冥之地，非所以救助飢饉，保全元元也。〔註156〕

賈捐之這一番話除了勸諫元帝要以天下蒼生百姓之福祉為重，不可重蹈武帝之覆徹外，也反映出漢代自武帝好大喜功，擴張版圖後，國勢日衰，政風漸壞，黎民生活於痛苦之中的時代，一直到元帝時都沒有改善。最後，綜合以上時代背景之介紹、史書的記載再配合《焦氏易林》一書筆下所反映因無休止的政治爭鬥與爭權奪利，我們可知焦延壽在《焦氏易林》中所反映之現實生活悲歌與政治黑暗的哀慟導致百姓的痛苦甚至家破人亡的悲劇，應當是當時普遍存在的現象，絕非焦延壽憑空捏造的虛構之境。

第三節　本章結語

本章所探究的重點在於《焦氏易林》釐清是否為焦延壽所作、探討焦延壽的生平與其生卒年，最後再將《焦氏易林》一書與其時代背景相互結合與印證。

第一節首先先將歷代有關《易林》之相關著作列表整理後，我們發現正式記載「《易林》十六卷」是始於《隋書·經籍志》，而後直到《舊唐書·經籍志》

〔註155〕此文節錄自班固《漢書·貢禹傳》冊6，卷七十二，列傳第四十二，頁10～11。

〔註156〕此文節錄自班固《漢書·賈捐之傳》冊6，卷六十四（下），列傳第三十四（下），頁13～14。

才開始冠上「焦氏」二字；而因各代易學之書稱之爲《易林》者不勝枚舉，故有許多學者開始懷疑今本我們所見之《易林》是否爲焦延壽所作。由於《易林》至今已亡佚大半，所以只能以史書記錄配合各家說法是否有不妥與矛盾之處，逐一抽絲撥繭，最後才認爲《易林》一書最可能之作者爲焦延壽。

第二節與第三節探討之重點在於確立《易林》作者爲焦延壽之基礎上，進一步探討焦延壽之生平與其時代背景。《焦氏易林》書中對於政治黑暗面、時局之混亂、人民之悲苦有大量的描寫，配合焦延壽的生長年代正是處於漢朝中衰、政局每下愈況之際，我們清楚看到《焦氏易林》描寫的光景與我們考訂《焦氏易林》作者爲焦延壽及其生卒年的時代，是不謀而合，更可以證明《焦氏易林》作者爲焦延壽的可信度。

綜合以上之討論，我們合理推測《焦氏易林》是出自焦延壽之手；既然《焦氏易林》是西漢焦延壽所爲，那爲何不見《漢書》記載此書？其可能原因，引用陳良運《焦氏易林詩學闡釋》一書之看法並整理如下：

其一，門戶之爭所致。第二節探討焦延壽之師承時，已述及孟喜之弟子白生與翟牧不承認焦延壽是同門所出，孟喜已死，查無實據。漢成帝時，光祿大夫劉向校書於天祿閣，他是當代學術權威，由《漢書》記載「焦延壽獨得隱士之說，與孟氏不相與同」〔註157〕焦氏以獨特的表達方氏演繹其易說，另闢蹊徑，而說其「嘗從孟喜問易」〔註158〕則可能是借孟喜之名，爲其「獨得」之說張目。而劉向校書時，年代是焦延壽晚年或已逝不久之時期，其書尚未流傳，所以不見其整理的書目中。班固撰寫《漢書‧藝文志》，主要依據劉向及其子劉歆撰著的《七略》並「今刪其要，以備篇籍」〔註159〕而此時《焦氏易林》可能尚未收進在光祿閣而於民間流傳，又或是被班固「刪其要」也未可知。

其二，《焦氏易林》涉及政治方面的批判，有些言辭太過尖銳與直接，恐有「犯上」之嫌，揭露奸佞尚在其次，有些林辭直指君王之過，例如〈屯之節〉：「南國虐亂，百姓愁苦。興師征討，更立賢主。」〔註160〕雖有「南國」之語，但是有「更立賢主」之辭，豈不是有暗示「造反」之嫌嗎？因此焦延

〔註157〕班固《漢書‧儒林傳》冊7，卷八十八，列傳第五十八，頁9。
〔註158〕此事見於班固《漢書‧儒林傳》冊7，卷八十八，列傳第五十八，頁9。
〔註159〕班固《漢書‧藝文志》冊4，卷三十，志第十，頁2。
〔註160〕《焦氏易林注‧屯之節》，頁34。

壽也有意「秘而不傳」，若是此書被有心人士所看到，受到牽連者就遠不止自身而已了，包括其弟子與親屬都有人頭落地的危險。

其三，焦延壽內心對於現實生活亂局的失望，轉而有「隱逸之思想」。《焦氏易林・升之未濟》：「買玉得石，失其所欲。荷蕢擊磬，隱耳無聲。」〔註161〕此首林辭表現出焦延壽一反對於政局與民生熱切之關心，而是有些心灰意懶，少思寡欲的心境，並有「隱士」之心態。《焦氏易林》中表達之「隱逸」之感並不多，但也有可能是作者對於現實之失望進而轉化為隱逸之情，自然也不會將其著作大鳴大放於當時社會了。〔註162〕由陳良運先生提出之推論，我們對於《焦氏易林》為何不見於《漢書》之因，已有初步之答案。

總結本章討論《焦氏易林》之作者、生平及其書反映之時代，彼此相互印證，無論是焦延壽本人與其生長於漢武帝末年，約卒於漢元帝建昭二年之後西漢中衰時期，再兼之以此書反映的時代背景皆相配合，三者交相比對之下，對於釐清《焦氏易林》作者之謎與究竟何時所作，有相當之裨益。

〔註161〕《焦氏易林注・升之未濟》，頁 463。

〔註162〕以上《焦氏易林》不載於《漢書》之理由參考改寫自《焦氏易林詩學闡釋》，頁 282、513〜515。

第三章 《焦氏易林》之體例與特色

　　《焦氏易林》於歷史中一直處於歸屬難定的尷尬地位，因為它的內容既非解《周易》之著作，也非釋《傳》；它是以大量四言韻語為骨架，建構而成之書，若說它是文學性四言詩之詩集，但它是以占卜辭的面目出現，非一般文學作品之常態，而且在此書中具有詩意、詩味之詞，尚夾帶大量韻語之中，若不細分，難以識別此書究竟是詩還是經書。《焦氏易林》此種特殊性質，讓其在歷代正史錄存書目中，既無法列入「經部」，也不能在文人總集中居一目之位；由上一章表（一）我們可知此書於《隋書》、《舊唐書》、《新唐書》列入「五行類」，《宋史》列於「蓍龜類」，清代《四庫全書》將其收錄於「術數、占卜類」，皆作為術數之書。沒有得到其完整應有之認識。〔註1〕《焦氏易詁》有云：

> 悲哉。易之為書也。自東漢迄今。幾兩千年。總九經之注。不如易
> 一經之多。〔註2〕

歷代以來解《易》、釋《易》之書何其眾多，不勝枚舉，同時每朝每代對於《易》都有一套不同的看法，造成百家爭鳴，思想蓬勃發展的情況。但是反觀《焦氏易林》一書，其雖與易學也有相當之關係，但就因《焦氏易林》體例、形式內容特殊而於歷代主流之經、史、子、集書籍分類方法下無法建立明確之地位，導致此書於千百年以來堙沒於歷史洪流之中，乏人問津，不被重視，故此書之要義與其歷史地位自然無法彰顯，而黃壽祺於《焦氏易林注‧序》

〔註1〕 此意見參考自尚秉和注‧常秉義點校《焦氏易林注》北京，光明日報出版社，西元 2005 年 5 月第一版，頁 4。

〔註2〕 尚秉和《焦氏易詁》北京，光明日報出版社，西元 2005 年 5 月第一版，頁 10。

才會有「蓋《易林》一書，二千年來無有通其義者」如此之感嘆。本章敘述之重點在於試圖分析《焦氏易林》一書之內容要旨，並將其特殊之體例作一說明，冀望對於《焦氏易林》能有初步之了解。

第一節　《焦氏易林》要旨

　　《焦氏易林注·序》有云：「凡《易林》之辭，無一字不從象生，且無一象不本之易」，《焦氏易林》一書當中「象數」是其中舉足輕重的要角，同時也是《易林》主要內容不可或缺的元素。在歷史上易學中之「象」與「數」有其個別之意涵，而又往往彼此相互結合，以下探討《焦氏易林》要旨以及象數相關問題之前，先將「象」與「數」之義涵與源流作一簡述：

　　「象」與「數」對稱，最早應見於《左傳·僖公十五年》：「龜，象也；筮，數也。」〔註3〕「象數」連用，大約出現在漢代時，如《易緯·乾坤鑿度》：「八卦變策，象數庶物，老天地限以為則。」〔註4〕然而作為龜象筮數的「象數」則應上溯至上古時代。〔註5〕

一、卜筮與象數

　　以「象」與「數」之初始意義而言，「象」起源於筮。而在遠古時期之卜筮都是以預設神靈存在為前提，凡遇重大事件或疑惑難解之問題時，就會以卜筮來徵詢神靈的意旨。〔註6〕迄今發現最早的占卜遺物出現於內蒙古巴林左旗富河溝門遺址卜骨。從山東、河南、陝西等地龍山文化遺址，發現牛、鹿、羊、豬等肩胛卜骨，在新石器後期占卜活動已相當流行。夏代二里頭文化遺址也發現了以牛、羊肩胛骨燒灼的圓孔或痕跡。至商代時，占卜方式有所不同，除用龜腹甲、牛胛骨為材料外，還將卜辭、貞辭刻記在甲骨上，此時以龜卜或是獸骨占卜得到全面的發展與繁盛，至周不衰。周代占卜從周原出土

〔註3〕楊伯峻《春秋左傳注·僖公十五年》（上冊）高雄，復文圖書出版社，西元1991年9月再版，頁365。

〔註4〕漢·鄭玄注《易緯·乾坤鑿度》卷上，收錄於嚴靈峰《無求備齋易經集成》冊158，台北，成文出版有限公司，西元1976年第一版，頁11。

〔註5〕此意見見於張其成《象數易學》北京，新華書店，西元2003年6月第一刷，頁7。

〔註6〕此意見見於潘萬木〈《左傳》的卜筮敘述模式〉《荊門職業技術學院學報》第16卷第4期，西元2001年7月，頁19。

之甲骨可見其與商代一樣都將龜骨占卜並刻辭記事。值得注意是此時西周之時發現了「筮數」。〔註7〕若從「筮」之古籍記載而言，相傳在神農時代就有「（神農）乃命司怪主卜巫咸、巫陽主筮」〔註8〕，而在《太平御覽》也有云：「昔夏后啓筮，承龍以登於天。」〔註9〕從先秦文獻來看，「卜」、「筮」並稱者甚多。如《尚書・洪範》記載「答武王問」有云：「七稽疑：擇建立卜筮人，乃命卜筮。」〔註10〕殷人應是將卜筮並用的。到周代也是如此，如《尚書・君奭》：「故一人有事于四方，若卜筮，罔不是孚。」〔註11〕《周禮・筮人》：「凡國之大事，先筮而後卜。」〔註12〕

在龜甲或獸骨占卜的過程中，燒灼之後所出現的大小裂縫稱之爲「兆」，而這些兆「兆」，就是「象」。而在於《周禮・春官宗伯》的有關記載，於〈太卜〉、〈卜師〉、〈龜人〉、〈菙氏〉等篇章中說明以獸骨或龜甲占卜的時機。「命龜」、「灼龜」、「定兆」、「審視兆象」、「定奪吉凶」整個過程中「象」在占卜過程中是具有關鍵性的地位；從燒灼甲骨後先需「觀象」，再依照裂文的情況加以「取象」，最後才能判定此紋路究竟是吉或是凶，這是所謂的「斷象」。占卜始終離不開「象」，古人藉由占卜、觀象、取象、斷象一連串過程，達到占卜人事吉凶之目的。

以「筮法」而言，占筮所運用的主要爲「蓍草」，在《史記・龜策列傳》有云：「蓍百莖共一根。有其所生，獸無虎狼，草無毒螫。」〔註13〕；而筮法與「數」密切相關，其用蓍草運算的過成是「數」（動詞），其運算的結果也是「數」（名詞）。占筮基本上是「蓍」按照一定的規則運算，但初期運算的方法已不可考。最早記在以蓍草運算的方法是《周易・繫辭傳》〔註14〕，但從其運算方式而言，已有相當完善的運算過程，似乎無法代表它就是早期的

〔註7〕 此意見節錄自《象數易學》，頁7～8。

〔註8〕 《路史・後紀三》，卷十二，收錄於《續修四庫全書》冊383，上海古籍出版社，西元1995年初版，頁92。

〔註9〕 《太平御覽》冊1，卷八十二，台北，商務印書館，西元1968年第一版，頁512。

〔註10〕 晉・王弼編、清・阮元校勘《十三經注疏》冊1《周易・尚書》卷十二，台北，藝文印書館，西元1955年初版，頁174。

〔註11〕 《十三經注疏》冊1《周易・尚書》卷十六，頁246。

〔註12〕 《十三經注疏》冊3《周禮》卷二十四，頁376。

〔註13〕 瀧川龜太郎《史記會註考證・龜策列傳》卷一百二十八，列傳第六十八，臺北，大安出版社，西元2005年1月初版第四刷，頁1307。

〔註14〕 有關此處提到《周易・繫辭傳》之占筮方法下節會詳述，此不贅述。

筮法了。〔註15〕

二、《周易》之象數

　　《周易》將「象」與「數」結合在一起，而此時的「象」與「數」已不是「兆象」與「筮數」的意思了。《周易》之經文是由卦名、卦爻、卦辭、爻辭等組合而成。由卦爻符號本身及彼此相互組合產生了「卦象」，由六十四卦組成，每卦是由陰爻及陽爻六次不同之排列所組成。首卦是乾，次為坤，一直到最末兩卦分別為既濟與未濟。從《周易》六十四卦之定型與排列次序來看，以含有相當之理性思維蘊含其中，已非單純是占卜中之「兆象」；但是「象」仍居介於揲蓍與卦爻辭建立連繫的關鍵地位，即揲蓍的結果首先要變換成卦爻象的符號形式，然後才可以根據《周易》文本中卦爻象與卦爻辭之間的對應關係，查找相應的卦爻辭，使非言語的占筮過程最後得到具體的結果；〔註16〕除此之外，《周易》中之卦象加上了卦名、卦爻辭顯示此時之「象」已經有所演進，並且包含許多思考及思想成份之意義賦予其中。

　　《周易》經文中之「數」即爻數，由表陰陽爻之數—「九」、「六」與表爻位數「初」、「二」、「三」、「四」、「五」、「上」等爻題兩部份組成。從《左傳》、《國語》有關易占之筮例而言，春秋時代人們應尚未用「九」、「六」、「初」、「二」等表示一卦之陰、陽爻與爻位。就「象」與「數」二字而言，《周易》文字中尚未提及，但是其通篇用「象」與「數」，而且《周易》以將卦象與爻數結合在一起，爻題的數就是爻象，六爻總數就是卦象。這種「象」與「數」結合的形式是《周易》的基本特徵。〔註17〕

三、《易傳》象數論

　　對《周易》「象」與「數」進一步加以闡釋與發揚是《易傳》（即《十翼》）《易傳·繫辭》:「是故《易》者，象也；象也者，像也」《易傳》在此句話中點明《周易》一書就是觀察並描摹萬事萬物並取其喻意以成書之情形。以下茲將《易傳》中「象」與「數」分別所代表之意義加以分類說明：〔註18〕

〔註15〕此意見此意見節錄自《象數易學》，頁15。
〔註16〕此意見見於吳前衡〈春秋筮法〉《中國哲學史》西元1996年第4期，頁54。
〔註17〕此意見結錄自《象數易學》，頁29。
〔註18〕以下「象」與「數」分類與舉例參見自《象數易學》，頁29～38。

（一）論　象

《易傳》中「象」之意思主要有三種：

（1）「象」為卦象

　　成象之謂乾，效法之謂坤。〔註19〕

　　是故君子居則觀其象而玩其辭。〔註20〕

　　是故吉凶者，失得之象也；悔吝者，憂虞之象也；變化者，進退之
　　象也；剛柔者，晝夜之象也。〔註21〕

「成象之謂乾，效法之謂坤」畫卦成為天的象徵稱為「乾」，畫卦傚效地的法式
叫作「坤」，在此之「象」為卦象之意；「是故君子居則觀其象而玩其辭」君子
平時居處時觀察《周易》卦象之象徵意義，並探討研究占卜之辭的吉凶要義，
此處之「象」是有卦象之意。「是故吉凶者，失得之象也……剛柔者，晝夜之象
也。」此段文意主要說明卦爻辭中之卦象所顯現之吉或凶，正是象徵人事的各
種際遇、遭遇或是可能之預測；此處所說之「象」之反映各種事件之卦象而言。

（2）「象」為物象

　　聖人設卦觀象，繫辭焉而明吉凶。〔註22〕

　　仰則觀象於天，俯則觀法於地。〔註23〕

　　八卦成列，象在其中矣。〔註24〕

　　極其數，遂定天下之象。〔註25〕

「聖人設卦觀象，繫辭焉而明吉凶」聖人觀察萬事萬物之物象並立了六十四
卦，各卦各爻下都撰有文辭藉以表明吉凶之徵兆，此處言「象」是著眼在萬
物之「物象」為基礎，才創立了六十四卦。「仰則觀象於天，俯則觀法於地」
仔細觀察我們所身處世界當中天地穹蒼、飛禽走獸等等之物象，此句之「象」
很明顯是指種種之物象。「八卦成列，象在其中矣」八卦是《周易》將萬事萬

〔註19〕　晉·王弼編、清·阮元校勘《十三經注疏》冊1《周易·繫辭上》卷七，台北，
　　　　　藝文印書館，西元1955年初版，頁149。
〔註20〕　《十三經注疏》冊1《周易·繫辭上》卷七，頁146。
〔註21〕　《十三經注疏》冊1《周易·繫辭上》卷七，頁145。
〔註22〕　《十三經注疏》冊1《周易·繫辭上》卷七，頁145。
〔註23〕　《十三經注疏》冊1《周易·繫辭上》卷七，頁147。
〔註24〕　《十三經注疏》冊1《周易·繫辭下》卷八，頁165。
〔註25〕　《十三經注疏》冊1《周易·繫辭上》卷七，頁154。

物寓含於其中的表徵，因而此處所提之「象」是萬物之物象。「極其數，遂定天下之象」從著數之變化，就能判定天下之物象；萬事萬物之理與象都濃縮於八卦之中，因此我們只要掌握變化的原則，就能知曉天下萬物的狀態與情形，此處之「象」是物象，就是萬事萬物的顯象。

（3）「象」為取象、象徵

象事知器，占事知來。〔註26〕

擬諸其形容，象其物宜。〔註27〕

天垂象，見吉凶，聖人象之。〔註28〕

「象事知器，占事知來」觀察所要擬取之物象，就能明白器用的形成，占問眼前的事理就能推知將來的應驗，〔註29〕此處之「象」是象徵、取象之意思。「擬諸其形容，象其物宜」《周易》將事物深奧精微的道理，把它比擬成具體的形象容貌，象徵其意義，此句說提之「象」正有「象徵」之意。「天垂象，見吉凶，聖人象之」天地之間的變化與顯示各種氣候與事物之象，聖人傚效大自然與萬事萬物之理與象，取其要意與象徵意涵，將其吉凶之意化為八卦之中；此句第一個「象」是天地顯示之「物象」，第二個「象」，是聖人將物象運用象徵的方式以成八卦，故此「象」是取象之意。

《易傳》有關「象」之三種意涵，其彼此之間是緊密相互結合的，「卦象」是核心，「取象」是方法，「事象」、「物象」是象徵的對象。「卦象」既是「易」的核心，也是《周易》及《易傳》認知萬事萬物的中介。

（二）論「數」

《易傳》中「數」之意思主要為「易數」之意，例：

極數知來之謂占。〔註30〕

參伍以變，錯綜其數。〔註31〕

二篇之策，萬有一千五百二十，當萬物之數也。〔註32〕

〔註26〕《十三經注疏》冊1《周易‧繫辭下》卷七，頁176。
〔註27〕《十三經注疏》冊1《周易‧繫辭上》卷七，頁150。
〔註28〕《十三經注疏》冊1《周易‧繫辭上》卷七，頁157。
〔註29〕此意見參考自張善文‧黃壽祺《周易譯注‧繫辭下》台北，頂淵文化事業有限公司，西元2002年十二月初版二刷，頁606。
〔註30〕《十三經注疏》冊1《周易‧繫辭上》卷七，頁149。
〔註31〕《十三經注疏》冊1《周易‧繫辭上》卷七，頁154。

天數五，地數五，……天數二十有五，地數三十，凡天地之數五十

有五。〔註33〕

大衍之數五十……。〔註34〕

數往者順，知來者逆，是故《易》，逆數也。〔註35〕

「極數知來謂之占」明瞭透徹蓍數預知未來叫作「占筮」，所謂之「數」爲「占

筮中的蓍策之數」；「參伍之變，錯綜其數」此句說明要了解《周易》之變化

之道與易數之要義，就必須反復思考與推研；此處之「數」是「蓍數」所產

生之易數。「二篇之策……萬物之數也。」二篇，指的是《周易》上下經六十

四卦，爲一萬一千五百二十策，〔註36〕相當於萬物之數目；此句之「數」是

用易數來概括天下萬物之數的總稱。「天數五，地數五」、「大衍之數五十」此

所謂之「數」是把天地萬物的運行、變化的準則都象徵取義於這些數字中，

這些「數」是易數。「數往者順……逆數也。」陰陽八卦變化之道，可順推往

事，逆知來事；此處言「數」是動詞，推算之意，是少數在《易傳》中不是

「易數」或「蓍數」之意。總結「易數」的範圍在《易傳》中主要有以下三

種意涵：〔註37〕

（1）「大衍之數」

據《周易·繫辭傳》有云：

大衍之數五十，其用四十有九，分而爲二以象兩，掛一以象三，揲

之以四以象四時，歸奇於扐以象閏，五歲再閏，故再扐而後掛。……

是故四營而成易，十有八變而成卦。〔註38〕

大衍之數爲五十，抽去一（爲太極），實際用四十九。四十九根蓍草通過分二

（象天地兩儀）、掛一（象天、地、人三才）、揲四（象四時）、歸奇（象閏）

四營（四個過程）、三變（重複三次）後，得到九、八、七、六四數，而九爲

老陽、八爲少陰、七爲少陽、六爲老陰，根據「老變少不變」原則，以九、

六爲陽爻與陰爻的記數，這樣就定出一爻，如此重複六次共十八變，而得出

〔註32〕《十三經注疏》冊1《周易·繫辭上》卷七，頁153。

〔註33〕此文節錄自《十三經注疏》冊1《周易·繫辭上》卷七，頁153。

〔註34〕此文節錄自《十三經注疏》冊1《周易·繫辭上》卷七，頁152。

〔註35〕此文節見於《十三經注疏》冊1《周易·說卦傳》卷九，頁183。

〔註36〕至於此數字究竟如何而來，下一頁將有說明。

〔註37〕以下之說明與解釋參見於《象數易學》，頁35～38。

〔註38〕此文節錄自《十三經注疏》冊1《周易·繫辭上》卷七，頁152～153。

一卦六爻。〔註39〕

（2）「策數」

策數就是蓍草的根數，一根蓍草就是一策。在《周易・繫辭傳》有云：

乾之策二百一十有六，坤之策百四十有四，凡三百有六十，當期之
日。二篇之策，萬有一千五百二十，當萬物之數也。〔註40〕

承繼上述的占卜方式，若在三變之後所餘之蓍草若爲三十六策，則出老陽一
爻（36÷4＝9，9 爲老陽），乾卦有六個陽爻，36×6＝216 策，故云：「乾之
策二百一十有六」。若餘數爲二十四策，則出老陰一爻（24÷4＝6，6 爲老陰），
坤卦有六個陰爻，24×6＝144 策，故曰：「坤之策百四十四策」。乾坤策數之
和爲三百六十，接近一年之日數。而二篇之策爲什麼爲「萬有一千五百二十」
呢？「二篇」指《周易》全書（分上下兩篇），共六十四卦，三百八十四爻，
其中陽爻一百九十二，陰爻一百九十二。以老陽與老陰策數計算，老陽每爻
爲三十六策，而一百九十二爻共有 192×36＝6912 策；老陰每爻二十四策，
一百九十二爻共有 192×24＝4608 策，陰爻與陽爻相加共一萬一千五百二十
策；若以少陽與少陰策數計算，少陽每爻三十二策，少陰每爻二十八策，各
乘以一百九十二爻，分別得到六千一百四十四與五千三百七十六策，相加得
一萬一千五百二十策，兩種方法得到之策數相同，而這個策數代表世界萬物
之數。

（3）「天數」、「地數」

《周易・繫辭傳》有云：

天一地二，天三地四，天五地六，天七地八，天九地十。〔註41〕

天數五，地數五，五位相得而各有合。天數二十有五，地數三十，

凡天地之數，五十有五，此所以成變化而行鬼神也。〔註42〕

在十以內的自然數，奇數爲天數，偶數爲地數，天數之和爲二十五，地數之
和爲三十，天地數之和爲五十五。天地之數就是成就萬物變化的神妙之數，
因此一段話是於「大衍之數」前所說，所以有人據此認爲大衍之數爲五十五。

〔註39〕下一節談到占卜方法時，對於〈繫辭傳〉所載之占卜法會有詳細之解說，而
在此節說明之重點主要在於「大衍之數」的簡述，故對於占卜之法簡要說明，
並不詳述。

〔註40〕《十三經注疏》冊1《周易・繫辭上》卷七，頁153。

〔註41〕《十三經注疏》冊1《周易・繫辭上》卷七，頁155。

〔註42〕《十三經注疏》冊1《周易・繫辭上》卷七，頁153。

張其成於《象數易學》一書中認為「大衍之數」應為五十才是符合易理，因為按〈繫辭傳〉「大衍之數」之後所云是言「其用四十有九」，說明抽掉了一根蓍草，而此「一」是為「太極」，而〈繫辭傳〉有云：「是故易有太極，太極生兩儀，兩儀生四象，四象生八卦」，其過程為 1—2—4—8，若大衍之數為五十五，則抽去不用之數為六，如此就非太極之數了。另外有一種說法認為此「六」為一卦之爻數（六爻）。

由以上的整理與分析我們可知了解最早「象」是指將獸骨、龜甲燒灼之後所產生的「兆象」，而「數」是占卜後所得出之結果為「數」，之後《周易》將其「象」與「數」賦予了新的哲學意涵，將「象」的概念中給予「卦象」之意，而在「數」的概念中給予「爻數」之意；於《周易》後之《易傳》又將「象數」的範疇擴大並發揚，形成了較完整的「象數」之概念。《焦氏易林》也承襲此一易學脈絡而來，將其應用淋漓盡致，形成此書的核心內容，因而《焦氏易林注·序》才說：「凡《易林》之辭，無一字不從象生，且無一象不本之易」，就是說明《焦氏易林》是在易學基礎上，更進一步運用象數的方式說解人世興衰之道，而這也是此書最重要之要旨。

《易林·跋》有云：

> 易有聖人之道四焉，以言者尚其辭，以動者尚其變，以制器者尚其象，以卜筮者尚其占。此四者皆變化之道，神之所為也。予讀《焦氏易林》演六十四卦而卦皆具夫辭變，象占其意，而深其文簡而古，真有以發羲文周孔之所未發，而開物成務，通志業斷疑之妙。〔註43〕

《周易》與《易傳》是擬取世間萬物人事之物象或表象，明白器用的形成、人事的脈絡與轉變，占問眼前的事理就能推知將來的應驗，同時這也是古聖先賢以其智慧而成之洞燭機先之理，《焦氏易林》同樣也是將占卜的結果，運用各種說解之法結合象數之使用，以四千零九十六首林辭表現人世與現實世界的種種運行之道，再加之以用巧妙精闢的言辭將隱藏之義理發為議論，發前人之所未發，這也是此書不凡之所在。

尚秉和《焦氏易詁》有云：

> 餘自幼好讀焦氏易林，如蒙之節云：「三夫共妻，莫適為雌，子無名氏，翁不可知。」及坤之剝云：「南山大獲，盜我媚妾，怯不敢逐，

〔註43〕崔篆《易林·跋》第二收錄於嚴靈峰《無求備齋易經集成》冊 151，台北，成文出版有限公司，西元 1976 年第一版，頁 810。

退而獨宿等林詞。」酷愛其語，而莫能通其義。所謂通其義者，非
祗知其故事人物，以林詞既爲某卦而設，其詞必與卦象有關。〔註44〕
尚秉和認爲《焦氏易林》有時讓人覺得林辭難解，似有如深淵般不可測之深
意，往往讀來頗覺吃力，是因爲要了解焦氏的意思，不能單純只以字面上加
以說解，更重要的事須以卦象及象數之理配合讀之與理解，才能知道本卦與
之卦彼此關係爲何，其卦中顯示之卦象爲何，兩相參照之下才能知曉其眞義
所在。鄧球柏也對於《焦氏易林》林辭難解之處，提出他的看法：

> 周易卦辭爻辭。無一字不根於象。一奇也。周易一卦一辭。易林則
> 一卦爲六十四辭。無一林義復。無一林義不翻新出奇變換。二奇也。
> 周易用象。巧不可階。往往非言說所能喻。必目觀其象而始知。卦
> 不同而詞同。同一詞也。用之甲而當。用之乙亦當。用之丙丁尤當。
> 四奇也。易林用象之幽深難解者。如否之謙雲。殷商絕嗣。因殷商
> 子姓。……如此等詞。或數日思之始能解。或數月不能解。而易林
> 如此者不可勝數。若行所無事者。五奇也。又何怪二千年學者不解
> 其詞哉。〔註45〕

鄧球柏認爲要了解《焦氏易林》的要旨，首先必須先知道此書的核心內容在
於「象數」，「無一字不根於象」。《焦氏易林》一卦就有六十四條林辭，每條
林辭說解之內容也不盡相同，若是無法掌握焦氏運用象數之法與觀其卦象，
就會如同入五里迷霧中，不知所云。另外《焦氏易林》四千多條的林辭中有
一千餘條相同，爲什麼會有這樣的情況產生？就是因爲在本卦與之卦的配合
中，有些彼此所代表的卦象卻是相同，才會發生這樣的情形。至於我們如何
了解焦延壽是用哪些方法說解卦象及林辭之意，在第四章時，將會對於《焦
氏易林》運用「象數」的方法作一詳述。

　　《焦氏易林》全書之要旨若以一句話而言，就是「無一字不根於象，人
世興衰皆在其中」。此書最重要的目地是透過本卦與之卦卦象的說解，讓讀者
明白吉凶禍福之道，藉以「趨吉避凶」。因此要明白每一卦、每一條林辭之要
義爲何，就要在卦象與象數的範疇中找尋其眞義所在。

〔註44〕《焦氏易詁》卷二，頁30。
〔註45〕以上意見整理自鄧球柏譯著《白話焦氏易林・自序》，湖南，岳麓書社，西元
　　　　1996年10月初版，頁41。

第二節　《焦氏易林》之體例

　　了解《焦氏易林》一書是以「象數」爲核心開展之後，本節對於此書是如何展現「吉凶禍福」之道的形式，以下分別加以介紹及說明：

一、全書六十四卦爻變組成

　　周、孔之際，六十四卦每卦六爻，加上〈乾〉、〈坤〉用九、用六，不過三百八十六條爻象之辭，加上六十四卦卦辭，也僅有四百五十條。換言之，當時卦變之法，一卦六變，合之三百八十四變。〔註46〕由於一卦之爻產生變化而形成另一卦之「卦變」並非由《焦氏易林》開始，早在今日我們可見之《左傳》、《國語》所記載之筮例中就已經可以見到這樣的情形，如《左傳・莊公二十二年》，「筮公子完生」一事，筮得「遇觀之比」的結果，即是筮得「觀卦」上爻變而成「比卦」；又例：《左傳・閔公元年》「筮畢萬仕晉」，筮得「遇屯之比」；《左傳・閔公二年》「筮季友生」，得「大有之乾」……等，這類的占筮記載，都是《左傳》對於「卦變」之說的記敘方式。再者，《國語》也記載了有關「卦變」的占筮情形：《國語・周語》記載「晉筮成公歸國」一事，得「遇乾之否」，此例也是保留了「卦變」於占卜之中使用的情況。〔註47〕

　　到了西漢，首先明確觸及到「卦變」這個學術領域之人，當屬焦贛之《焦氏易林》。〔註48〕《焦氏易林》之時，一卦六十四變，六十四卦就是四千零九十六變。當一卦變成另一卦曰「之」，每次卦變配一條文辭以示變化狀態及其結論，於是形成四千零九十六條文辭，亦即卦變之辭，而《焦氏易林》由每次卦變搭配一條文辭以示「變」之狀態與結局，遠比原本《周易》之卦爻辭有十倍之多，更豐富了占卜的內容。在每一別卦中，不論一個爻變、二個爻變、三個爻變、四個爻變、五個爻變、六個爻變，共變出六十三卦，再加上本卦，共六十四卦。〔註49〕不論幾爻變，無非是陽爻變陰爻，陰爻變陽爻或是不變的狀況，由於變與不變、陰爻與陽爻的變動與相互配合，使原本之六

〔註46〕此意見見於《焦氏易林注・導言》，頁9。

〔註47〕以上《左傳》、《國語》之例參考自廖婉利《虞翻易學思想研究》國立高雄師範大學國文學系碩士論文，西元2004年6月，頁51。

〔註48〕此意見見於王新春〈也論虞氏易學的卦變說〉收錄於《象數易學研究》第三輯，頁118。

〔註49〕以上意見參考自《焦氏易林注・導言》，頁9。

十四卦卦象，透過變化加上彼此爻變的組合下，透過互體、反象、半象、大象〔註50〕等作用產生新的卦象。透過一卦經過六個爻之變化加上本卦，產生出六十四卦的過程，不斷有新的卦象意蘊產生，這也顯示在《焦氏易林》一書中四千零六十九條林辭的體系之中。

《焦氏易林》全書爲什麼呈現出有別於一般解經或釋傳之傳統易學書籍，而是此一複雜龐大之面貌？鄧球柏於《白話焦氏易林》中認爲此書爲占卜之書，其理由有五：其一：《焦氏易林》的編排體系體現了占卜手冊的特點。《焦氏易林》共十六卷，每卷四林，共六十四林。每一林由一卦變爲六十三卦，加上本卦，共六十四卦。六十四林，共有卦四千零九十六卦。每一卦配上四言韻語一首，共有四千零九十六條林辭。六十四林整齊劃一，便於使用、查詢與檢索。這樣的編排方式具有占卜手冊的特點與作用。其二：歷史上，《焦氏易林》是一部占卜之書。其證據有：（一）《東觀漢記》〈沛獻王輔傳〉記載沛獻王輔以「以《周易卦林》占之」〔註51〕並以「蟻封穴戶，大雨將集」林辭預測未來一事，證明此林辭見於《焦氏易林・震之蹇》中，而所謂「周易卦林」即是今之《焦氏易林》一書。（二）《道藏》記錄程迥記驗中有提到：

> 宣和末長慶福崔相公任州日，其時晏清無事，思此聖書，虔誠自卜，
> 得〈大過〉卦云：「典藏法書，藏在蘭台，雖遭亂潰，獨不遇災」之
> 〈遯〉卦辭曰：「坐席未溫，憂來扣門，逾牆北走，兵來我後，脫於
> 虎口。」其時卜後十日，州亂，崔相公逾牆而出，家族不損，無事。
> 歸京乃知此書賢人所制。初雖難會，後詳無不中節。見者當所敬重。
> 黃金自貴，未能蒙於此書。紹興末，完顏亮入寇時，有人以焦贛《易
> 林》筮，遇〈解之大壯〉，其辭曰：「驕鹵火形，造惡作凶。無所能
> 成，還自滅身。」其親切應如此。雖天綱、淳風不能過也。開辟以
> 來，惟亮可以當之。延壽著書，何知後世有亮也。〔註52〕

由此段之歷史記載宣和末年崔相公與紹興末年完顏亮入寇一事，而這些事件之發生與事前《焦氏易林》的預測不謀而合，可見得此書是由卦象預測了未來某些事件的發生，它是占卜之書的意味濃厚。其三：《左傳》、《國語》所記

〔註50〕 在《焦氏易林》一書中所運用之各種卦象之法及其詳細說明將在下一章敘述，
　　　　 此不多作贅述。

〔註51〕 漢・班固《東觀漢記》冊1，卷七，台北，中華書局，西元1985年新一版，
　　　　 頁54。

〔註52〕 《道藏》冊三十六，上海書店，西元2004年10月出版，頁112。

〈乾之姤〉、〈坤之剝〉等，已開始具備了占卜算卦之書的雛型。〔註53〕

《焦氏易林》從其排卦之形式與其之卦的排序，明顯可看出是為了方便後人占卜後使用查詢之便，而其每條林辭之內容都不盡相同且意義獨立成條，並非如一般思想類或是經書一樣有一連貫思考的一致性之特性或是章節的連續，再加上以上補充說明，我們應可確定此書應是一本占卜之書。

二、以四言詩鋪陳全文

《焦氏易林》各條林辭所呈現的形式是以四言韻語為主，尚有少數三言句這樣的其他形式，但是大體而言，仍是以四言為主。而此書四言形式出現的「林辭」是不是可以算「詩」呢？陳良運於《焦氏易林詩學闡釋》一書中有對此問題提出他的看法整理如下：其一，《焦氏易林》之辭幾乎都有統一的格式，雖然每條每句數或多或少有不相等的情形，長的有八句，短則兩句，但其句式多為整齊的四言體（只有少數有三言的形式出現），這就具備了詩的形式；其二，《焦氏易林》每一條林辭都有其文字表面形式與內容思想上的緊密結合，並且大多數之文句都文辭優美與運用隱喻、暗示的手法以單純的事物，加上極精鍊的語句表答完整且深刻的意蘊與作者內心的思想，這也是符合詩的特質；其三，《焦氏易林》數千條林辭所描寫或是代表之種種物象可說是天上地下無所不有，不僅是自然萬物，《易林》所展示的人事物象，有具體生活情節的開展，描摹生動，讓人有栩栩如生之感，更富感人之魅力；其四，《焦氏易林》文句充滿濃郁情感，或是作者本人喜、怒、哀、樂之情的直抒，或是以擬人化手法將草木萬物用情感表露的方式，讓讀者產生真切動人的共鳴。〔註54〕

陳良運所舉之理由，我們可以於《焦氏易林》一書中得到印證：如《焦氏易林·坎之蒙》：「倚鋒據戟，傷我胸臆，耗折不息。」〔註55〕此卦林辭主要是說明當有人手舞刀槍把玩在手，甚直炫耀自身的武藝強大時，往往不小心刺傷自己的胸膛時，就會流血不止拜折於地。這是告誡我們挑起戰爭，輕啟戰端的人，往往招致自我滅亡。《易林》在此不明言戰爭的壞處，也不用運

〔註53〕以上三點意見整理參考自《白話焦氏易林·自序》，頁6～7。
〔註54〕以上四項意見參考整理自陳良運《焦氏易林詩學闡釋》南昌，百花洲文藝出版社，西元2005年5月第1版，頁4～5。
〔註55〕《焦氏易林注·坎之蒙》，頁289。

用長篇大論的文字描寫戰爭的恐怖，而是以三句四言簡明扼要的文字，把舞刀弄槍之人最後反自傷的形象描繪出來，並將作者警示的意涵蘊藏於言簡意賅的文字之下，用四言整齊之形式加上暗示的手法告訴我們，更突顯了詩的特質。又如《焦氏易林·離之解》：「飛蚊污身，爲邪所牽。青蠅分白，貞孝放逐。」〔註56〕飛蚊污染人的身體，爲邪惡的蚊蟲所主導。青蠅爲害不分青紅皂白，眞正孝順的人流放邊疆。此林辭也是用比喻之法，將所謂的奸佞之臣比喻爲蚊蟲與蒼蠅，在這樣奸邪勢力下的忠臣與孝子卻不容於當下環境，一一被貶謫罷官；再者，如《焦氏易林·既濟之未濟》：「千柱百梁，終不傾僵，周宗寧康。」〔註57〕千根支柱與百根棟樑，撐起周王朝的一片天，此條林辭重點在於說明周王室永保安康是需要眾多賢臣才幹與諸王和諧才能維持太平盛世；《易林》將賢才比喻爲「千百棟樑」而不直接明寫，這就是詩常用的手法。《易林》善用譬喻的手法，生動形象的描摹，把對於奸臣掌權的黑暗與不滿之情緒都化爲簡單的四言形式，精鍊明確，很有詩之韻味。

除了陳良運提出四點《焦氏易林》之林辭爲四言詩的佐證外，尚有另一項重要之詩的特徵，就是「押韻」，以下茲將《焦氏易林》林辭押韻的方法歸納爲八種，〔註58〕其韻腳是按王力所畫分之上古音韻三十部來各舉詩例：

（一）首句偶句韻式

此種押韻方法是首句以及偶數句押韻。如《焦氏易林·損之夬》：「蓄積有餘，糞土不居。美哉輪奐，出有高車。」〔註59〕此林辭中首句之尾字「餘」、第二句之尾字「居」、第四句之尾字「車」都同押魚韻；又如《焦氏易林·渙之益》：「晵長景行，來觀拓桑。上伯日喜，都叔允藏。」〔註60〕首句之尾字「行」、第二句之尾字「桑」、第四句之尾字「藏」都押魚韻；再者，《焦氏易林·萃之乾》：「碩鼠四足，飛不上屋。顏氏淑德，未有爵祿。」〔註61〕首句之尾字「足」、第二句之尾字「屋」、第四句之尾字「祿」都是同押屋韻。《焦氏易林》首句及其偶數句押韻之例眾多，而有些韻腳以今日讀音尚能辨識，

〔註56〕《焦氏易林注·離之解》，頁304。
〔註57〕《焦氏易林注·既濟之未濟》，頁617。
〔註58〕以下八點押韻方法及舉例解說參考自羽離子〈《易林》古繇詩的藝術美〉《中國文化月刊》第269期，西元2002年8月，頁104～108。
〔註59〕《焦氏易林注·損之夬》，頁414。
〔註60〕《焦氏易林注·渙之益》，頁580。
〔註61〕《焦氏易林注·萃之乾》，頁445。

而另外有韻腳今天雖已難以讀出其相似之音，但它仍是符合上古音之同一韻部。

（二）偶句韻式

此種押韻之法顧名思義是偶數句押韻之形式，諸如《焦氏易林‧師之否》：「羿張烏號，彀射天狼。柱國雄勇，鬬死滎陽。」〔註62〕第二句之尾字「狼」、第四句之尾字「陽」都是同押陽韻；又如《焦氏易林‧蠱之比》：「視暗不明，雲蔽日光。不見子都，鄭人心傷。」〔註63〕第二句之尾字「光」、第四句之尾字「陽」也都是同押陽韻。以上二例都是偶數句押韻之情形。

（三）奇句韻式

「奇句」是相對於「偶句」而言，也就是單數句押韻之形式，如《焦氏易林‧升之既濟》：「窮夫失居，唯守弊廬。初憂中懼，惟日兢兢。无悔无虞。」〔註64〕此林辭中首句之尾字「居」、第三句之尾字「懼」、第五句之尾字「虞」都同押魚韻；又如《焦氏易林‧渙之遯》：「季姬踟躕，望孟城隅。終日至暮，不見齊侯。」〔註65〕此林辭中首句之尾字「躕」、第三句之尾字「暮」都同押鋒韻。以上二例為奇數句押韻之情形。

（四）全詩一韻式

所謂全詩一韻，就是林辭中每句之句末押韻皆為同一韻。例：《焦氏易林‧大有之夬》：「吾有黍粱，委積道傍。有囊服箱，運到我鄉。藏於嘉倉。」〔註66〕此林辭中首句之尾字「梁」、第二句之尾字「傍」、第三句之尾字「箱」、第四句之尾字「鄉」、第五句之尾字「倉」都同押陽韻；又如《焦氏易林‧坤之渙》：「舉首望城，不見子貞，使我悔生。」〔註67〕此林辭中首句之尾字「城」、第二句之尾字「貞」、第三句之尾字「生」都同押耕韻。以上二例是全詩每一句皆押相同韻之情形。

（五）密韻式

所謂密韻式，是指全條林辭中，除首句不押韻外，其餘句都是押同一韻，

〔註62〕《焦氏易林注‧師之否》，頁70。
〔註63〕《焦氏易林注‧蠱之比》，頁181。
〔註64〕《焦氏易林注‧升之既濟》，頁462。
〔註65〕《焦氏易林注‧渙之遯》，頁579。
〔註66〕《焦氏易林注‧大有之夬》，頁148。
〔註67〕《焦氏易林注‧坤之渙》，頁22。

例：《焦氏易林·復之晉》：「飛之日南，還歸遼東。雌雄相從，和鳴雍雍。解我胸春。〔註 68〕」此林辭中第二句之尾字「東」、第三句之尾字「從」、第四句之尾字「雍」、第五句之尾字「春」都同押東韻，這樣的例子是除首句沒有押韻外，其他句子都有押韻。

（六）交韻式

交韻指的是一條林辭中，奇數句押同一韻，偶數句則押另外一韻的方式；例如《焦氏易林·困之復》：「同本異葉，安仁尚德，東鄰慕義，來興古國。」〔註69〕奇數句第一句之尾字「葉」、第三句之尾字「義」同押葉韻，偶數句第二句之尾字「德」、第四句之尾字「國」同押職韻；又例如《焦氏易林·同人之升》：「鳧過稻廬，甘樂麥廣（合為一字）鯖。雖驅不去，田畯懷憂。」〔註 70〕奇數句第一句之尾字「廬」、第三句之尾字「去」同押魚韻，偶數句第二句之尾字「鯖」、第四句之尾字「憂」同押幽韻，以上二例就是奇數句同押一韻、偶數句同押一韻之交韻式範例。

（七）首末句同韻式

此種押韻之法是指一條林辭當中之第一句與最後一句押韻的方法，例：《焦氏易林·咸之豫》：「山水暴怒，壞梁折柱。稽旅行旅，留連愁苦。〔註71〕」此林辭中首句之尾字「怒」、末句之尾字「苦」都同押魚韻，又如《焦氏易林·歸妹之大有》：「依宵夜遊，與君相遭。解除煩惑，使心不憂。」〔註 72〕首句之尾字「遊」、末句之尾字「憂」都同押幽韻。在此韻式中除了只有首尾押韻之外，另外尚有一種是首尾押韻加上中間某些句子也押同一韻，這種押韻通常在句數較多的林辭中出現，如《焦氏易林·損之坤》：「景星照堂，麟遊鳳翔。仁施大行，頌聲作興。征者无明，失其寵光。」〔註 73〕此林辭中首句之尾字「堂」、末句之尾字「光」與第二句尾字之「翔」都是押光韻。以上所提之兩種押韻法：第一句與最後一句押韻、首尾押韻加上中間某些句子也押同一韻，都是屬於「首末句押同韻」之法。

〔註68〕《焦氏易林注·復之晉》，頁 244。
〔註69〕《焦氏易林注·困之復》，頁 467。
〔註70〕《焦氏易林注·同人之升》，頁 138。
〔註71〕《焦氏易林注·咸之豫》，頁 311。
〔註72〕《焦氏易林注·歸妹之大有》，頁 533。
〔註73〕《焦氏易林注·損之坤》，頁 409。

（八）每兩句換韻式

此種押韻法是首兩句同押一韻，另外再兩句再同押另一韻的方法：如《焦氏易林‧比之復》：「伯去我東，髮櫛如蓬。展轉空床，內懷憂傷。」〔註74〕首句尾字「東」、第二句尾字「蓬」同押東韻；第三句尾字「床」、第四句尾字「傷」都同押陽韻；又如《焦氏易林‧革之泰》：「羅網四張，鳥无所翔。征伐困極，飢寒不食。」〔註75〕首句尾字「張」、第二句尾字「翔」同押陽韻；第三句尾字「極」、第四句尾字「食」都同押職韻。以上二例是每兩句換一次韻之情形。

《焦氏易林》的四千多條林辭中，並非每一條都一定押韻，但大多數之林辭都有押韻的情形，只是用不同的押韻方法表現。由以上歸那之八項押韻方法，我們可知《焦氏易林》還具有一項最明顯之詩的特徵就是「押韻」，再配合上述陳良運所提出《焦氏易林》四種詩之特質，應可確定《焦氏易林》之林辭是以「四言詩」的形式呈現。

《焦氏易林》雖是一本占筮爲主的實用之書，但其表現的內容不但是以四言詩的表現手法呈現，而且其文辭與文學性在歷代學者之中也頗獲好評。以下茲將重要名家對於《焦氏易林》詩文之評價摘錄如下：黃伯思《東觀餘論‧校定焦贛易林序》有云：

> 延壽所著，雖卜筮之書，出于陰陽家流，然當西漢中葉，去三代未遠，文辭淡雅，頗有可觀。〔註76〕

宋代黃伯思已經開始注意到《焦氏易林》的文學性，認爲此書之文辭淡雅，並非如同一般易書之語那樣刻版與無味，頗有令人玩味之處。到明清兩代時，有許多詩人及文學家開始對於《焦氏易林》之文辭之美產生興趣，如李鄴嗣《杲堂文詩文集》稱讚胡一桂之詩中有云：

> 得其四言詩一卷，奇文奧義，識學兼造，當是焦延壽一流，爲後來詞人所絕無者，讀之驚賞彌日，其思得盡百藥詩文益甚……今百藥猶得存此一卷詩，使後世與《易林》繇辭并讀。〔註77〕

〔註74〕《焦氏易林注‧比之復》，頁83。

〔註75〕《焦氏易林注‧革之泰》，頁485。

〔註76〕黃伯思《東觀餘論‧校定焦贛易林序》收錄於景印文淵閣四庫全書，冊850，台北，商務印書館，西元1983年出版，頁383。

〔註77〕此文節錄自李鄴嗣《杲堂文詩文集‧後五詩人傳》卷四，浙江古籍出版社，西元1988年第一版，頁475～476。

李鼒嗣對於胡一桂之四言詩大加讚賞，把其詩認為是如同《焦氏易林》之四言詩一般出色，同時可把胡之詩與《焦氏易林》之四言詩的成就相提並論，可見李嗣業也對於《焦氏易林》四言詩有很高推崇之意。至於錢鐘書對於《焦氏易林》之評論中有云：「蓋《易林》幾與《三百篇》並為四言詩矩矱焉。」〔註78〕將《焦氏易林》之四言詩媲美《詩經》，錢鐘書也給予相當高之評價。明朝楊慎於其書《升庵外集》中對於《焦氏易林》評價甚高：

> 《焦氏易林》西京文辭也，辭皆古韻，與《毛詩》、《楚辭》叶音相合，或似詩，或似樂府童謠，觀者但以占卜書視之，過矣！如「夾河為婚，期至無舩，搖心失望，不見所歡」、「三驪負衡，南取芝香；秋蘭芬馥，利我少姜」……其辭古雅，魏晉以後，詩人莫及。又如「憂思約帶」即《古詩》「去家日已遠，衣帶日以緩」也，而以四字盡之；如「簪短帶長」尤為奧妙，「簪短」即《毛詩》「首如飛蓬」也；「帶長」即「衣帶日以緩」也，兩詩意以四字盡之……影署用之，最為玄妙。〔註79〕

楊慎對《焦氏易林》的文學價值作出很高的評價，除了將此書與《毛詩》、《楚辭》的文學造詣相提並論之外，還認為其文學風彩玄妙，古雅雋永，而其形式似詩又似民間歌謠，使人讀之容易朗朗上口、回味無窮，楊慎甚至認為在魏晉之後已經找不到如此出色的詩之作品。再者，鍾惺於《古詩歸》也提出他對於《焦氏易林》文辭運用提出看法：

> 焦延壽用韻語作占易，蓋倣古繇辭，如「鳳凰于飛，和鳴鏘鏘」之類也。其語似讖、似謠、似諢、似隱、似寓、似脫，異想幽情，深文急響，取其靈警奇奧，可純乎四言者，以存漢詩一派。〔註80〕

鍾惺也認為《焦氏易林》雖以占易為主，但它所表現的文學性就如同《詩經》一樣的質樸、典雅，而且它運用了四言詩精鍊的語句形式，讓人讀之有異想之幽情。

總括以上各家對於《焦氏易林》之評述我們可以得知，《易林》雖不是純文學之著作，但其四言韻語的龐大形式，妙辭聯珠，古雅玄妙的文學價值甚

〔註78〕錢鐘書《管錐編》冊二，蘭馨室書齋出版，西元 1978 年初版，頁 536。

〔註79〕此文節錄自明・楊慎《升庵外集》冊四，台北，學生書局，西元 1971 年初版，頁 1818～1819。

〔註80〕明・鍾惺《古詩歸》收錄於《續修四庫全書》冊 1589，上海古籍出版社，西元 1995 年初版，頁 400。

高，而這樣一部宏篇鉅著，卻被人們遺忘在歷史之角落中，成為中國文學與易學史上之遺珠。〔註81〕

　　鄧球柏於《白話焦氏易林‧自序》中認為《焦氏易林》是一部詩歌總集，因為此書是以四千零九十六首之詩組成，且這些詩大都是古韻，很有周秦遺風。鄧球柏還舉出《焦氏易林》詩歌的五大主要來源，認為焦延壽是在編輯纂錄前人詩歌的基礎上進行大量加工、制作。而五大來源為何？整理如下：其一：吸收改編《詩經》；其二：收集民間牙牌神籤之類的韻語判詞；其三：繼承、發展三兆之法、三易之法，將「三兆之法」的三千六百頌編入書中。（這些頌又稱繇辭，孫詒讓《正義》稱：「案卜繇之文皆為韻語，每《詩》相類，故亦謂之頌」）其四：吸收《周易》卦爻辭、《左傳》、《國語》、《尚書》中的史料以及八卦卦象進行加工制作；其五：吸收各類雜占韻語，匯集而成今天我們所見之《焦氏易林》這一部大型巧妙的詩歌總集。〔註82〕但是錢鐘書記載章學誠對於《焦氏易林》以四言詩的方式表達占卜之結果頗有微辭：

　　　　詔告休咎，不必工於語言也。章學誠《文史通義》內篇一〈詩教〉
　　　　下所謂：「焦貢之《易林》，史游之《急就》，經部韻言之，不涉於詩
　　　　也。」顧乃乃白雉之籤出於黃絹之詞，則主旨雖示吉凶，而亦借以
　　　　刻意為文……已越經部韻言之境而「涉於詩」域，詩家祇有愕歎不
　　　　虞君之涉吾地也，豈能痛詰何故而堅拒之哉！卜筮之道不行，《易林》
　　　　失其要用，轉藉文詞之末節，得以不廢，如毛本傅皮而存，……皮
　　　　之得完，反賴於毛。〔註83〕

章學誠認為認為《易林》是解經之作，只不過用了韻言，不屬於詩的領域，同時章氏也認為《易林》失去其要用，才藉由文辭的表現來賴以在歷史保存最後的一點地位。筆者對於這樣的看法不表讚同，首先對於此書究竟是不是「詩」的領域，在以上的說明與探討中，將此書四言詩的表現方法及特點都有加以剖析，而且確實符合詩的要點，只因此書的出發點不是以「詩集」為創作的目標以及有違經部之書不應用這樣的面貌呈現，還是要以微言大義的傳統方式解經或宣揚大道才是正途的理由，就認為此書根本不能算是「詩」的領域並將此書的價值與文學性加以否定，未免有失公允。

〔註81〕此意見參自《焦氏易林注》，頁2。
〔註82〕以上五點意見整理參考自《白話焦氏易林‧自序》，頁8。
〔註83〕此文節錄自《管錐編》冊2，頁539。

三、《焦氏易林》占卜之法

錢鐘書書於《管錐編》有云：「《易林》之作，爲占卜也。」〔註84〕在本節探討《焦氏易林》爲占卜之書問題之時，已舉出多項的特點說明此書的目的應是爲占卜所撰寫的。

至於究竟《焦氏易林》是以什麼樣的方式占出本卦與之卦？在現今我們可見之《焦氏易林》書中沒有明言提到此書是採用何法或是占卜的過程而得到結果，以下只能將目前現存可能之筮卦之方式加以簡述，筮卦方法有三，茲分別摘錄如下：

（一）焦林值日法

「焦林值日法」此法首見於《漢書》：「分六十四卦，更直日用事，以風雨寒溫爲候：各有占驗。」〔註85〕孟康注有云：

> 分卦直日之法，一爻主一日，六十四卦爲三百六十日。餘四卦，震、離、兌、坎，爲方伯監司之官。所以用震、離、兌、坎者，是二至二分用事之日，又是四時各專王之氣。各卦主時，其占法各以日觀其善惡也。〔註86〕

這理提到的占卜之法是有「卦氣說」的概念。「卦氣說」是兩漢易學的重要內容，孟喜首先提出了「卦氣說」，「卦氣說」中「卦」是指六十四卦，「氣」是指天地間陰陽二氣的運行及其所形成的四季節氣。「卦氣說」是卦和曆法相結合的產物，表現爲六十四卦和一年四季、十二個月、二十四節氣及七十二候的相配。「卦氣說」說的內容包括八卦「卦氣說」、十二消息說、四正卦說和六日七分說等等。

胡一桂《易學啓蒙》中對焦氏卦法也有提及：

> 焦氏卦法，自〈乾〉至〈未濟〉並依易書本序，以一卦直一日，〈乾〉直甲子，〈坤〉直乙丑，至〈未濟〉直癸亥，乃盡六十日；而四正卦則直二分二至之日，〈坎〉直冬至，〈離〉夏至，〈震〉春分，〈兌〉秋分，不在六十卦論直之數。此即京房六十卦氣法。但京主六日七分，此但主一日。京用《太玄》之序，此用《周易》之序耳。其論

〔註84〕《管錐編》冊2，頁539。
〔註85〕班固《漢書·京房傳》據清乾隆武英殿本校刊，臺北，中華書局，西元1984年第三版，冊6，卷七十五，列傳第四十五，頁6。
〔註86〕《漢書·京房傳》冊6，卷七十五，列傳第四十五，頁5。

一卦直一日與費氏一爻直一日之說不同。

胡一桂的看法還是依照京房的「卦氣說」為主軸。

據王俞在《漢焦小黃周易變卦筮敍》中所載述，焦林（易林）系統的占卦方法是「分卦值日法」。陰曆廿四節氣分佈一年中十二個月裡，是以六十卦（除震離兌坎）每卦值六日，共三百六十日；而另外震卦直春分、離卦值夏至、兌卦值秋分、坎卦值冬至。分卦值日法在《四部叢刊》記載「焦林值日」有云：

六十卦，每卦直六日，共直三百六十日，餘四卦，各寄直一日。

立春　雨水（三十日，五卦，每卦直六日。）

　　小過　蒙　益　漸　泰

驚蟄　春分（春分，震卦直一日）

　　需　隨　晉　解　大壯

清明　谷雨

　　豫　訟　蠱　革　姤

立夏　小滿

　　旅　師　比　小畜　乾

芒種　夏至（夏至，離卦直一日）

　　大有　家人　井　咸　姤

小暑　大暑

　　鼎　豐　渙　履　遯

立秋　處暑

　　恆　節　同人　損　否

白露　秋分（秋分，兌卦直一日。）

　　巽　萃　大畜　賁　觀

寒霜　霜降

　　歸妹　無妄　明夷　困　剝

立冬　小雪

　　艮　既濟　噬嗑　大過　坤

大雪　冬至（冬至，坎卦直一日。）

　　未濟　蹇　頤　中孚　復

（從大雪後將坎卦入數斷，從立冬後四十五日系王相不斷。）

小寒　大寒
　　　屯　謙　睽　升　臨〔註87〕

焦延壽沿其師孟喜之「卦氣說」而來，發明瞭以六十四卦輪番值日占驗之術。簡而言之，焦氏應是將一卦之六爻，每爻各值六日，五卦可值三十日，正好與一月之兩節氣相當，共三十日，管五卦，逐日終而復始排定，一卦相次管六日，而當四時最顯之象，亦即二至二分到來之時，則令四正卦—震、離、兌、坎各值一日。而占卜之時，看本日得何卦，便於本日卦內尋所卜得卦看吉凶。這是一種除二至二分得四正卦以外，餘皆一卦管六天，一爻管一天的直日方法。應該說是查得某天屬於某卦某爻，便是某卦之某卦。此種方法是根據一年二十四節氣，把八八六十四卦分派到全年，以卦直日的方法。

（二）大衍筮卦法

　　「大衍筮卦法」與「焦林值日法」不同。前者需要成卦、變卦等儀式程序，後者直接查閱即可。在〈繫辭傳〉記載了一段有關占筮的方法：

> 大衍之數五十，其用四十有九。分而爲二以象兩，掛一以象三，揲之以四以象四時，歸奇於扐以象閏，五歲再閏。故再扐而後掛。乾之策，二百一十有六。坤之策，百四十有四。凡三百有六十，當期之日。二篇之策，萬有一千五百二十，當萬物之數也。是故，四營而成易，十有八變而成卦，八卦而小成。引而伸之，觸類而長之，天下之能事畢矣。〔註88〕

根據歷代學者的研究，《周易》筮法的具體步驟如下：先用五十根蓍草，以象大衍之數，先取一根，返回原處，而所謂「四十有九也」，再用餘下之四十九根蓍草任意分成兩份，象徵兩儀，即「分而爲二以象兩」；從左方其中一份取出一根，掛於小指與無名指間，連同天、地數象徵三才，即「掛一以象三」；次以左手取左旁之蓍草，以右手四根四根之蓍草加以分之，將一份蓍草每四根一組地數，象徵四時，即「揲之以四以象四時」；我們將四稱爲「揲數」。之後將其餘數或一、或二、或三、或四掛於中指與無名指之間，又次以右手取右旁之策而用左手四根、四根分之，將揲四剩下之餘數掛於食指與中指之間，象徵曆法積餘成閏，即「歸奇於扐以象閏」。將另一份蓍草再一次揲四、

〔註87〕此文節錄自《焦氏易林・序》收錄於《四部叢刊・初編》冊23，台北 商務印書館，西元1945年第二版，頁1～2。

〔註88〕《十三經注疏》冊1《周易・繫辭上》卷七，頁152～154。

歸奇，象徵曆法五年兩置閏，即「五歲再閏」。將天、地兩數揲四的閏數，也就是兩次掛扐的奇蓍，合起來置於一邊，即「再扐而後掛」。分二、掛一、揲四、歸奇，合稱「四營」，四營爲一變。天、地兩數減去閏數的餘蓍，合起來再進行二變，然後是三變。三變後，可以得到一份餘蓍，餘蓍再過揲，最終求得一數，我們稱爲「爻數」。爻數只可能是六、七、八或九。九爲老陽，七爲少陽，是奇數，畫陽爻「—」表示；六爲老陰，八爲少陰，是偶數，畫陰爻「——」表示。老陽九和老陰六是可變之爻，應該變成相反的陰爻和陽爻，產生所謂「之卦」。占筮者即根據爻變和之卦來斷卦。〔註89〕

　　在依據揲蓍之法得出卦象之後，就是依據卦象占斷吉凶了。在占斷吉凶的過程之中，主要是「觀象」與「玩辭」。所謂「觀象」，就是觀察卦象中諸爻呈現的種種關係與意義。而「觀象」要考慮下列幾種要素：卦位、卦象、爻象、爻位、卦序、以及互卦、變卦或是否有與相鄰、相應之爻有乘、承、比、應以及其與人事相應之爻象如何等關係，等具體而言，首先是確定所測的人事與卦中爻象之間的關係，然後再依據以上幾種因素具體分析。〔註90〕以上之過程可永簡要之流程圖顯示：蓍—數—爻—卦象—卦象變換—卦象與辭的對應與義理分析—占斷。〔註91〕

（三）代蓍法

　　筮易以蓍古法也，近世以錢擲，欲其簡便，要不能盡卜筮知道，自昔以錢之有字者爲陰，無字者爲陽，故兩背爲拆二畫也，兩面爲單一畫也。……大抵筮必以蓍求爲簡便，必盡其法。余嘗以木爲三彈丸，丸各六面，三而各刻三畫，三面刻二畫，呵而擲之，以盡老少陰陽之變。三丸各六面，十有八變之義也；三面爲三，乾之九也；三面爲二，坤之六也；此用丸用八之義也，三者乾之一，畫函三也；二者坤之一，畫分二也，此三天兩地之說也。三丸擲之皆三，則成九老陽數也；三丸皆二，則成六老陰數也；兩二一三，則成七少陽

〔註89〕此說明節錄並參考自尉遲治平《《易》筮溯源》《華中理工大學學報》第 29 期，西元 1996 年，頁 74、徐芹庭《虞氏易述解》台北，五洲出版社，西元 1974 年 2 月出版，頁 59。

〔註90〕此意見參自魏冬〈周易筮法中的預測哲學批判〉《西藏民族學院學報》第 24 卷第 2 期，西元 2003 年 3 月，頁 77～78。

〔註91〕此意見參自王雨田〈易筮系統‧周易邏輯‧易象科學〉《湖南科技大學學報》第 7 卷第 3 期，西元 2004 年 5 月，頁 5。

數也；兩三一二，則成八少陰數也。……三丸成九於上，則三丸伏六於下，此老陽變陰之體也；三丸成六於上，則三丸伏九於下，此老陰變陽之體也。二三相對，每丸各具三五，此參伍以變錯綜其數之旨也；體圓而轉，變動不居也。六位相乘，周流六虛也。三丸六擲而成日，亦十有八變之義也。……凡得卦爻老變少、不變，變則爲之卦。〔註92〕

以「代蓍法」而言手續相當繁複，在《道藏》中有記錄其詳細的過程。而以最簡單的占卜方法莫過於「以數成卦」、「以數變卦」。其法簡單而言即是先以數定本卦，再以數定變卦。假若本卦爲〈坤〉，變卦爲〈蠱〉，便得到〈坤之蠱〉的結果，最後查詢《焦氏易林》之林辭即可。

總論《焦氏易林》的占卜過程，我們首先先任意選取一個數字，而此確定之數不可大於六十四，用此數直接定卦。再者，當初所選取之數若大於六十四，則用六十四作爲分母除之或是直皆扣減。由這樣得到數配合六十四卦之卦序，可之本卦。再者，用上述同樣之法，再次確定的卦爲「變卦」。將本卦與變卦再查找《焦氏易林》一書，即可得到占卜結果。〔註93〕

第三節　《焦氏易林》之特色

以下筆者茲將《焦氏易林》一書的特色分爲下列幾項加以探討：

一、「言近意遠」之特質

《焦氏易林》既然是以四言詩的形式鋪陳全文，且其林辭具「語言精鍊」之特色，同時也展現了「言近意遠」的獨特性質。《焦氏易林》文辭古樸，思維博大精深，其立意如行雲流水，其文辭奇峻挺拔，其哲理深邃睿智，洞察精微，並具有啓人心智之效，〔註94〕如《易林·遯之解》：「高屋先覆，君失邦國。」〔註95〕最高大的房屋常常是最易倒塌之處，因而上位者容易失去其權位與國家，暗示國君或當權者之權力達顛峰之時，往往也是腐化的開端，又或是此語帶有「防微杜漸」的警惕意味；如《易林·井之泰》：「根本

〔註92〕此文節錄自《道藏》冊三十六，頁 114。
〔註93〕以上意見整理參考自《白話焦氏易林·自序》，頁 10～13。
〔註94〕此意見參自於《焦氏易林注》，頁 2。
〔註95〕《焦氏易林注·遯之解》，頁 335。

不固，華落葉去，更爲孤嫗。」〔註96〕樹之根本不牢固，花與葉就失其所依，因而凋零飄落，獨留數幹，就像孤苦無依的老嫗一般。此林辭告誡我們爲人要端正守己、正本清源，行得正、坐得端，倘若心思不正，就像大樹之根本不固，那麼我們的外在行爲自然也跟著有所偏差，又或此語也可解釋爲我們爲人處世，最重要的根本爲善以待人，建立良好之人際關係，倘若身處人世中，卻無法在人際網絡中建立暢通管道，就像大樹失去了根本，我們於待人處世中也會失其所依，如同枯葉一般凋零與孤苦無依；如《易林·節之臨》：「奢淫吝嗇，神所不福。靈祇憑怒，鬼瞰其室。」〔註97〕奢侈、荒淫、吝嗇、貪婪，神明不保佑這樣放蕩無度之人，而神靈一但被觸怒，鬼怪就會出現在他的家中。此林辭告訴我們爲人不可放蕩無度，或是不知節制，否則必有禍亂發生；如《易林·革之否》：「以德防患，憂禍不存。」〔註98〕以良好之德性預防憂患，那麼禍亂令人擔憂之事將不會發生；如《易林·明夷之比》：「深谷爲陵，衰者復興。」〔註99〕深谷可能隆起爲丘陵，衰敗的人、事、物或國家都有復興的可能，萬事萬物的道理是「否極泰來」，在低潮時不用自怨自艾，反而是韜光養晦，蓄積能量之時機，總有一天會有復興的一天，此理用於國家之治理上亦復如此。如《易林·大壯之離》：「築室水上，危於一齒。」〔註100〕此卦林辭用「築室水上」房屋蓋在水上，比喻情況之危急；如《易林·歸妹之屯》：「魚欲負流，眾不同心，至德潛伏。〔註101〕」此段文詞借由魚兒想要逆流而上之例，比喻一件事眾人無法齊心，是很難完成的。以上所舉之例，其共同之特性都是以簡短之言辭，或用比喻、暗示的口吻，表達出許多言外之意，讓人們省思其背後之道理，而此一特質也是《焦氏易林》特色之一。

二、與「先驗主義」有相互呼應之處

陳華光於〈西漢梁國的易學大師焦延壽〉一文中有云：

焦延壽的這些思想在哲學認識論上雖屬於先驗主義的範疇，但它不

〔註96〕《焦氏易林注·井之泰》，頁475。
〔註97〕《焦氏易林注·節之臨》，頁586。
〔註98〕《焦氏易林注·革之否》，頁486。
〔註99〕《焦氏易林注·明夷之比》，頁363。
〔註100〕《焦氏易林注·大壯之離》，頁345。
〔註101〕《焦氏易林注·歸妹之屯》，頁531。

是抽象的玄思具有一定的積極意義。〔註102〕

在焦延壽身處之漢代時期，自然不可能有所謂「先驗」的學說存在，但是我們可以運用「先驗」的概念與《焦氏易林》作一比對，試圖尋找其共同相呼應之處。以下茲將「先驗」之概念與此學說與《焦氏易林》呼應之處作一簡述。

（一）先驗哲學簡述

「先驗」概念是由德國康德（Immanuel Kant，西元 1724～1804）提出，康德是德國古典哲學的開創者與奠基人，他的思想使哲學深入到一個新的理論維度，不僅對近代哲學進行了一番徹底的剖析與釐清，引發了蔚爲壯觀的德國古典哲學運動，而且對於現代西方哲學產生了深遠的影響。〔註103〕

所謂的「先驗」指的是關於先天的，而研究天賦心靈的形式，〔註104〕或思想的內在法則，專門研究主體之先天認識形式的理論，〔註105〕就是康德所謂「先驗哲學」。（Transzendentale Philosophie）

（二）先驗的感性論

康德有云：

> 知識的主要內容並非認識的對象而是認識的形式，這種知識，便是
> 我所謂的先驗知識。

所謂認識的形式也就是把經驗連結成爲知識的方式。而感覺變成思想，其過程可分爲兩個階段。第一是賦予時空的知覺形式以繫合感覺。第二是賦予思維形式──思想的範疇──以繫合從感覺而來的知覺。先驗的感性論就是研究前一階段的過程，至於後一階段的過程，康德把它稱爲先驗的邏輯（先驗的分析論），也就是研究思想形式之科學。〔註106〕康德認爲我們之心靈智性是

〔註102〕陳華光〈西漢梁國的易學大師焦延壽〉《人物春秋》，西元 2003 年第二期，頁 69。

〔註103〕此意見見於張志偉《西方哲學史》北京，中國人民大學初版社，西元 2002 年第一版，頁 532。

〔註104〕康德的「心」的形式，就是認識形式（或作用），認識形式又分知覺形式與思想形式兩種。前者是感性作用，後者是理性作用。（此意見見於威爾‧杜蘭著、許大成等合譯《西洋哲學史話》台北，協志出版社，西元 1972 年第十六版，頁 250。）

〔註105〕此意見見於《西方哲學史》，頁 542。

〔註106〕以上意見及原文節錄於《西洋哲學史話》，頁 251。

指揮所有外在感覺與刺激的主宰，可對它們整理消化並加以選擇與運用。心靈將各種感覺分配到不同之「時間」與「空間」當中，因此我們能認知更多之事物，並且感覺才有「現在」、「未來」的不同，換言之，我們一切的知識都是從感覺經驗開始的。再者，康德認為時間與空間的觀念都是先驗的，人類的文明與生活乃至於各種經驗之形成都有此二元素的存在，人無法脫離此一環境之中而獨存。而時間與空間也同樣支配著未來的經驗。

（三）先驗的分析論

所謂「先驗分析論」亦即研究知性的先天認識形式的理論，它是「先驗邏輯」的第一部份。對於知識而言，僅只有感性的直觀形式是不夠的，還必須有知性的參與才能構成才能構成知識。感性的作用是接受經驗質料，知性的作用則是對這些經驗質料進行綜合統一以構成知識。感性的先天認識形成是空間與時間，知性的先天認識形式就是知性純概念，亦即「範疇」。〔註107〕其實，感覺就是經過我們組織的刺激，知性的知覺就是有組織的感覺，概念就是有組織的知覺，它們的次序、關聯及統一性，一層高於一層。〔註108〕當我們的心靈接受外界一切複雜紛亂的訊息後，先以我們自身感性的直觀對這些訊息作一分類，之後再加上有秩序知性的知覺作進一步的組織與詮釋，用我們的心靈對它們之次序、統一性及關聯度給予不同的意義，最後配合時間與空間的因素成為認識事物及形成知識的過程；而這個過程是我們思想上的法則，古今未來的經驗，都超脫不了這個邏輯思考上普遍的法則中。

（四）先驗的辨證論

我們的認識從感覺經驗開始，通過知性範疇的綜合統一而形成了知識。然而人類理性並不就此而滿足，它還要使知識成為體系，追求知識的完滿性，這就要靠理性的作用。感性的先天認識形式是「空間」與「時間」，知性的先天認識形式是「範疇」，理性的先天形式則是「理念」。知性是判斷的功能，理性則是推理的功能，理性與感性、知性是不同的，理性的作用是「調整性」，引導知識進一步完善，將知識調整為體系，而理性調整知識的工具就是「理念」。〔註109〕

〔註107〕以上此意見見於《西方哲學史》，頁545。
〔註108〕此意見見於《西洋哲學史話》，頁254。
〔註109〕以上意見節錄於《西方哲學史》，頁550～551。

　　總結以上先驗哲學的要義，康德認爲一切知識都來自於經驗，但是僅有
經驗是不足的，另一方面，進行認識活動的主體本身亦具有一套認識形式，
由於這些認識形式在經驗之先，並且作爲經驗的條件而存於我們的頭腦之
中，便使知識具有先天性或普遍的必然性。〔註110〕最後康德要求得必然的眞
理來自我們天賦「心」的形式之運作，將各種訊息與知覺融匯成觀念，再配
合理性的知覺，將整個外界的訊息、經驗轉化成井井有條之知識。

（五）《焦氏易林》與「先驗哲學」之比對

　　焦延壽師承於孔子易學之後，對焦氏而言，求學階段是他蓄積學力與才
識的過程，這個過程自然是屬於焦氏之經驗部份。而後《焦氏易林》是一部
占筮之書，焦延壽根據六十四卦本卦及其變卦占卜的結果，將其集結成《焦
氏易林》一書。《焦氏易林》一書的完成，是將焦氏所學之經驗與博覽群書累
積之學力，透過其「心」的認識形式，將這些零碎的片段重新用理性組合而
成新的知識；再者，因爲《焦氏易林》有占卜與作者解讀的過程，而占卜結
果出來之時，對於作者而言，就是一種外界的訊息與刺激，而我們的「心」
會把此一訊息首先是作直觀的感性之反應配合自我過去的經驗產生初步判讀
的結果，以焦延壽來說，占卜結果對於他的影響，先是卦爻變之差異使他知
曉此卦本卦、變卦爲何，接著依據卦象的象徵之事物配合當時之時代環境與
卦象顯示之時間與空間要素與作者本身之學力與經驗，使他大致明瞭此卦之
吉凶，但這還構不成爲知識之要件，如同「先驗」哲學當中提到，除了感性
之直觀，尚需有理性的知性作用，作整體知識的建構。對於焦延壽而言，「理
性作用」是將上述初步之結果，再經過焦氏將本卦與之卦彼此的相互關係、
卦象的關連性與不同象徵手法的運用（比如：互體、半象、大象……等），銜
接之前自身的判讀結果並推測出再未來的時間與空間之中，因爲上述種種的
依據與推論，可能會發生某些事件，而預測未來發生之事件也都在「時間」
與「空間」的立體座標之內，最後再將此一結論用四言詩的方式潤飾，形諸
於文字並將所有之林辭集結成冊，才大功告成。而《焦氏易林》不僅是一本
占卜之書，尚且結合了「心」、「經驗」、「時間」、「空間」、「理性」、「知性判
斷」等先驗哲學中重要之知識的認識形式要素，故此書更是一本「知識」智
慧之書，因而此書雖與「先驗哲學」產生之時代相去甚遠，但二者卻有許多

〔註110〕此意見參考自《西方哲學史》，頁538。

彼此相互呼應之處，因而筆者也將此一雷同之處加以剖析。

三、援用古籍所言說明林辭眞義

在《焦氏易林》正文之中，常常運用先秦古籍與經典之史事與言辭於林辭之內，藉以輔助說明每一卦林辭之意義，例：（一）《焦氏易林·乾之坎》有云：「黃鳥采蓁，既嫁不答。念我父兄，思復邦國。」〔註111〕此卦林辭中「黃鳥采蓁」之「黃鳥」與「采蓁」之名稱皆爲《詩經·小雅》的篇目名稱。（二）《焦氏易林·坤之節》有云：「龍鬥時門，失理傷賢。內畔外賊，則生禍難。」〔註112〕《左傳·昭公十九年》云：「鄭大水，龍鬥于時門之外洧淵。」此卦林辭之「龍鬥時門」似運用《左傳》昭公時發生之事於此卦林辭之中。（三）《焦氏易林·屯之屯》有云：「兵征大宛，北出玉關。與胡寇戰，平城道西。七日絕糧，身幾不全。」〔註113〕此卦林辭所描述之史事，爲劉邦被圍困平城七日絕糧之事，其文見於《史記》：「（高祖）卒至平城，爲匈奴所圍，七日不得食，高帝用陳平奇計，使單于關氏，圍以得開。」〔註114〕《史記》記載漢高祖劉邦親率大軍與匈奴作戰，卻被困於平城七日，之後才以陳平之妙計脫險；而《易林》此卦林辭中「與胡寇戰」當是與匈奴戰爭，又林辭所云「平城道西，七日絕糧，身幾不全」之事明顯就是《史記》提及「平城七日之困」的事件。（四）《焦氏易林·蒙之蒙》有云：「何草不黃，至未盡玄。室家分離，悲憂於心。」〔註115〕《詩經》中云：「何草不黃？何日不行……何草不玄？何人不矜？」〔註116〕此卦林辭當中之「何草不黃」一句直接引用自《詩經·小雅》篇章之語而來。（五）《焦氏易林·蒙之夬》有云：「天之所壞，不可強支。眾口指笑，雖貴必危。」〔註117〕《國語》有云：「周詩有之曰：『天之所支，不可壞也。其所壞，亦不可支也。』昔武王克殷，而作此詩也」〔註118〕。此卦

〔註111〕《焦氏易林注·乾之坎》，頁5。

〔註112〕《焦氏易林注·坤之節》，頁22。

〔註113〕《焦氏易林注·屯之屯》，頁24。

〔註114〕此文節錄自《史記會註考證·陳丞相世家》卷五十六，世家第二十六，頁795。

〔註115〕《焦氏易林注·蒙之蒙》，頁36。

〔註116〕此文節錄自晉·王弼編、清·阮元校勘《十三經注疏》《詩經·小雅》卷十五，台北，藝文印書館，西元1955年初版，頁527。

〔註117〕《焦氏易林注·蒙之夬》，頁43。

〔註118〕春秋·左丘明《國語·周語（下）》卷三，據士禮居黃氏重雕本校刊，台北，中華書局，西元1966年台一版，頁21。

林辭當中言及「天之所支，不可壞也」之語，也是援用自《國語》之言而來。
（六）《焦氏易林・師之解》有云：「三德五才，和合四時。陰陽順序，國无咎災。」〔註119〕此卦林辭之中的「三德」一辭，語出《尚書》：「三德：一曰正直，二曰剛克，三曰柔克。平康正直，強弗友剛克，燮友柔克；沈潛剛克，高明柔克。」〔註120〕。（七）《焦氏易林・大過之坤》有云：「鬼泣哭社，悲商无後。甲子味爽，殷人絕祀。」〔註121〕《墨子》有云：「至乎商王紂，天不序其德，祀用失時，兼夜中，十日雨土于薄，九鼎遷止，婦妖宵出，有鬼宵吟。」〔註122〕《焦氏易林》此卦林辭所言「鬼泣哭社，悲商无後」一事，似是改寫自《墨子》所言商紂無道而天下失德、有鬼宵吟之事，只是換個方式說明。

　　《焦氏易林》之中以古籍史事或是改寫自典籍所言之例不勝枚舉，凡《詩經》、《國語》、《左傳》、《史記》、《墨子》等典籍都在此書的引用範圍之內，焦延壽希望藉著古人之所言所為，當作是今人處事為人之道，而這樣的方法也是《焦氏易林》一大特色之一。

四、以「象數」為貫穿全篇之核心

　　尚秉和於《焦氏易林注・例言》曾自云：

> 《繫辭》云：「聖人觀象繫辭」，是所有卦爻辭皆從象生也，而說卦之象皆舉其綱領，使人類推，非謂象止於此也。……非謂某卦有某象，即不許某卦再有某象也。〔註123〕

尚秉和之學生黃壽祺曾於《焦氏易詁・敘》中指出：

> 《易林》繇辭，無一字不從象生，不從數出。且對象、覆象、大象、半象，往來雜用，妙義環生，與《周易》之象辭、爻辭，合若符契，則兩千年來無一人能察見也。……獨謂《易林》之詞，多至四千餘，必有物焉以主其辭。〔註124〕

〔註119〕《焦氏易林注・師之解》，頁75。
〔註120〕此文節錄自晉・王弼編、清・阮元校勘《十三經注疏》冊1《尚書・洪範》卷十二，台北，藝文印書館，西元1955年初版，頁174。
〔註121〕《焦氏易林注・大過之坤》，頁279。
〔註122〕此文節錄自張純一《墨子集解・非攻（下）》台北，文史哲出版社，西元1971年2月初版，頁197～198。
〔註123〕此文節錄自《焦氏易林注・例言》，頁4。
〔註124〕《焦氏易詁》，頁3。

在本章第一節之時，就已點明「象數」是《焦氏易林》一書的核心，而以以上兩段話也說明瞭此書「無一字不從象生」、「不從數出」的特點，並運用了對象、覆象、大象、半象等等的方式闡釋林辭，若是少了象數之法，《焦氏易林》也就無以成書了。王數棡於《焦氏易詁‧序》有云：

> 蓋《易》無一爻非象，而《易林》則無一字一句不以《易》之象爲象，但文辭奧衍，奇奇怪怪，有非言辭擬議所能窮者。惟極深研幾，取其用象之法，會而通之。一旦豁然，則全書貫通，而始無隔閡也。考之焦氏受《易》於孟喜，孟喜上承田生，而獨得西漢大師不傳之秘。〔註125〕

《焦氏易林》爲承先啓後，繼往開來之古易正宗，比較《周易》、《左傳》、〈說卦傳〉形成一龐大之象數體系。其中〈說卦傳〉爲自古相傳之卦象，說其綱領，並由此當作是萬象的引申，並示其推廣之義；如乾爲馬，坤、震、砍亦爲馬；乾爲龍，震亦可爲龍；巽爲木，艮、坎亦可爲木……等。到文王時，又經歷了千年以上，而其所演變之易象，也越來越豐富。《焦氏易林》承繼了易學傳統的象數，又更進一步擴展原有《周易》及《易傳》所能象徵之事物與內容，完備了整個易學象數之體系。

五、擴大了《周易》之應用範圍

《周易》一書主要重點在於反映整個人世之變化與萬物成敗興衰的循環過程並試圖將其變化之道與意蘊加以闡發；而隨著歷史之前進，人類生活的演化、人際網絡的交際頻繁，《周易》之面貌與形式也隨時代之變遷有所改異與擴大，如同由太極生兩儀，兩儀生四象，四象生八卦，再由八卦的卦變及爻變衍生出六十四卦。而每一卦內又有「比」、「應」、「承」、「乘」、「當位」、「不當位」、「互體」等等不同之形式與意涵之存在。而焦延壽之師孟喜將《周易》與《禮記‧樂令》、《呂氏春秋‧十二紀》、《淮南子‧天文》及《淮南子‧時則》幾篇之中二十四節氣與七十二候等氣候變化之說相互結合，提出了「卦氣說」，將《周易》的應用範圍括大，所能解釋的現象包括有：陰、晴、雨、雪、雹、霜、凌、冷、熱、凍、烤、悶、晦、明、清、濁、爽、濕、燥、草、木、鳥、獸、魚、蟲、鳴……等不可勝數。〔註126〕之後焦延壽受到《周易》

〔註125〕《焦氏易詁》，頁2。
〔註126〕此意見參考自方爾加〈《焦氏易林》之管見〉《周易研究》第64期，西元2004

中「變爻」生出「本卦」到「之卦」法則之啟發，擴大《周易》結構，並改變說解方式，不再討論每一爻，而是直接用卦象來說明事物之情況；每一卦之下配合各爻爻變，產生六十三卦，加上本卦成爲六十四卦；從〈乾之乾〉、〈乾之坤〉、〈乾之屯〉……〈未濟之小過〉、〈未濟之既濟〉共四千零九十六首。《焦氏易林》也將《周易》八卦的基本象例：如乾爲天、坤爲地、震爲雷、巽爲風（木）、離爲火、艮爲山、兌爲澤及其相對應的八種象徵意義：乾健、坤順、震動、巽入、坎陷、離麗、艮止、兌悅之意蘊大幅擴充。〔註127〕再者，《周易》六十四卦的解經方式先是每一卦開頭有一提要，點名此卦之主要意涵：如〈泰〉：「泰；小往大來，吉，亨。」〔註128〕此段文字說明此卦象徵通泰；柔小者往外，剛大者來內，吉祥，亨通。〔註129〕其後接著爲《易傳》之〈彖辭〉與〈象辭〉的補充說明。再後緊接著爲初至上之六爻的分別闡釋與解析。《周易》分析各爻辭之細微處雖有所轉折，但綜觀六爻爻辭的剖析仍緊扣卦辭要旨而言，例：〈泰〉卦要旨爲上下交通、陰陽應合，闡明事物通泰之理；〈泰・初九〉之爻辭：「拔茅茹，以其彙，征吉」〔註130〕拔起茅草，往前進發，向外進取可獲吉祥；〈泰・九二〉：「包荒，用馮河，不遐遺；朋亡，得尚于中行」〔註131〕心胸有如納百川一般寬大且不結黨營私，可以庇佑賢君行爲中正；〈泰・九三〉：「无平不陂，无往不復；艱貞無咎，勿恤其孚，于食有福」〔註132〕人生道路難免有高低起伏，崎嶇坎坷之時，若能守持正固，居安思危，就可持盈保泰。〈泰・六四〉：「翩翩，不富，以其鄰不戒以孚」〔註133〕連翩下降，虛懷不有富貴，與近鄰未相告誡都心存誠信。〔註134〕〈泰・六五〉：「帝乙歸妹，以祉元吉」〔註135〕帝乙嫁出少女，獲得吉祥。〈泰・上六〉：「城復于隍；勿用師，自邑告命，貞吝」〔註136〕城牆倒塌泰極否來，需守持正固，

　　年，頁16。
〔註127〕至於《焦氏易林》之八卦各種意涵請見下一章有詳細探討。
〔註128〕《十三經注疏》冊1《周易・泰》卷二，頁41。
〔註129〕此意見參自《周易譯注・泰》，頁105。
〔註130〕《十三經注疏》冊1《周易・泰》卷二，頁42。
〔註131〕《十三經注疏》冊1《周易・泰》卷二，頁42。
〔註132〕《十三經注疏》冊1《周易・泰》卷二，頁42。
〔註133〕《十三經注疏》冊1《周易・泰》卷二，頁42。
〔註134〕此意見參考自《周易譯注・泰》，頁111。
〔註135〕《十三經注疏》冊1《周易・泰》卷二，頁43。
〔註136〕《十三經注疏》冊1《周易・泰》卷二，頁43。

不輕舉妄動，如此可避凶免。總觀〈泰〉六爻爻辭，我們可知從〈初九〉至〈上六〉基本而言都是吉兆，其中或有小轉折，但都是告誡人們持盈保泰、居安思危之道；因此六爻都緊扣主題「〈泰〉之主旨」而言，其談論內容也不脫此一範圍。反觀《焦氏易林》既不是解經之作，每一本卦及其之卦的內容都獨立成篇，例：《焦氏易林・泰之泰》：「主君有德，蒙恩受福。」〔註137〕上位者品德高尚，百姓能蒙被恩澤，得到幸福；《焦氏易林・泰之小畜》：「久客无床，思歸我鄉。雷雨浸盈，道不得通。」〔註138〕在他鄉漂泊的遊子，久客異鄉，又因天氣惡劣，雨水氾濫成災，無法繼續趕路；《焦氏易林・泰之觀》：「忍醜少羞，无面有頭。耗減寡虛，日以削消。」〔註139〕強忍醜惡之心減少羞愧之情，將一切美好之事物丟棄，每天借酒消愁。〔註140〕從《焦氏易林》本卦〈泰〉卦講述主旨至之卦〈泰之小畜〉、〈泰之觀〉此三者雖是本卦與之卦的關係，但其描述之事與傳達的概念是三件獨立之事情，彼此沒有相互關係或相通之處；再者，若是不同本卦、相同之卦也有同樣的情形；諸如《焦氏易林・屯之泰》：「坐位失處，不能自居。調攝違和，陰陽顛倒。」〔註141〕陰陽顛倒了位置，無法自我安居，陰陽也失調；《焦氏易林・履之泰》：「蠆室蜂戶，螫我手足。不得進止，爲吾害咎。」〔註142〕黃蜂、蠍子螫了我的手足，讓我無法前進，前進會帶來禍患；《焦氏易林・師之泰》：「三人北行，六位光明。道逢淑女，與我驪子。」〔註143〕三人向北方前進，前後左右上下六方都充滿光明與希望。路上遇見美麗的女子，送我一匹馬當作座騎。〔註144〕以上所舉出三例不同本卦、相同之卦的情形，也同爲各自敘述不同事件，因此彼此並非同繞著〈泰〉卦本卦爲論述中心。《焦氏易林》的體例與《周易》可說是大相逕庭。試想《焦氏易林》爲何本卦與之卦的關聯性不高？其原因在於《易林》是依照本卦與之卦所產生的「象」加以解說每條林辭的情況。如同：《焦氏易詁・序》所云：「《易林》則無一字一句不以《易》之象爲象」，《焦氏易林》釋例之法主要是以卦中顯示之對象、互象、半象、大象、覆

〔註137〕《焦氏易林注・泰之泰》，頁113。
〔註138〕《焦氏易林注・泰之小畜》，頁114。
〔註139〕《焦氏易林注・泰之觀》，頁115。
〔註140〕此意見見於《白話焦氏易林》，頁268。
〔註141〕《焦氏易林注・屯之泰》，頁25。
〔註142〕《焦氏易林注・履之泰》，頁104。
〔註143〕《焦氏易林注・師之泰》，頁70。
〔註144〕此意見見於《白話焦氏易林》，頁173。

象……等卦象交互運用，因而只要本卦或之卦稍加變動，其卦象就有很大的
變化，而這也是《焦氏易林》本卦與之卦的聯繫不如《周易》卦爻辭相互關
係深之緣故。

　　《焦氏易林》將《周易》六十四卦之形式與內容，借由爻變產生之卦的
方法，擴張爲四千零九十六首林辭，並運用各種卦象及象數的說解方法融入
此書的內容之中，成功擴展了《周易》所能包含與對應之事物，成爲一個更
完整之卦象、象數之易學著作。

第四節　本章結語

　　歷朝各代對於《焦氏易林》一書的探討可說是屈指可數，少之又少，其
中的原因不外是：其一，林辭繁瑣，深奧難解；其二，此書定位不清，既非
傳統經書，也非釋易、解《易》之書；其三，此書是用大量類似詩的語句構
成占卜之辭，欲把此書歸類爲易學之書或是文學創作的作品，都有其爲難之
處，因而《焦氏易林》就此被埋沒在時間與空間之角落中，乏人問津。其實
本章試圖將其體例與全書的要旨抽絲剝繭，釐清其面目。

　　以體例方面來說，《焦氏易林》是我國現存既古且簡單形式之占卜之書，
全書以六十四卦卦名依序排列，每一卦之下再將之卦依照卦序陳列，成爲井
然有序的占卜之書，方便我們後人檢索與查詢。以內容而言，《焦氏易林》之
所以讓人難以解讀或是令人丈二金剛摸不著頭緒，是因爲沒有把握以「象數」
的觀點出發，對於每一卦之本卦、之卦的卦象顯示的異同或是彼此相互關係
加以剖析與探討，才不會流於拘泥於文字表面的侷限之中，跳脫不出字辭解
釋的泥沼中。從文學藝術方面而言，此書除了有實用占卜斷定吉凶的目的外，
我們尚可欣賞其中每條林辭之文學美感。《焦氏易林》是我國秦漢時代豐富、
工巧的詩歌總集。〔註145〕以易學傳承方面，此書不但承繼了固有《周易》、《易
傳》以及從孔子以下之易學脈絡，更擴展了易學的內涵，無論是卦象的多元
化、應用範圍的擴大、體例的開展以及象數系統的更加充實完備，都是《焦
氏易林》一書之價值所在。

　　唐代王俞《易林·序》有云：

　　　其卦總四千九十六題，事本彌論，同歸簡易，其辭假出於經史，其

───────────────

〔註145〕此文參見自鄧球柏《白話焦氏易林·自序》，頁6。

意合於神明，但奇潔精專，舉無不中，而言近意遠。〔註146〕
王俞此說將《焦氏易林》點明瞭此書的體例、文學性與實用性的價值。藉由探索與了解此書，希冀將此書尚不被人知之價值與易學精華能給予其應有的歷史定位。

〔註146〕漢・焦延壽《易林・序》據士禮居校宋本校刊，台北，中華書局，西元1970年第二版，頁2。

第四章 《焦氏易林》釋林辭之法

　　由上一章之探討，我們可知《焦氏易林》全書是由乾卦至未濟卦等六十四卦，加上每一卦「本卦」的六爻當中數目不等之爻變所形成另外六十三個「之卦」，再加上六十四個本卦不變之情形，〔註1〕總共形成四千零九十六變所組合而成；此書是以四言詩的方式呈現每一本卦與之卦之要義。四言詩的表現手法看似為文學作品，事實上，在文字之背後隱藏許多易學之概念來解釋每一卦之林辭，故本書之核心重點是以「象數」說解全文。尚秉和於《焦氏易詁》有云：

> 余自幼好讀《焦氏易林》，如〈蒙之節〉云：「三夫共妻」……酷愛其語，而莫能通其義。所謂通其義者，非只知其故事人物，以林詞既為某卦而設，其詞必與卦象有關。乃求之既久，毫無所入，遂亦置之。後忽思〈節〉林之「三夫共妻」因〈節〉卦中爻震為長男，艮為少男，上坎為中男，共三男象，震為夫，故曰三夫。只下〈兌〉一女象，故曰「三夫共妻。」果林詞從象生也。〔註2〕

尚秉和在此段話中也點出若是想要了解《焦氏易林》之林辭之意義為何，不能只注重字句或字面之解釋與事件的了解，還要配合卦象才能找出本卦與之卦彼此相互配合之關係與其意義。由此可知要了解本書之主要內容—林辭之

〔註1〕雖說《焦氏易林》是以六十四卦不同爻變之情形組成，但在占卜之中，並非每一爻都為必變，「不變」也是「變」的方法之一，每一卦除了六爻產生不同程度之變化產生六十三個之卦外，也有六爻都不變的情形產生。

〔註2〕此文節錄自尚秉和《焦氏易詁》卷一，北京，光明日報出版社，西元2005年5月第一版，頁10。

意涵，就必須掌握「象數」象徵之意義切入核心。本章之重點在於探討《焦氏易林》主要之內容，也就是解釋林辭之法與其中運用哪些「象數」之概念加以剖析闡釋與說明，並將林辭主要組成元素—八卦所象徵的意涵與應用各項象數之組合手法加以釐清與整理；因而本章分為以「旁通」、「相綜」、「先天八卦」、「互體」、「半象」、「大象」、「納甲」、「辟卦」的概念加以探析《焦氏易林》之林辭，同時舉出林辭各項實例作相互印證，〔註3〕以下分節論述之。

第一節　運用「旁通」、「相綜」之概念

一、「旁通」之定義

　　全方位的觀察事物之變化不可只見正面或表面之浮象，尚需兼顧其反面與內在，才能見微知著，鑑往知來，同理可知，卦與爻是現象的表徵，在變化萬遷的時空之中，天地寰宇之萬事萬物也瞬息萬變，而卦與爻也隨之改變，或可以相錯，也可以相綜。所謂相錯，就是旁通，凡一卦之六爻皆產生爻變，即陰變陽，陽變陰，進而變成他卦，也就是此二卦六爻陰陽皆相反、相對，謂之「旁通」。凡是兩卦旁通情形，其意義往往互見，因天地寰宇間之種種事物，皆由陰與陽相互交感而成，萬事萬物才得以存在。旁通之卦雖然陰陽彼此兩兩相對，但它們同時也表現出一體之兩面，彼此有相互依存之意義。

二、「旁通」之溯源

　　「旁通」一詞，在《周易》當中尚未出現，但是在《周易・泰》之經文有云：「泰，小往大來，吉，亨。」〔註4〕指泰卦之陰爻居於外卦，陽爻居於內卦，陰與陽彼此交感，是吉祥之兆；《周易・否》之經文：「大往小來。」〔註5〕只陽居外卦，陰居於內卦，陰與陽「天地不交而萬物不通」〔註6〕；泰與否二卦

〔註 3〕 本章所舉《焦氏易林》之實例，因林辭多達四千多首，無法一一盡舉，在此是擇其部份之例證加以解析與說明。以下各節當中舉出之例證排列方式是以本卦之六十四卦序為排列先後之準則，若是本卦相同，再比對之卦之六十四卦序先後，再依次排列。

〔註 4〕 晉・王弼編、清・阮元校勘《十三經注疏》冊1《周易・泰》卷二，台北，藝文印書館，西元 1955 年初版，頁 42。

〔註 5〕 《十三經注疏》冊1《周易・否》卷二，頁 43。

〔註 6〕 《十三經注疏》冊1《周易・否》卷二，頁 43。

之經文恰好陰陽相對，吉凶相左，頗有取法「旁通」之意涵；又《周易·睽》初九爻辭云：「喪馬，勿逐自復」〔註7〕、上九爻辭：「見豕負塗，載鬼一車……遇雨則吉。」〔註8〕睽卦䷥外卦為離，離之旁通形成坎，又依〈說卦傳〉可知，坎為水、為馬、為輿、為豕，觀察睽卦之初九爻辭與上九爻辭分別以「馬」、「豕」、「車」、「雨」形容卦辭，似乎明顯是以離之旁通為坎的象徵事物解《易》，只不過是尚未明言運用此法。而在〈乾·文言傳〉中提到：「大哉乾乎！剛健中正，純粹精也；六爻發揮，旁通情也。」〔註9〕此段文字之記錄可說是最早明確提及「旁通」一詞之記載。在《周易·文言傳》所言之「旁通」，是當乾卦六爻發生變動，廣泛通達各種情勢，並不是將「旁通」用以占筮原則或體例，也不具陰陽對待之意涵。〔註10〕以實例舉之，乾䷀與坤䷁，乾卦之初九至上九之爻都由陽變陰，因而成為另一卦—坤卦；又如震卦䷲與巽卦䷸旁通，即是震卦初九與九四由陽爻變陰爻，六二、六三、六五與上六由陰爻變成陽爻，如此一來就形成了巽卦。

三、「相綜」之意蘊

所謂的「相綜」或稱為「反象」、「反卦」，唐代孔穎達謂之「覆」，明代來知德又稱此為「綜」。其定義為：凡六爻移易，也就是將原卦之次序顛倒觀之，亦即以此卦之初爻作為另一卦之上爻，以此卦之上爻作為另一卦之初爻，從而形成新卦體，謂之「反覆」；在復卦之〈象辭〉有云：「反復其道，七日來復，天行也」即返轉回復沿著一定之規律，過不了七日必將轉至回復之時，這是大自然運行的法則；〔註11〕此段所提到之「反復其道」就如同是「相綜」之意蘊一般，是有其規則可循，並非無理之妄變。以實例舉之：漸卦䷴與歸妹䷵互為相綜之情形，即是漸卦之初六變為歸妹之上六，漸之六二爻成為歸妹之六五爻，漸之九三成為歸妹之九四，以此類推，或將漸卦之卦顛倒觀察即可形成另一卦—歸妹；如臨卦䷒與觀卦䷓為相綜，將觀卦之初九、九二至上六，依次顛倒成為上九、九五至初六，得到相反之卦觀卦，

〔註7〕 《十三經注疏》冊1《周易·睽》卷四，頁91。
〔註8〕 此文節錄自《十三經注疏》冊1《周易·睽》卷四，頁91。
〔註9〕 《十三經注疏》冊1《周易·乾·文言傳》卷一，頁16。
〔註10〕 此意見見於廖婉利《虞翻易學思想研究》國立高雄師範大學國文學系碩士論文，西元2004年6月，頁88。
〔註11〕 有關復卦之〈象辭〉原文及其解釋見於《周易譯注·復》，頁205。

再例如艮卦 ☶，將此卦初六之爻當作另一卦之上六之爻，六二之爻作另一卦之六五爻至上九之爻作爲另一卦之初九之爻，以初爲上，以上爲初，以此類推，可得到相綜、相反之卦震 ☳。

四、「相綜」之溯源

　　一般而言，明確提出「覆」之概念者爲唐代孔穎達，而史上有系統地論述有關「相綜」、「反象」之觀念者爲明代來知德。事實上，早在《左傳》之占筮之中，就已隱約用「相綜」之覆象概念解《易》，以下茲將《左傳》原文列出並加以剖析：

> 初，穆子之生也，莊叔以《周易》筮之，遇明夷 ☷ 之謙 ☶，以示卜楚丘。楚丘曰：「是將行，而歸爲子祀。以讒人入，其名曰牛，卒以餒死。明夷，日也。日之數十，故有十時，亦當十位。自王巳下，其二爲公、其三爲卿。日上其中，食日爲二，旦日爲三。明夷之謙，明而未融，其當旦乎，故曰『爲子祀』。日之謙，當鳥，故曰『明夷于飛』。明而未融，故曰『垂其翼』。象日之動，故曰『君子于行』。當三在旦，故曰『三日不食』。離，火也；艮，山也。離爲火，火焚山，山敗。於人爲言，敗言爲讒，故曰『有攸往。主人有言』。言必讒也〔註12〕

在昭公五年初，穆子出生的時候，莊叔用《周易》來卜筮，得到明夷 ☷ 之謙 ☶ 的結果，楚邱認爲穆子將會出奔，而後又能回來爲莊叔祭祀。但是隨著穆子回來之時，尚有一讒人跟著到來，他名叫牛，這個孩子最終以饑餓而死。接著楚秋開始說解占卜之辭：明夷代表光明、日之意，而明夷變爲謙，已經明亮然而不高，大概是正相當於剛剛升起的時候，所以說可以繼承卿位爲莊叔祭祀。日變爲謙，和鳥相配，所以說明夷飛翔。已經明亮然而不高，所以說垂下它的翅膀。像征日的運動，所以說君子在路上。位在剛剛升起的時候相當於第三，所以說三日不食。離爲火；艮爲山。離是火，火燒山，山就毀壞。艮對人來說就是語言。毀壞語言就是誣蔑他人，而後有人離開。在《左傳》記載楚邱解釋占卜結果「明夷 ☷ 之謙 ☶」時，其中謙卦之內卦爲艮，艮卦可當作爲震卦之反象，而震爲言，爲人，覆震就是表示爲敗；又謙卦之

<hr>

〔註12〕楊伯峻《春秋左傳注・昭公五年》（下冊）高雄，復文圖書出版社，西元1991年9月再版，頁1263～1265。

內卦艮（覆震之象）與此卦之九三、六四與六五爻形成之震卦，兩者可視為如同是「兩震言相背」之形，故曰讒；再者，明夷卦之內卦為離，離卦剛好可視為由兩個半震之象兩兩相對，與謙卦之兩震相背有異曲同工之效，總括以上言論，即為占辭所言「主人有言。言必讒也」。另外《左傳・僖公十五年》也有另外一個運用「相綜」概念解釋占卜結果之例：

> 晉獻公筮嫁伯姬於秦，遇歸妹 ䷵ 之睽 ䷥。史蘇占之，曰：「不吉。
> 其繇曰：『士刲羊，亦無衁也；女承筐，亦無貺也。西鄰責言，不可
> 償也。』歸妹之睽，猶無相也。震之離，亦離之震。為雷為火，為
> 嬴敗姬。車說其輹，火焚其旗，不利行師，敗于宗丘。歸妹睽孤，
> 寇張之弧。姪其從姑，六年其逋，逃歸其國，而棄其家，明年其死
> 於高梁之虛。」〔註13〕

晉獻公為嫁伯姬給秦國而占筮，得到歸妹 ䷵ 之睽 ䷥ 的占卜結果。史蘇預測說：「不吉利。卦辭說：『男人宰羊，不見血漿；女人拿筐，白忙一場。西鄰責備，不可補償』。歸妹變睽，沒人相幫。震卦變成離卦，也就是離卦變成震卦。又是雷，又是火，勝者姓嬴，敗者姓姬。車子脫離車軸，大火燒掉軍旗，不利於出師，在宗丘打得大敗。歸妹嫁女，睽離單孤，敵人的木弓將要張舒。姪子跟著姑姑，六年之後，逃回自己所居，拋棄了他的家，明年死在高梁的廢墟。」史蘇解析占卜的過程中，我們加以分析可知：睽卦 ䷥ 之內卦為兌，依〈說卦傳〉兌為西，故占辭云「西鄰」，又兌為言、為口，而在歸妹之九二、六三與九四之爻組成離卦，睽卦之九二至上九之爻組成兩個離卦，離卦就像兩個「半兌」之象彼此相對，就如同是兩口相互指責一般，故占辭言「責言」；又占辭出現「敗于宗丘」，其因是歸妹外卦為震，震為主，震之反象為艮，艮是山，故綜合覆震之象得到「敗于宗丘」之辭。由以上所舉《左傳》實例，我們在其解答占辭之過程中可以清楚發現，於《左傳》當時雖沒有明確「相綜」或是「反象」的理論與學說的提出，但是占辭解析的過程之中已有運用「覆象」的概念輔助說明，已經有了「相綜」精神之影子存在。

接著《周易》之時也已經運用此觀念解《易》；例如：（一）《周易・大過》九五爻辭云：「枯楊生華」〔註14〕、九二爻辭：「枯楊生稊」〔註15〕在大過卦 ䷛

〔註13〕《春秋左傳注・僖公十五年》（上冊）頁363～365。
〔註14〕《十三經注疏》冊1《周易・大過》卷三，頁71。
〔註15〕《十三經注疏》冊1《周易・大過》卷三，頁70。

之外卦是兌卦，其反卦為巽卦，巽又有木之意，而巽木又稱為楊，故大過九二、九五之爻辭是以反覆成為巽卦之意象來說解爻辭。(二)《周易‧損》六五爻辭云：「或益之十朋之龜，弗克違」〔註16〕、《周易‧益》六二爻辭：「或益之十朋之龜，弗克違」〔註17〕損卦☶☱之爻辭竟然與益卦☴☳相同，其因為何？若我們把損卦六爻顛倒觀之，視初九為上九、九二為九五至上九為初九，剛好成為益卦六爻，益卦為損卦之反卦，而在此二卦之爻辭才會有相同的情形發生。(三)《周易‧夬》九四爻辭云：「臀无膚，其行次且。」〔註18〕、《周易‧姤》九三爻辭：「臀无膚，其行次且。」〔註19〕夬卦☱☰、姤卦☰☴之爻辭為什麼剛好都以相同之辭解說爻辭？若我們將夬卦顛倒觀之，將其初九、九二至上六分別相反視之成為上九、九五至初六，形成了姤卦，故我們得知夬與姤二卦互為「相綜」，而才發生二卦之爻辭互通之情形。(四)《周易‧困》經文云：「有言不信」〔註20〕所言未必見信於人。困卦☱☵外卦是兌，依〈說卦傳〉可知兌為言、為信，而經文提到「有言不信」，顯然是將兌卦之意義顛倒視之，本來是「信」，取其覆象後就成為「不信」，因此此卦是採用覆象的方式呈現經文其中之意義。

五、「旁通」與「相綜」之連繫

以「旁通」也就是「相錯」與「相綜」雖有分別，但彼此卻是相互關聯，明代來知德有云：

> 蓋有對待，其氣運必流行而不已；有流行，其象數必對待而不移。故男女相對待，其氣必相摩蕩，若不相摩蕩，則男女皆死物矣。〔註21〕
> 必有伏羲之對待，水火相濟，雷風不相悖，山澤通氣，然後陽變陰化，有以運其神妙萬物而生成之也。若止于言流行而對待，則男女不相配，剛柔不相摩。獨陰不生，獨陽不成，安能行鬼神，成變化？〔註22〕

〔註16〕《十三經注疏》冊1《周易‧損》卷四，頁96。

〔註17〕《十三經注疏》冊1《周易‧益》卷四，頁97。

〔註18〕《十三經注疏》冊1《周易‧夬》卷五，頁104。

〔註19〕《十三經注疏》冊1《周易‧姤》卷五，頁105。

〔註20〕《十三經注疏》冊1《周易‧困》卷五，頁108。

〔註21〕明‧來知德《周易集註》冊11，卷首(上)，收錄於國立故宮文淵閣四庫全書，台北，商務印書館，西元1973年出版，頁22。

〔註22〕《周易集註》冊13，卷十五，頁13。

來知德於上述之言論中提及一個重點，那就是天地萬物皆由陰與陽二氣構成。陰與陽看似爲二，以其作用而言，是同一物本身之變化，陰與陽的相互交感與消長，形成萬千世界，缺一不可。「旁通」與「相綜」彼此相應，如同是一體之不同面相的呈現。正因爲陰與陽不可能獨存造化萬物，剛中有柔，柔中有剛，故天地自然界自然會出現兩種看似對立的特質，而「旁通」與「相綜」之產生就是基於此一原理，藉著八卦與六爻陰陽相對的方式，表現陰陽對待之理。由此可知陰陽二氣彼此相互相生，有時相通、有時對立，二者混而不能分，必見影於彼，見其一，則可知其二；在《周易》六十四卦組成之中，「旁通」與「相綜」緊密結合之實例確實存在其中，例：（一）隨卦䷐與蠱卦䷑：將隨卦之六爻產生陰爻變陽爻、陽爻變陰爻皆產生爻變，可旁通得到蠱卦；若將隨卦之初九變爲另一卦之上九、六二變爲另一卦之六五，以此類推，直到隨卦之上六變爲另一卦之初六之爻，如此一來彼此相綜也得到了蠱卦。（二）否卦䷋與泰卦䷊：將否卦之六爻產生爻變可旁通得到泰卦；又將否卦之六爻順序依次顛倒可相綜得到同樣之結果—泰卦。（三）歸妹卦䷵與漸卦䷴：將歸妹之六爻皆產生爻變可旁通得到漸卦；又將歸妹卦六爻之順序依次顛倒，可相綜得到另一卦也爲蠱卦。（四）既濟卦䷾與未濟卦䷿：將既濟卦之六爻產生爻變，可旁通得到未濟卦；又將既濟卦之六爻依次序顛倒，可相綜得到也可得到相同的另一卦—未濟卦。由以上四例可知，在《周易》六十四卦組成本身也存在著「旁通」與「相綜」緊密結合而不可分的情況發生，也就是「錯綜」之邏輯的存在。《焦氏易林》一書也了解「旁通」與「相綜」之特性，並將其融合爲「錯綜」之法而實際用於林辭之中。以下茲將舉出《焦氏易林》一書中運用「錯綜」之法之實證。

六、《焦氏易林》運用「錯綜」之法

（一）《焦氏易林·坤之需》云：「霜降閉戶，蟄蟲隱處。不見日月，與死爲伍。」〔註23〕筮得本卦爲坤卦䷁，其卦之初六至六三與六五爻變成爲之卦需卦䷄。坤爲地，爲霜、爲閉，又需卦旁通爲晉卦䷢，此卦之六二、六三與九四爻互體爲艮，艮爲戶，故云「霜降閉戶」。需卦之外卦爲坎，坎爲隱、爲伏，內卦坤爲蛇、爲蟲，故云「蟄蟲隱處」。本卦坤卦沒有之卦需卦之外卦

〔註23〕尚秉和注·常秉義點校《焦氏易林注·坤之需》北京，光明日報出版社，西元 2005 年 5 月第一版，頁 13。

坎象，坎爲月，又本卦坤卦也無之卦需之九三、六四與九五爻互體之離象，離爲日，只有本卦之內卦卦均爲坤，坤爲死，又不見之卦需卦之日、月，故林辭云「不見日月，與死爲伍」。此卦林辭之中「霜降閉戶」一句運用需卦旁通爲晉卦的錯綜之象加以呈現。

（二）《焦氏易林・屯之小畜》云：「夾河爲婚，期至无船。搖心失望，不見所歡。」〔註24〕筮得本卦爲屯卦䷂，其卦之六二、六三與上六之爻變而形成之卦小畜卦䷈。小畜卦旁通爲豫卦䷏，此卦之六三、九四與六五爻互體爲坎，坎爲水、爲河，又豫卦除了九四爲陽爻外，上下都爲陰爻所包圍，因此林辭說「夾河」。再者屯卦之六三、六四與九五爻互體爲艮，艮爲期、爲時、爲望，又屯卦之外卦爲坎，坎爲婚、爲心，內卦爲震，震爲船；再者由屯卦變爲之卦小畜，原本屯卦之互體有坤之象，變爲之卦後消失，因而林辭云「期至无船，搖心失望」。又屯卦之內卦震爲歡，坎爲水，是屯卦之外卦，於歡之上，就如同是坎之水淹沒了震之樂，故云「不見所歡」。此卦林辭中「夾河爲婚」運用小畜旁通豫卦互體之象，以錯綜的方式呈現。

（三）《焦氏易林・屯之坎》云：「朽根倒樹，花葉落去。卒逢火焱，隨風偃仆。」〔註25〕筮得本卦爲屯卦䷂，其卦之初九與六二爻變而形成之卦坎卦䷜。坎卦旁通爲離卦䷝，離卦之六二、九三與九四爻互體爲巽，巽爲木、爲根、爲樹、爲風，又離卦之離卦之內卦卦皆爲火，樹碰到火，自然就消逝，再加上風之助長，就如同林辭所云「隨風偃仆」了。此卦林辭全文都圍繞著坎卦之旁通爲離卦開展，運用離爲火、互體巽爲風、爲木、爲根之象，彼此相互錯綜交互作用之的方式解釋林辭。

（四）《焦氏易林・蒙之解》云：「望雞得雉，冀馬獲駒。大德生少，有廖從居。」〔註26〕筮得本卦爲蒙卦䷄，其卦之六四與上九爻變而形成之卦解卦䷧。解卦旁通爲家人卦䷤，此卦之外卦爲巽，巽爲雞，內卦爲離，離爲目、爲望、爲雉，故云「望雞得雉」。蒙卦之內卦爲坎，坎爲馬，又解卦之外卦爲震，震爲駒，故云「冀馬獲駒」。蒙卦之六三至六五爻互體爲坤，坤爲大德、爲柔、爲順，又解卦之外卦震爲生，蒙卦之外卦艮爲少子、爲居，故云「大德生少，有廖從居」。此卦林辭中「望雞得雉」一句運用了解卦旁通爲家人卦

〔註24〕《焦氏易林注・屯之小畜》，頁25。
〔註25〕《焦氏易林注・屯之坎》，頁29。
〔註26〕《焦氏易林注・蒙之解》，頁42。

之象，以錯綜的方式呈現。

（五）《焦氏易林·蒙之鼎》云：「三人爲旅，俱歸北海。入門上堂，拜謁王母。勞賜我酒，歡樂无疆。」〔註27〕筮得本卦爲蒙卦☷☶，其卦之六三與六四爻變而形成之卦鼎卦☲☴。鼎卦之外卦爲離，離之先天卦數爲三，又鼎卦旁通爲屯卦☵☳，此卦之內卦爲震，震爲人、爲商旅，故云「三人爲旅」。蒙卦之六三至六五爻互體爲坤，坤爲海、爲母，其先天卦位爲北方，屯卦之內卦震爲歸、爲入、爲王、爲謁；再者蒙卦之外卦艮爲門，故林辭云「俱歸北海。入門上堂，拜謁王母」。蒙卦之內卦爲坎，坎爲勞、爲酒，而蒙卦之互體坤爲我，屯卦之內卦震爲樂、爲歡，故云「勞賜我酒，歡樂无疆」。此卦林辭中，凡人、旅、歸、入、王、樂等象都是運用鼎卦之旁通屯卦內卦震象錯綜而成。

（六）《焦氏易林·需之大有》云：「乘船濟渡，載水逢火。賴幸免禍，蒙我生全。」〔註28〕筮得本卦爲需卦☵☰，其卦之六四、九五與上六爻變而形成之卦大有卦☲☰。大有卦旁通爲比卦☵☷，此卦之內卦爲坤，坤虛爲船，爲載，又比卦之外卦爲坎，坎爲水，又大有卦之外卦爲離，離爲火，故林辭云「乘船濟渡，載水逢火」。比卦之外卦坎爲險、爲陷、爲禍，大有卦之內卦爲乾，乾爲福、爲幸、爲生，又比卦之內卦坤爲我，故云「賴幸免禍，蒙我生全」。此卦林辭之中，凡船、載、水、我等象，都是由大有卦之旁通比卦錯綜而來。

（七）《焦氏易林·訟之鼎》云：「虎聚磨牙，以待豚豬。往必傷亡，宜利止居。」〔註29〕筮得本卦爲訟卦☰☵，其卦之六三與九五爻變而形成之卦鼎卦☲☴。鼎卦之旁通爲屯卦☵☳，其卦之六三、六四與九五爻互體爲艮，艮爲虎，爲磨，爲止、爲待，又此卦之六二至六四爻互體爲坤，坤爲眾，又訟卦之內卦爲坎，坎爲聚、爲豬，鼎卦之九三、九四與六五爻互體爲兌，兌爲口，故林辭云「虎聚磨牙，以待豚豬」。又鼎卦旁通屯卦之內卦爲震，外卦爲坎，震爲行、坎爲災、爲險，又屯卦之互體艮居止、爲利，故云「往必傷亡，宜利止居」。此卦林辭之中，凡虎、眾、行、牙等象徵意義都取自鼎卦之旁通卦屯卦錯綜而來。

（八）《焦氏易林·師之剝》云：「讒父佞雄，賊亂邦國。生雖忠孝，敗

〔註27〕《焦氏易林注·蒙之鼎》，頁 44。
〔註28〕《焦氏易林注·需之大有》，頁 49。
〔註29〕《焦氏易林注·訟之鼎》，頁 66。

困不福。」〔註30〕筮得本卦爲師卦䷆，其卦之九二與上六之爻變而形成之卦剝卦䷖。剝卦與夬卦䷪互爲旁通，此卦之互卦爲兌，兌爲言，其內卦爲乾，乾爲父、爲雄，言爲讒人之長，佞者之雄也，〔註31〕又剝卦之內卦爲坤，坤爲國、爲賊、爲亂，故林辭云「讒父佞雄，賊亂邦國」。師卦之九二、六三與六四爻互體爲震，震爲生，師卦之內卦爲坎，坎爲忠孝、爲敗，夬卦之內卦爲乾，乾爲福，故云：「生雖忠孝，敗困不福」。此卦林辭中，凡讒、父、雄、福等象，都是由剝卦旁通之夬卦錯綜而來。

（九）《焦氏易林・比之訟》云：「李花再實，鴻卵降集。仁哲權輿，蔭國受福。」〔註32〕筮得本卦爲比卦䷇，其卦之六二、六四與上六之爻變而形成之卦訟卦䷅。訟卦旁通爲明夷卦䷣，此卦之外卦爲震，震爲李、爲花、爲鴻、爲生、爲卵，又訟卦之外卦爲乾，乾爲實，又比卦之內卦爲坤，坤爲降集，故云「李花再實，鴻卵降集」。訟卦之內卦爲坎，坎爲哲，又訟卦之旁通明夷卦互體爲震，震爲仁、爲輿、爲蔭，再者比卦之內卦坤爲國、訟卦之六三、九四與九五爻互體爲巽，巽爲權，因此林辭云「仁哲權輿，蔭國受福」。此卦林辭中，凡李、花、鴻、卵、仁、輿、蔭之象，都是取自訟卦之旁通明夷卦相互錯綜而來。

（十）《焦氏易林・剝之巽》云：「三人俱行，一人言北。伯仲欲南，少叔不得。中路分道，爭鬬相賊。」〔註33〕筮得本卦爲剝卦䷖，其卦之六二、六三與六五爻產生爻變而形成之卦巽卦䷸。巽卦旁通爲震卦䷲，震爲人、爲行、爲長男，此卦之六三、九四與六五爻互體爲坎卦，坎爲中男，剝卦之外卦爲艮，艮爲少男，故云「三人俱行」；再者，巽卦旁通震爲伯、爲路、爲爭斗，互體坎卦爲仲、爲賊，故云：「伯仲欲南，少叔不得。中路分道，爭鬬相賊」此卦林辭中，凡人、伯、仲、路、爭鬬、賊等象，都是取自巽卦之旁通震卦錯綜而來。

七、本節小結

「旁通」之概念雖於《周易》當中沒有明言提及此一名詞，但是由上述

〔註30〕《焦氏易林注・師之剝》，頁73。
〔註31〕此意見見於《焦氏易林注・師之剝》，頁73。
〔註32〕《焦氏易林注・比之訟》，頁81。
〔註33〕《焦氏易林注・剝之巽》，頁236。

的討論可知《周易‧泰》或是《周易‧否》之經文泰與否二卦之經文恰好陰陽相對，吉凶相左，已取法「旁通」之意涵；至於「相綜」之法的運用在《左傳》「穆子之生也，莊叔以《周易》筮之」與「晉獻公筮嫁伯姬於秦」二例中已可見運用「反象」即「相綜」之觀念解《易》的影子存在。《焦氏易林》進一步將「旁通」與「相綜」的概念混合為一體為「錯綜」之法，實際運用於林辭之中，事實上焦延壽也並非是「錯綜」觀念的發明者，早在《周易》六十四卦的組成之中就已經有「錯綜」邏輯存在，例：隨卦䷐與蠱卦䷑、既濟卦䷾與未濟卦䷿、歸妹卦䷵與漸卦䷴、否卦䷋與泰卦䷊就是六十四卦組成中「錯綜」觀念的實際呈現。焦延壽運用「錯綜」的觀念揭示了天地寰宇中的萬事萬物陰陽相反相成、反覆交迭、永無止息的道理，更顯示出爻與爻、卦與卦之間錯綜複雜的關係。

第二節 運用「先天八卦」之概念

一、先天八卦之內涵簡述

「先天八卦」又稱為「伏羲八卦」，其圖示如下：

朱子在《周易本義》有云：

> 伏羲此圖，其說皆出於邵氏，蓋邵子得之李之才挺之，挺之得之穆修伯長，伯長得之華山希夷先生陳摶圖南者，所謂先天之學者也。

〔註34〕

朱子認爲宋代邵雍對於八卦的方位重新作了安排,而上列此圖是伏羲畫卦時所確定。在〈繫辭傳〉說:

> 古者包羲氏之王天下也,仰則觀象於天,俯則觀法於地,觀鳥獸之文,與地之宜,近取諸身,遠取諸物,於是始作八卦,以通神明之德,以類萬物之情。〔註35〕

古代伏羲氏治理天下之時,他仰望天空觀察日月星辰之運行與現象,俯察大地的表象;同時觀察飛禽走獸與萬事萬物生長、活動,並將此天下萬物的情態與運轉的法則,以八卦的方式來說明與代表其天地寰宇間萬物的表徵與道理。至於八卦是如何而來?〈繫辭傳〉認爲是「故《易》有太極,是生兩儀,兩儀生四象,四象生八卦」〔註36〕的過程而來。所謂的「先天」,是指其理致純粹出於自然而非人工刻意造作,伏羲氏之作八卦,是基於觀察萬物所得,而應乎宇宙造化之自然理致,用陰陽對待現象,現示萬般事物的情狀,非專門爲了某一事物之作,而在伏羲作八卦還未有《周易》之時,其適用範圍與象徵的意涵廣泛,也不可能是專爲《周易》而作,因此才稱伏羲八卦爲「先天八卦」。〔註37〕至於先天八卦之次序及其形成之理爲何,〈說卦傳〉有云:「天地定位,山澤通氣,雷風相薄,水火不相射」〔註38〕天地分別居於上、下彼此配合的位置,山澤一高一低之交流溝通氣息,雷與風交相潛入應和,水火屬性不相同卻不相棄而兩者相互資助,此八卦所象徵之基本物象:天地、山澤、雷風、水火之間看似矛盾之特性,卻又相互處於和諧的互動狀態,說明瞭事物對立與統一之發展變化之理;邵雍認爲在〈說卦傳〉所言就是伏羲八卦方位的呈現,乾爲天,坤爲地,「天地定位」是指乾南坤北,依八卦所象徵之天地風雷水火山澤,則「山澤通氣」是艮處西北兌處東南;「雷風相薄」是震處東北巽處西南;「水火不相射」是坎處正西而離處正東。對於〈說卦傳〉此章之說法,邵雍有進一步說明:

〔註34〕宋‧朱熹《周易本義》冊1,收錄於國立故宮文淵閣四庫全書,台北,商務印書館,西元1975年出版,頁9。

〔註35〕《十三經注疏》冊1《周易‧繫辭下》卷八,頁166。

〔註36〕《十三經注疏》冊1《周易‧繫辭上》卷七,頁156～157。

〔註37〕有關「先天」之概念解說參考自鄭燦《易學啓蒙》台北,中國孔學會,西元1975年11月出版,頁86～87。

〔註38〕《十三經注疏》冊1《周易‧說卦傳》卷九,頁183。

此一節明伏羲八卦也，八卦相錯者，明交相錯而成六十四也，數往者順，若順天而行，是左旋也，皆已生之卦也，故云數往也；知來者逆，若逆天而行，是右行也，皆未生之卦也，故云知來也，夫易之道，由逆而成矣，此一節直解圖意，若逆知四時之謂也。〔註39〕

邵雍明言〈說卦傳〉此段文字是說明「伏羲八卦」之內涵，同時邵雍此段話所言之義有五，其一是闡明伏羲卦位；其二是說明八卦是交錯而成六十四卦；其三是數往者為左旋，皆已生之卦；知來右旋，皆未生之卦。其四，易道由逆而成；其五，此節若逆知四時之謂。此段說明當中，邵雍認為「八卦相錯者，明交相錯而成六十四」，這裡提到「錯」是指陰陽相對，天地造化之理與六十四卦之構成都離不開陰陽之相互交感與變化。至於邵雍為何認為言「數往者順，若順天而行，是左旋也，皆已生之卦」及「知來者逆，若逆天而行，是右行也，皆未生之卦」呢？其因究竟為何？黃宗羲在《周易象數論》有云：

乾一、兌二、離三、震四，生之序也；震初為冬至，離兌之中為春分，乾末交夏至，故由震至乾皆已生之卦。巽五、坎六、艮七、坤八，生之序也，巽初為夏至，坎艮之中為秋分，坤末交冬至，故由巽至坤皆未生之卦。〔註40〕

黃宗羲運用四季配合八卦之運行來說明先天八卦之方位；以震之初當作冬至，離與兌象徵春分時節，到了乾卦之時象徵夏至，因此由乾一至震四之順序而言，四季運轉是逆向，但是氣候是不可能逆天而行，故把乾、兌、離、震當作是「已生」之卦；由巽初象徵夏至開始，坎與艮運行至秋分，到了坤之末為冬至，由巽到坤的順序是順著氣候之運轉而來，因此把這個部份當作為「未生」之卦。另外邵雍對於先天八卦之方位加以補充說明：

論伏羲先天八卦，似應豎起看，如天尊、地卑，日東、月西，風、雨在天，山、林在地，一陽自震而升，一陰自巽而降，日、月則運行於兩間者是也。

邵雍說「乾南坤北」，在上面又云「天尊地卑」，因而在八卦當中先確定了乾

〔註39〕宋・邵雍《皇極經世・觀物外篇》冊93，卷六，收錄於中國子學名著集成，台北，中國子學名著集成編印基金會，西元1978年出版，頁390。

〔註40〕明・黃宗羲《周易象數論》收錄於收錄於嚴靈峰《無求備齋易經集成》冊115，台北，成文出版有限公司，西元1976年第一版，頁36。

位於南，坤位於北，接著又以爲兌所代表的象徵爲雨而不取以澤爲象，以震代表林而不取以雷爲象，以坎離分別代表月日而不以象徵水火，由此可知若是以豎起來看則是天尊地卑，放平觀之則是乾南、坤北。再者，依邵雍「一陽自震而升，一陰自巽而降」的準則，把兩陽夾一陰的離配於東，兩陰夾一陽的坎配於西，又把兩陽一陰的兌與巽分別置於乾之左右的方位。兌一陰偏上，陰將消盡而陽將滿，列於乾之左邊方位；巽一陰偏下，陽消、陰長之始，列於乾之右側方位。最後把兩陰一陽的震與艮方列於坤之左右方位。震一陽偏下，陽長、陰消之始，列於坤之左側方位；艮一陽偏上，陽將消盡而陰將滿，列於坤之右邊方位。兌、巽、震、艮四卦都是一陰或一陽偏於上下，所以兌居東南（左上），巽居西南（右上），震居東北（左下），艮居西北（右下）四個方位。就各卦之序數而言，則是乾一、兌二、離三、震四，自上而下列於左，巽五、坎六、艮七、坤八，自上而下列於右。〔註41〕

在李周龍〈現存易林研究〉一文中對於先天八卦方位有另一種角度之解釋：

> 此先天八卦的次序爲：乾一、兌二、離三、震四、巽五、坎六、艮七、坤八。又因爲昔賢以爲天道左旋，地道右旋，天爲陽，地爲陰，於是由陽儀所生的乾、兌、離、震往左轉；而由陰儀所生的巽、坎、艮、坤向右旋，而形成了乾南坤北，離東坎西的伏羲先天八卦方位。〔註42〕

李周龍的看法是將先天八卦看成是一立體的三度空間，非平面之圖。以「天道左旋，地道右旋」、「天爲陽、地爲陰」的準則，當此一三度空間自我運轉的同時，配合天道爲陽，其旋轉的方向於是向左產生了乾、兌、離、震四卦，地道爲陰，其旋轉的方向向右產生了巽、坎、艮、坤四卦。朱子認爲伏羲先天八卦之方位與次序的產生，皆傳自北宋陳摶，而在北宋之前，則尚未有此蹤影出現，然而若是我們將《焦氏易林》一書加以研究後，發現雖然在北宋之前尚未有「先天八卦圖」的出現，但此種觀念卻已見於焦延壽之書中。以下茲將《焦氏易林》運用先天卦位及卦數之概念說解林辭之情形，舉實例加以說明。

〔註41〕以上有關先天八卦之卦位配置之意見，參見於《易學啓蒙》，頁90～93。
〔註42〕李周龍〈現存易林研究〉《孔孟學報》第57期，西元1989年3月，頁185～186。

二、《焦氏易林》運用先天八卦之卦位

（一）乾居先天卦位之南

1. 《焦氏易林・屯之否》云：「登几上輿，駕駟南遊。合從散橫，燕齊以強。」〔註 43〕筮得本卦屯卦 ䷂，初九、六四與上六爻變成爲之卦否卦 ䷋。否卦之六二、六三與九四爻互體爲艮卦，艮爲几，否卦之內卦爲坤，坤爲輿，外卦爲乾，乾爲馬，故云「駕駟」，乾卦在先天卦位中居於南方，因而林辭說「登几上輿，駕駟南遊」。

2. 《焦氏易林・大有之乾》云：「南山太行，困於空桑。老沙爲石，牛馬无食。」〔註 44〕本卦大有卦 ䷍，六五爻變成之卦乾卦 ䷀。大有卦 ䷍ 旁通爲比卦 ䷇，比卦之六三、六四與九五爻互體爲艮，艮爲山，乾爲南（先天卦位），「太行」爲山名，因而林辭曰：「南山太行」。比卦之外卦爲坎，內卦爲坤，坎卦爲險、爲陷，有「困頓」之意；而艮爲桑，坤引伸有虛空之意，故云「困于空桑」。又比卦內卦坤爲牛，爲老之意，乾爲馬，艮爲小石、爲沙，大有卦之九三、九四與六五爻互體爲兌卦，兌爲口、爲食，故取象云「老沙爲石，牛馬无食」。此卦林辭之中，「南山太行」一句是運用大有卦旁通比卦之互體爲艮，與先天乾卦爲南之概念呈現。

3. 《焦氏易林・復之大壯》云：「三羝上山，俱至陰安。遂到南陽，見其芝香。兩崖相望，未有床枕。」〔註 45〕筮得本卦復卦 ䷗，六二、六三與六四爻變成爲之卦大壯卦 ䷡，大壯卦之九三、九四與六五爻互體爲兌卦，兌爲羊，又大壯卦旁通觀卦 ䷓，觀卦六三、六四與九五爻互體爲艮卦，艮爲山，因此曰「三羝上山」。復卦之內卦爲震，震旁通巽卦，巽爲木、爲芝，故言「芝香」，而大壯之內卦爲乾，乾之先天卦位爲南，故言「遂到南陽，見其芝香」。

4. 《焦氏易林・升之遯》云：「南行北走，延頸望食。舉止失利，累我子孫。」〔註 46〕筮得本卦升卦 ䷭，九二、六四、六五與上六之爻變成爲之卦遯卦 ䷠，遯卦之外卦爲乾，乾之先天方位爲南，而升卦之外卦爲坤，坤在先天方位爲北，而升卦之九三、六四與六五爻互體爲震卦，震爲動、爲足，

〔註 43〕《焦氏易林注・屯之否》，頁 26。
〔註 44〕《焦氏易林注・大有之乾》，頁 142。
〔註 45〕《焦氏易林注・復之大壯》，頁 244。
〔註 46〕《焦氏易林注・升之遯》，頁 458。

有行走之貌，故云「南行北走」。遯卦之內卦爲艮，艮爲頸、爲望、爲止；升卦之九二、九三與六四互體爲兌，兌爲口、爲食、爲孫，艮止，故云「舉止失利」；艮又旁通爲震，震爲子，故云：「累我子孫」。此卦林辭之中，「南行北走」一句運用升之互體爲震、乾爲先天卦位之南與坤爲先天卦位之北的方式呈現。

（二）坤居先天卦位之北

1. 《焦氏易林・坤之觀》云：「北辰紫宮，衣冠中立。含和建德，常受天福。」〔註47〕筮得本卦爲坤☷，六五與上六之爻變成爲觀卦☷，坤卦之先天卦位爲北，觀卦之六三、六四與九五之爻互體爲艮，艮又爲星辰、爲宮，故云「北辰紫宮」。又坤爲衣，艮爲冠，九五之爻居於觀卦之中，故言「衣冠立中」；觀卦☷與大壯☳旁通，大壯卦之內卦爲乾，乾爲天、爲德，故言「含和建德，常受天福」。此卦林辭中，「北辰紫宮」是運用艮之象爲星與坤爲先天卦位北方的方式呈現。

2. 《焦氏易林・師之泰》云：「三人北行，六位光明。道逢淑女，與我驥子。」〔註48〕筮得本卦爲師卦☷，初六與六三爻變成爲之卦泰卦☷，師卦之外卦爲坤，坤居於先天卦位之北，師卦之九二、六三與六四爻互體爲震卦，震卦爲人，故云「北行」。師卦☷旁通爲同人卦☰，同人內卦爲離，離爲火、爲光明，又坎在先天卦數爲六，故云「六位光明」。同人卦之六二、九三與九四爻互體爲巽，巽爲女；泰卦之九三、六四與六五爻互體爲震，震爲子爲馬，故曰「道逢淑女，與我驥子」。此卦林辭之中，「北行」一句運用師卦互體之震象與先天卦坤居於北之觀念呈現。

3. 《焦氏易林・晉之否》云：「北風寒涼，雨雪益冰。憂思不樂，哀悲傷心。」〔註49〕筮得本卦晉卦☷，其六五爻變成爲否卦☰，否卦之外卦爲乾，乾爲寒、爲冰雪，內卦爲坤，坤爲先天卦位之北，又否卦之六三、九四與九五爻互體爲巽，巽爲風，故云「北風寒涼，雨雪益冰」；乾爲惕，故憂，坤又爲心、爲悲，故云「憂思不樂，哀悲傷心」。此卦林辭之「北風」的意象是運用否卦之互體之巽象與先天卦位坤北之意象的方式呈現。

4. 《焦氏易林・渙之臨》云：「追亡逐北，呼還幼叔。至山而得，復歸其

〔註47〕《焦氏易林注・坤之觀》，頁16。
〔註48〕《焦氏易林注・師之泰》，頁70。
〔註49〕《焦氏易林注・晉之否》，頁352。

室。」〔註 50〕本卦渙卦☷，初六、九五與上九之爻變成爲臨卦☷，臨卦外卦爲坤，坤爲先天卦位之北方，又臨卦之九二、六三與六四爻互體爲震卦，震爲足、爲動、爲逐，故云「追亡逐北」；渙卦之六三、六四與九五爻互體爲艮，艮爲止、爲叔、爲山、爲廬室，又震爲反、爲呼，因而林辭云「呼還幼叔。至山而得，復歸其室。」此卦林辭之「追亡逐北」一句，運用臨卦互體震象與坤爲先天卦位北方的概念呈現。

（三）離居先天卦位之東

1. 《焦氏易林・訟之未濟》云：「避患東西，反人禍門。糟糠不足，憂思我心。」〔註 51〕筮得本卦爲訟卦☰，其卦九五爻變成爲之卦未濟☲，訟卦與未濟卦內卦爲坎卦，坎爲險、爲患、爲禍，坎之先天卦位爲西，未濟卦之外卦爲離，離在先天卦位爲東、又爲災、爲饑，再者訟卦之外卦爲乾，因乾坤是《周易》之門戶與開端，以乾爲門，故云「避患東西，反入禍門，糟糠不足」。訟卦☰之旁通爲明夷卦☷，明夷卦外卦爲坤，坤爲我，而訟卦之內卦爲坎，坎爲心、爲憂，故曰「憂思我心」。此卦林辭之「避患東西」一句運用先天卦位之坎居於西方、離居於東方的方式呈現。

2. 《焦氏易林・隨之睽》云：「東鄰少女，爲王長婦。柔順利貞，宜夫壽子。」〔註 52〕筮得本卦隨☱，其卦六二、九五與上九之爻變成爲睽卦☲。睽卦外卦爲離，內卦爲兌，離依先天卦位爲東，兌爲少女，故言「東鄰少女」；隨卦內卦爲震，震爲王、爲夫、爲子；又隨卦☱旁通爲蠱卦☶，蠱卦內卦爲巽，巽爲柔順、爲利，外卦爲艮，艮爲貞、爲壽，故曰「爲王長婦。柔順利貞，宜夫壽子。」此卦林辭之「東鄰少女」一句運用隨卦之卦象兌爲少女之象與運用睽卦外卦爲離，離之先天卦位爲東的方法說明。

3. 《焦氏易林・噬嗑之巽》云：「東家殺牛，污穢腥臊。神背西顧，命衰絕周。」〔註 53〕筮得本卦噬嗑卦☲，其卦之初九、六二至六五爻皆產生爻變形成之卦巽☴。噬嗑卦之外卦爲離，離居先天卦位之東方，又《周易・離》之經文有云：「離，利貞，亨；畜牝牛吉。」故離又有牛之象，離也有戈兵之象，故云「東家殺牛」。

〔註 50〕《焦氏易林注・渙之臨》，頁 578。
〔註 51〕《焦氏易林注・訟之未濟》，頁 68。
〔註 52〕《焦氏易林注・隨之睽》，頁 175。
〔註 53〕《焦氏易林注・噬嗑之巽》，頁 218。

4.《焦氏易林・復之未濟》云：「東鄰西國，福喜同樂。出得隋珠，留獲和玉，俱利有息。」〔註54〕筮卦爲本卦復卦 ䷗，其卦之初九、六二、六四與上九之爻變成爲之卦未濟 ䷿。未濟卦內卦爲坎，坎在先天卦位居於西，外卦爲離，離在先天卦位居於東，故言「東鄰西國」。又復卦之內卦爲震，震爲福、爲樂、爲珠玉、爲出；復卦之外卦爲坤，坤爲閉，故曰「福喜同樂。出得隋珠，留獲和玉。」此卦林辭之「東鄰西國」一句，運用未濟卦之內外卦象——離與坎之先天之卦位的方式呈現。

5.《焦氏易林・遯之井》云：「老河空虛，舊井无魚。利得不饒，避患東鄰。禍來入門，使我悔存。」〔註55〕筮得本卦遯卦 ䷠，其卦之六二、九四與上九之爻變成爲之卦井卦 ䷯。井卦之外卦爲坎，坎爲舊、爲河、爲險、爲患、爲隱；又井卦之九三、六四與九五之爻互體爲離卦，離爲空虛貌；又井卦之九二、九三與六四爻互體爲兌卦兌爲井；再者井卦之內卦爲巽、爲魚，故云「老河空虛，舊井无魚」。井卦之外卦爲坎，坎爲險、爲陷阱，代表災難；井卦內卦爲巽，巽爲利，但是外卦坎爲瘠，又井卦互體爲離之象，象徵先天卦位中居於東方之意，又爲禍，故云「利得不饒，避患東鄰」。遯卦之內卦爲艮，艮爲門，井卦之內卦爲巽，巽爲入，又知離爲禍，故曰「禍來入門，使我悔存」。此卦林辭之「避患東鄰」一句取其之卦井卦之外卦坎之險禍意涵與互體離卦之居於先天卦位東方之意等方式呈現。

6.《焦氏易林・晉之家人》云：「憂凶增累，患近不解。心意西東，事无成功。」〔註56〕筮得本卦爲晉卦 ䷢，其初六、六三、九四與六五爻變成爲之卦家人 ䷤。晉卦之六三、九四與六五爻互體爲坎，坎爲憂、爲險、爲凶、爲累、爲陷，故云「憂凶增累，患近不解」。又家人卦內卦爲離，晉卦互體爲坎，坎與離分別象徵先天卦位之西與東，又離爲火、坎爲心，家人卦外卦爲巽，巽爲風、風吹散，因而云「心意西東，事无成功」。此卦之林辭之「心意西東」一句，運用晉卦之互體坎、家人內卦離分別象徵危險禍患、爲心、爲先天卦位之西東的取象方法呈現。

（四）坎居先天卦位之西

1.《焦氏易林・履之訟》云：「遊居石門，祿安身全。受福西鄰，歸飲玉

〔註54〕《焦氏易林注・復之未濟》，頁248。
〔註55〕《焦氏易林注・遯之井》，頁336。
〔註56〕《焦氏易林注・晉之家人》，頁356。

泉。」筮得本卦爲履卦 ䷉ ，其卦之初九產生爻變成爲之卦訟卦 ䷅ 。履卦及訟卦之外卦爲乾，乾爲門、爲石、爲行、爲金、爲玉，引申有「福」之義；又履卦之六三、九四與九五爻互體爲巽卦，巽爲石，而履卦之內卦爲兌，兌爲口，在此有「飲」之意；再者訟卦之內卦坎，坎爲水、爲泉，也是先天卦位之西方之表徵，故此卦林辭才云「遊居石門，祿安身全。受福西鄰，歸飲玉泉。」

2. 《焦氏易林·遯之師》云：「堅固相親，日篤無患。六體不易，執以安全。雨師駕西，濡我轂輪。張伯李李，各坐關門。」〔註57〕筮得本卦遯卦 ䷠ ，其六二至上九之爻皆產生爻變而形成之卦師卦 ䷆ 。師卦內卦爲坎，坎爲堅固，外卦爲坤，坤爲順；又坎爲患，而師卦九五、六三與六四爻互體爲震卦，震居於東方，無患，故云「堅固相親，日篤無患」。坎依照先天八卦之卦數代表爲六，坤爲身體、爲安全，故云「六體不易，執以安全」。又坎卦代表先天卦位之西方，且坎爲雨、爲濡；再者，師卦互體之象爲震，震爲動、爲足、爲馬、爲轂輪，且又爲伯、爲張、爲李，故最後林辭云「雨師駕西，濡我轂輪。張伯李李，各坐關門」。此卦林辭之「雨師駕西」一句，運用師卦互體震象、內卦坎卦代表先天卦位之西方的取象方式呈現。

3. 《焦氏易林·姤之既濟》云：「西家嫁女，借鄰送女。嘉我淑姬，賓主俱喜。」〔註58〕筮得本卦爲姤卦 ䷫ ，其初六、九二、九四與上九之爻變成爲之卦既濟 ䷾ 。姤卦之旁通卦爲復卦 ䷗ ，復卦內卦爲震，震爲嫁、爲主；而既濟卦外卦爲坎，坎爲西，內卦爲離，離爲中女，因此此首林辭才云「西家嫁女，借鄰送女。嘉我淑姬，賓主俱喜」。此卦林辭之「西家嫁女」一句，運用既濟卦之外卦坎是表示先天卦位西方之象徵與內卦離爲中女的取象方式呈現。

4. 《焦氏易林·漸之屯》云：「東山西山，各自止安。雖相登望，竟未同堂。」筮得本卦爲漸卦 ䷴ ，其卦之初六、九三與上九之爻變形成之卦屯卦 ䷂ 。屯卦之外卦爲坎，坎爲西，內卦爲震，震居於東方，又爲登；又屯卦之六三、六四與九五爻互體爲艮卦，艮爲山、爲止、爲望、爲堂，故林辭才云「東山西山，各自止安。雖相登望，竟未同堂」。此卦林辭「東山西山」一句，運用屯卦外卦爲坎，坎是表先天卦位之西方與屯卦之互體艮象的取象方式呈現。

〔註57〕 《焦氏易林注·遯之師》，頁 330。
〔註58〕 《焦氏易林注·姤之既濟》，頁 444。

（五）震居先天卦位之東北

1. 《焦氏易林‧屯之大壯》云：「多采薇蘭，地凍堅坼。利走東北，暮无所得。」筮得本卦爲屯卦▤▤，其卦之六二至九五爻皆爻變形成之卦大壯▤▤。屯卦之外卦爲坎，坎爲多、爲水、爲堅固；又屯卦之六三、六四與九五之爻互體爲艮卦，艮爲手、爲採，再者屯卦之內卦爲震，震爲蘭，其屯卦之六二、六三與六四之爻互體爲坤，坤爲地，故云「多采薇蘭，地凍堅坼」；大壯卦之外卦爲震，震爲動，又是先天卦位之東北方，而屯卦之互體坤，坤爲暮、爲虛，再者屯卦之旁通卦爲鼎卦▤▤，鼎卦之內卦爲巽，巽爲利，故林辭云「利走東北，暮无所得」。此卦之林辭中「利走東北」一句，運用大壯卦之外卦爲震之象與其代表之先天卦位之取象方法呈現。

2. 《焦氏易林‧大壯之離》云：「築室水上，危於一齒。丑寅不徙，辰巳有咎。」〔註59〕筮得本卦爲大壯卦▤▤，其卦之九二、上六之爻變成爲之卦離卦▤▤。離卦之旁通卦爲坎卦▤▤，坎卦之六三、六四與九五爻互體爲艮，艮爲室、爲築，又坎卦之內外卦均爲坎，坎爲水、爲危險，故云「築室水上，危於一齒」。坎卦之九二、六三與六四爻互體爲震，震之先天卦位居於丑寅，而丑寅位於東北方；又大壯卦之九三、九四與六五爻互體爲兌，兌居於先天方位之辰巳，故曰「丑寅不徙，辰巳有咎」。此卦「丑寅不徙」一句是以震位於丑寅之方，也就是先天卦位之東北方之概念呈現。

（六）巽居先天卦位之西南

1. 《焦氏易林‧泰之未濟》云：「實沉參墟，以義討尤。次止結盟，以成霸功。」〔註60〕筮得本卦爲泰卦▤▤，其卦之初九、九三、六四與上六之爻變成爲之卦未濟▤▤。泰卦旁通爲否卦▤▤，否卦之六二、六三與九四爻互體爲艮，艮爲星，又林辭當中提到「參」參市二十八星宿中的星名，而實沉屬於申次，都在西南方。未濟卦之外卦爲離，內卦爲坎，若是我們將未濟卦之初六與九二視爲巽之「半象」，而六三、九四與六五、上九爲另外兩個巽之「半象」，所以云「實沉」，又爲「參」以代表先天卦位之西南方。〔註61〕

2. 《焦氏易林‧臨之蠱》云：「火生月窟，下土恩塞，觝亂我國。」〔註62〕

〔註59〕《焦氏易林注‧大壯之離》，頁345。
〔註60〕《焦氏易林注‧泰之未濟》，頁122。
〔註61〕此卦林辭之解析參考自李周龍〈現存易林研究〉，頁191。
〔註62〕《焦氏易林注‧臨之蠱》，頁193。

筮得本卦爲臨卦䷒，其卦之初九、六三與上六之爻變成爲之卦蠱卦䷑。蠱卦內卦爲巽，臨卦之內卦爲兌，巽卦位於先天卦位之西南方、爲月窟，而兌爲月，又臨卦之九二爻與六三爻可視爲「離」之「半象」，離爲火，故云「火生月窟」。又蠱卦之內卦（下卦）加上六四之爻，可視爲坎之「大象」，坎爲土、爲塞，而臨之內卦爲兌，兌爲恩澤、爲羊，再者蠱卦之外卦爲艮，艮爲國、爲毀，故云「下土恩塞，觚亂我國」。此卦林辭之「火生月窟」一句，運用了巽卦代表先天卦位之西南方與臨卦之半象爲離的方式呈現。

3. 《焦氏易林・家人之解》云：「西賈巴蜀，寒雪至轂。欲前不得，反復其室。」〔註63〕筮得本卦家人䷤，其卦之初至上爻皆由陽變陰、陰變陽而成爲之卦解卦䷧，二卦彼此互爲旁通。家人卦之外卦爲巽，巽爲利市三倍，有賈之象。〔註64〕巽爲先天卦位之西南方，而巴蜀也恰好位於西南；又解卦之內卦爲坎，坎爲水、爲雪、爲轂，故云「西賈巴蜀，寒雪至轂」；再者坎爲陷，故不能前，坎又爲室；解卦之外卦爲震，震爲反，故云「欲前不得，反復其室」。此卦林辭之「西賈巴蜀」一句是以家人之外卦爲巽，巽居於先天卦位西南之方恰好與巴蜀地理位置相符，運用巽爲先天卦位西南方之概念呈現。

（七）艮居先天卦位之西北

1. 《焦氏易林・睽之晉》云：「鬬戰天門，身有何患。室家具在，不失其歡。」〔註65〕筮得本卦爲睽卦䷥，其初九與九二之爻變成爲之卦晉卦䷢。晉卦之外卦爲離，離爲戈兵；又晉卦之六二、六三與九四爻互體爲艮，內經有云：「戌亥爲天門」，艮居於先天卦位之西北，居戌亥爲天、爲門，〔註66〕又晉卦之內卦爲坤，坤爲身，故云「鬬戰天門，身有何患」；再者，晉卦之互體爲艮，艮爲家；睽卦之六三、九四與六五之爻互體爲坎卦，坎爲患、爲室，睽卦之內卦爲兌，兌爲歡，故云「室家具在，不失其歡」。

2. 《焦氏易林・革之賁》云：「亥午相錯，敗亂緒業，民不得作。」〔註67〕筮得本卦革卦䷰，其卦之九四、九五與上六之爻變而成爲之卦賁卦䷕。賁之內卦爲離，離爲午、爲敗亂；又賁卦之外卦爲艮，艮在先天之方位居於西北之

〔註63〕《焦氏易林注・家人之解》，頁377。
〔註64〕此意見見於《焦氏易林注・家人之解》，頁377。
〔註65〕《焦氏易林注・睽之晉》，頁385。
〔註66〕此意見見於《焦氏易林注・睽之晉》，頁385。
〔註67〕《焦氏易林注・革之賁》，頁487。

方，也就是居於亥；又革卦之六二、九三與九四爻互體爲巽卦，巽爲緒；再者，賁卦之六二、九三與六四爻互體爲坎，坎爲眾，故云「亥午相錯，敗亂緒業，民不得作」。此卦林辭之「亥午相錯」一句，運用賁卦之內外卦離、艮之象與艮居先天卦位之西北的象徵方法呈現。

3. 《焦氏易林・既濟之損》云：「天門地戶，幽冥不睹，不知所在。」〔註68〕筮得本卦爲既濟卦 ䷿，其卦之六二、九三、九五與上六之爻皆爻變成爲之卦損卦 ䷨。《乾鑿度》有以「戌亥爲天門」、「辰巳爲地戶」之觀念，〔註69〕而損卦之外卦爲艮，艮表天門，居於戌亥之方，也就是先天卦位西北之方；又損之內卦爲兌，兌爲地戶，故云「天門地互」。

4. 《焦氏易林・既濟之困》云：「辰次降婁，建星中堅。子無遠行，外顚霄陷，遂命訖終。」〔註70〕筮得本卦爲既濟卦 ䷿，其卦之初九至六四皆產生爻變而成爲之卦困卦 ䷮。所謂「降婁」是星次名，爲九月之辰次，「建星」是古星座名，在於黃道之北，與南斗六星同屬於「斗宿」；〔註71〕困卦旁通成爲賁卦 ䷕，賁卦之外卦爲艮，艮爲星、爲止，又艮居於先天卦位西北之方，也在亥之位，而「降婁」屬戌次，戌亥都在西北；再者，賁卦之九三、六四與六五之爻互體爲震，震爲子、爲動、爲行，故曰「辰次降婁，建星中堅。子無遠行」。

（八）兌居先天卦位之東南

1. 《焦氏易林・既濟之損》云：「天門地戶，幽冥不睹，不知所在。」〔註72〕筮得本卦爲既濟卦 ䷿，其卦之六二、九三、九五與上六之爻皆爻變成爲之卦損卦 ䷨。損卦之外卦爲艮，內卦爲兌，依照《乾鑿度》「戌亥爲天門」、「辰巳爲地戶」之觀念可知艮爲天門，屬戌亥；而兌爲地戶，屬辰巳，即位於先天卦位東南之方。

2. 《焦氏易林・大壯之離》云：「築室水上，危於一齒。丑寅不徙，辰巳有咎。」〔註73〕筮得本卦爲大壯卦 ䷡，其卦之九二、上六之爻變成爲之卦離

〔註68〕《焦氏易林注・既濟之損》，頁 614。

〔註69〕此意見參考自《焦氏易林注・既濟之損》，頁 614。

〔註70〕《焦氏易林注・既濟之困》，頁 614。

〔註71〕此意見參考自鄧球柏譯著《白話焦氏易林・既濟》，湖南，岳麓書社，西元 1996 年 10 月初版，頁 609。

〔註72〕《焦氏易林注・既濟之損》，頁 614。

〔註73〕《焦氏易林注・大壯之離》，頁 345。

卦 ䷌。離卦之九三、九四與六五爻互體成為兌，其六二、九三、九四與六五之爻可視為坎之「大象」，坎為陷阱、為險，又兌居於先天卦位之辰巳之方，也就是東南之方，故林辭云「辰巳有咎」。

三、《焦氏易林》運用先天八卦之卦數

（一）乾為一

1. 《焦氏易林・坤之夬》云：「一簧兩舌，佞言陷語。三奸成虎，曾母投杼。」〔註74〕筮得本卦為坤卦 ䷁，其卦之初六至六五之爻皆產生爻變而成為之卦夬卦 ䷪。夬卦之內卦為乾，乾在先天卦數中為一，又夬卦之外卦為兌，兌為口、為舌、為簧，而兌在先天卦數中為二；再者兌為澤、為口、為言，乾為天、為言，一為澤言、一為天言，一在地、一在天，大相逕庭，故云「一簧兩舌，佞言陷語」。夬卦旁通為剝卦 ䷖，剝卦之外卦為艮，艮為虎，其卦之內卦為坤，坤為奸，又剝卦除內卦為坤之外，其卦之六二、六三與六四爻互體為坤，六三、六四與六五爻也互體為坤，加上剝卦之內卦一共有三坤，故云：「三奸」，又剝卦坤卦相重，坤為母，故云「曾母」（曾，假借為層）。〔註75〕剝卦之外卦為艮，艮為小木、為杼，又艮手為投，故云「投杼」。此卦林辭之「一簧兩舌」一句以乾與兌之先天卦數，配合夬卦之內外卦之兌與乾之象為取象之方式加以呈現。

2. 《焦氏易林・剝之咸》云：「一人輦車，乘入虎家。王母貪饕，盜我犁牛。」〔註76〕筮得本掛為剝 ䷖，其卦之六三至上九之爻皆爻變成為之卦咸卦 ䷞。剝卦之內卦坤，坤為車、為輿，故云「輦車」，輦車是以人力推動之；又咸卦之九三、九四與九五之爻互體成為乾，在先天卦數之中，乾為一；再者，剝卦之外卦為艮，艮為家、為虎，而艮居於剝卦之外卦（上卦），故說「乘入虎家」。又坤為母、為牛、咸卦之外卦為兌，兌為口、為食，而剝卦之旁通卦為復卦 ䷗，復卦之內卦為震，震為王、為耕；再者，咸卦之六二、九三與九四爻互體為巽卦，巽為盜，故云「王母貪饕，盜我犁牛」。此卦林辭中「一人輦車」一句是運用剝卦內卦之坤象與咸卦之互體乾象與其先天卦數為一之概念加以呈現。

〔註74〕《焦氏易林注・坤之夬》，頁19。
〔註75〕此意見參考自《白話焦氏易林・坤之夬》，頁57。
〔註76〕《焦氏易林注・剝之咸》，頁193。

3. 《焦氏易林·恆之泰》云：「一身兩頭，近適二家，亂不可治。」〔註77〕筮得本卦爲恆卦䷟，其卦之初六與九四爻變成爲之卦泰卦䷊。泰卦之內卦爲乾，乾爲首、在先天卦數乾爲一；泰卦外卦爲坤，坤爲身，又泰卦之九二、九三與六四之爻互體爲兌，兌在先天卦數中爲二；再者恆卦旁通爲益卦䷩，其卦之六二、六三與九四之爻互體爲艮，艮爲家，故云「一身兩頭，近適二家」。此卦林辭之「一身兩頭」一句是以乾、兌之象與先天方位所代表之卦數的概念與方式呈現。

（二）兌為二

1. 《焦氏易林·比之損》云：「二人異路，東趨西步。千里之外，不知相處。」〔註78〕筮得本卦爲比卦䷇，其卦初六、六二、九五與上六之爻變而形成之卦損卦䷨。損卦之九二、六三與六四爻互體爲震，震爲人、爲路、爲趨、爲動、爲足、爲步，又損卦內卦爲兌，兌在先天之卦數爲二，故云「二人異路」。

2. 《焦氏易林·比之歸妹》云：「一身兩頭，莫適其軀。无見我心，亂不可治。」〔註79〕筮得本卦爲比卦䷇，其卦之初六、六二、六四與九五爻皆爻變成爲之卦歸妹䷵。比卦之外卦爲坎，坎爲頭、爲心、爲隱，又比卦之六三、六四與九五爻互體爲艮，艮爲身；又歸妹卦之內卦爲兌，兌在先天卦數中爲二，再者，歸妹之九二、六三與九四爻互體爲離，離爲虛、爲亂，故云「一身兩頭，莫適其軀。无見我心，亂不可治」此卦林辭之中「一身兩頭」一句，運用比卦之外卦象坎、互體象艮與歸妹內卦象兌之先天卦數加以解析與呈現。

3. 《焦氏易林·小畜之節》云：「兩人相距，止不同舍。夫妻離散，衛侯失居。」〔註80〕筮得本卦爲小畜卦䷈，其卦之九三與上九爻變成爲之卦節卦䷻。節卦之六三、六四與九五之爻互體爲艮，又九二、六三與六四爻互體爲震，震又可視爲「反艮」，因此節卦之互體爲正、反之艮，又艮爲手、爲止，因此兩手相距爲抗距之象。節卦之內卦爲兌，兌在先天八卦之卦數爲二，亦又兩人之象。小畜卦之外卦爲巽，節卦之互體爲震，震爲夫、爲王、爲侯、巽爲妻，再者小畜卦之九三、六四與九五爻互體爲離，離爲虛、爲散，而節

〔註77〕《焦氏易林注·恆之泰》，頁319。
〔註78〕《焦氏易林注·比之損》，頁86。
〔註79〕《焦氏易林注·比之歸妹》，頁88。
〔註80〕《焦氏易林注·小畜之節》，頁101。

卦之外卦爲坎，坎爲險、爲陷，因此林辭云「兩人相距，止不同舍。夫妻離散，衛侯失居」。此卦林辭中「兩人相距」一句，運用節卦互體之正反艮象與節卦內卦艮之先天卦數的概念與方式呈現。

4.《焦氏易林・夬之大壯》云：「四足俱走，奴疲在後。兩戰不勝，敗於東楚。」〔註81〕筮得本卦爲夬卦☰☱，其卦之九五爻變成爲之卦大壯☳☰。大壯卦之外卦爲震，震爲動、爲足，又震之先天卦數爲四，故云「四足」；夬卦之旁通爲剝卦☶☷，剝卦之外卦爲艮，艮爲奴，又艮象相對於夬卦而言是「伏象」，故言「在後」。又大壯卦之外卦震，震爲鼓，引申有戰爭之意、又震爲東、爲楚，夬卦之外卦爲兌，兌於先天卦數中爲二，故云「兩戰不勝，敗於東楚」。此卦林辭中「兩戰不勝」一句，運用大壯之外卦震象與夬卦外卦兌之先天卦數之方式來加以說解。

（三）離為三

1.《焦氏易林・同人之大有》云：「三翼飛來，是我逢時。俱行先至，多得大利。」〔註82〕筮得本卦同人☰☲，其卦之六二與九五爻變成爲之卦大有☲☰。同人卦之內卦與大有卦之外卦皆爲離，離在先天卦數中爲三，離爲飛、爲翼。又大有卦旁通爲比卦☵☷，比卦之六三、六四與九五爻互體爲艮，艮爲時，比卦之內卦爲坤，坤爲我、爲利；又同人卦之外卦與大有卦之內卦爲乾，乾爲天、爲先，故云「三翼飛來，是我逢時。俱行先至，多得大利」。此卦林辭中「三翼飛來」一句運用乾之象與離之先天卦數及其象徵意義來加以說明呈現。

2.《焦氏易林・臨之同人》云：「管鮑相知，至德不離。三言相桓，齊國以安。」〔註83〕筮得本卦爲臨卦☷☱，其卦之九二至上六爻皆產生爻變而形成之卦大有☲☰。此卦林辭言及春秋時期管仲與鮑叔牙相知相惜之事；臨卦之內卦爲兌，兌爲口、爲言，又大有卦之內卦爲離，離爲先天卦數之數三，再加上配合史實記載，故林辭曰「三言相桓」。

3.《焦氏易林・臨之大有》云：「三十无室，長女獨宿。心勞未得，憂在胸臆。」筮得本卦爲臨卦☷☱，其卦之六三、六四與上六之爻變成爲之卦大有卦☲☰。臨卦之外卦爲坤，坤爲地，依《周易・繫辭傳》有云：「天一、

〔註81〕《焦氏易林注・夬之大壯》，頁431。
〔註82〕《焦氏易林注・同人之大有》，頁134。
〔註83〕《焦氏易林注・臨之同人》，頁192。

地二……天九、地十」，故地之成數爲十；又大有卦之外卦爲離，離是先天卦數爲三，再者，臨卦與大有卦皆不見艮象，於此不見艮則不見門，不見門則無室，〔註84〕故林辭云：「三十无室」。

4. 《焦氏易林‧噬嗑之需》云：「日月相望，光明盛昌。三聖茂功，仁德大隆。」〔註85〕筮得本卦爲噬嗑卦䷔，其卦之六二至上九之爻皆產生爻變而形成之卦需卦䷄。需卦之外卦爲坎，噬嗑卦之外卦爲離，依先天卦位而言，離在東、坎在西、離爲月、坎爲日，彼此兩兩相望，故云「日月相望」。又離之先天卦數爲三、離又爲火、爲光明，坎爲聖，而需卦之內卦爲乾，乾爲天、爲王、爲君、爲德、爲隆，因此才說「光明盛昌。三聖茂功，仁德大隆」。此卦林辭中「三聖茂功」運用噬嗑卦外卦離之象及其先天卦數、需卦內卦乾象彼此相互搭配的方式說明呈現。

5. 《焦氏易林‧夬之睽》云：「三羊上山，馳至大原。黃龍負舟，遂到夷陽，究其玉囊。」〔註86〕筮得本卦爲夬卦䷪，其卦之九三、九五與上六之爻變形成之卦睽卦䷥。夬卦之外卦爲兌，兌爲羊，睽卦之外卦爲離，離在先天卦數中爲三，又夬卦旁通剝卦䷖，剝卦之外卦爲艮，艮爲山，故林辭才云「三羊上山」。

（四）震為四

1. 《焦氏易林‧小畜之損》云：「身載百里，功加四海。爲文開基，武立天柱。」〔註87〕筮得本卦爲小畜卦䷈，其卦之九三與六五爻變成爲之卦損卦䷨。損卦之六三至六五爻互體爲坤，坤爲身、爲載爲百里。又損卦之九二、六三與六四爻互體爲震，震爲功，其先天之卦數爲四；而損卦旁通爲咸卦䷞，此卦之六二至上六爻可視爲大象「坎卦」，坎爲水，有「海」之象，故云「身載百里，功加四海」。損卦之內卦爲乾，乾爲天、爲大；損卦之互體震有動、爲武；損卦之旁通咸卦之內卦爲艮，艮爲柱、爲基，又損卦之互體坤爲文，故云「爲文開基，武立天柱」。此卦林辭中「功加四海」一句，運用損卦之互體震之象與其先天卦數、損卦之旁通咸卦與其大象坎之概念與方式呈現此句林辭之意義。

〔註84〕此意見見於李周龍〈現存易林研究〉頁195。
〔註85〕《焦氏易林注‧噬嗑之需》，頁210。
〔註86〕《焦氏易林注‧夬之睽》，頁432。
〔註87〕《焦氏易林注‧小畜之損》，頁97。

2. 《焦氏易林‧同人之革》云:「山陵四塞,遏我徑路。欲前不得,復還故處。」〔註88〕筮得本卦爲同人卦☲☰,其卦之上九爻變而形成之卦革卦☱☲。革卦旁通爲蒙卦☶☵,蒙卦之外卦爲艮,艮爲山、爲徑路、爲止、爲遏;又蒙卦之內卦爲坎,坎爲陷、爲塞;再者,蒙卦之九二、六三與六四爻互體爲震,震之先天卦數爲四,故最後林辭云「山陵四塞,遏我徑路。欲前不得」。此卦林辭之「山陵四塞」一句,是以革卦通蒙,並用蒙之互體震象、其先天卦數與外艮內坎之象的方式呈現。

3. 《焦氏易林‧觀之小過》云:「四亂不安,東西爲患。退身止足,无出邦域,乃得完全,賴其生福。」〔註89〕筮得本卦觀卦☴☷,其卦之六三至上九之爻皆爻變而形成之卦小過卦☳☶。小過卦之外卦爲震,震之先天卦數爲四,又小過卦之九三、九四與六五爻互體爲兌,兌爲毀,震東兌西;又小過卦之六二至六五爻可視爲大象「坎」,坎爲患,故云「四亂不安,東西爲患」。小過卦之內卦爲艮,艮爲身、爲邦域、爲止,又居於內(下),外卦震爲足、爲生、爲福,故林辭云「退身止足,无出邦域,乃得完全,賴其生福」。此卦林辭中「四亂不安」一句,是以小過卦之外震與其先天卦數配合互體兌象的方式加以呈現。

4. 《焦氏易林‧剝之解》云:「四馬共猿,東上泰山。騄驪同力,无有重難,與君笑言。」〔註90〕筮得本卦剝卦☶☷,其卦之六二、六四與上九爻產生爻變而形成之卦解卦☳☵。解卦之外卦爲震,震爲足、爲馬、爲騄驪、爲君,震之先天卦數爲四,又解卦之六三、九四與六五爻互體爲坎,坎爲猿,故林辭云「四馬共猿,東上泰山。騄驪同力,无有重難,與君笑言」。此卦林辭中「四馬共猿」一句是以解卦之外震之象與其先天卦數及互體坎象來加以說明解析。

5. 《焦氏易林‧夬之大壯》云:「四足俱走,奴疲在後。兩戰不勝,敗於東楚。」〔註91〕筮得本卦爲夬卦☱☰,其卦之九五爻變成爲之卦大壯☳☰。大壯卦之外卦爲震,震爲動、爲足,又震之先天卦數爲四,故云「四足俱走」。

(五)巽为五

1. 《焦氏易林‧需之蒙》云:「三塗五岳,陽城太室。神明所伏,獨无兵

〔註88〕《焦氏易林注‧同人之革》,頁139。
〔註89〕《焦氏易林注‧觀之小過》,頁208。
〔註90〕《焦氏易林注‧剝之解》,頁234。
〔註91〕《焦氏易林注‧夬之大壯》,頁431。

革。」〔註92〕筮得本卦爲需卦䷄，其卦之之初九、九三、九五與上六之爻皆產生爻變而形成之卦蒙卦䷃。蒙卦之外卦爲艮，艮爲山、爲兵刃；又蒙卦旁通爲革卦䷰，革卦之六二、九三與九四爻互體爲巽，巽之先天卦數爲五；革卦之內卦爲離，離爲虛，又離之先天數爲三，再者，蒙卦之九二、六三與六四爻互體爲震，震爲神明，蒙卦之內卦爲坎，坎爲伏，故林辭云：「三塗五岳，陽城太室。神明所伏，獨无兵革」。此卦林辭之「三塗五岳」運用蒙卦之外艮象、旁通爲革卦之互體巽之象及其先天卦數等方式與概念呈現。

2. 《焦氏易林·師之大畜》云：「三人俱行，別離獨宿，一身五心，反覆迷惑，亂无所得。」筮得本卦爲師卦䷆，其卦之初六、六三與上六爻變成爲之卦大畜卦䷙。師卦之九三、六四與六五爻互體爲震，震爲動、爲行、爲人，又大畜卦之九三至上九四爻可視爲大象「離」，離之先天卦數爲三，故云「三人俱行」。大畜卦之內卦爲乾，乾之先天卦數爲一，外卦爲艮，艮爲止、爲宿，故云「別離獨宿」。師卦之外卦爲坤，坤爲身、又大畜卦旁通爲萃卦䷬，萃卦之六三、九四與九五爻互體爲巽，巽之先天卦數爲五，又師卦之內卦爲坎，坎爲心，大畜卦之內卦乾，乾之先天數爲一，故林辭才云「一身五心」。

3. 《焦氏易林·師之解》云：「三德五才，和合四時。陰陽順序，國无咎災。」〔註93〕筮得本卦爲師卦䷆，其卦六四爻變而形成之卦解卦䷧。師卦旁通爲同人卦䷌，同人之內卦爲離，此卦之六二、九三與九四之爻互體爲巽，巽爲木，其先天卦數爲五，離之先天卦數爲三，又解卦之內卦爲坎，坎爲和合，師卦之九二、六三與六四爻互體爲震，震之先天卦數爲四，故云「三德五才，和合四時」。

4. 《焦氏易林·同人之蒙》云：「三殺五羘，相隨俱行。迷人空澤，經涉六駁，爲所傷賊。」〔註94〕筮得本卦爲同人卦䷌，其卦之初九至六五爻皆產生爻變而形成之卦蒙卦䷃。蒙卦旁通爲革卦䷰，革卦之外卦爲兌，兌爲羘，故曰殺、曰羊。同人卦之內卦爲離，離先天卦數爲三，又同人之六二、九三與九五爻互體爲巽，巽之先天卦數爲五，故林辭云「三殺五羘」。

5. 《焦氏易林·大壯之觀》云：「纓急縮頸，行不得前。五石示象，襄霸不成。」筮得本卦爲大壯卦䷡，其卦剛好與觀卦䷓互爲相錯旁通。觀卦之

〔註92〕《焦氏易林注·需之蒙》，頁47。
〔註93〕《焦氏易林注·師之解》，頁75。
〔註94〕《焦氏易林注·同人之蒙》，頁132。

外卦爲巽，巽爲繩、爲纓，巽爲躁、爲急、爲退、爲縮。觀卦之六三、六四與九五爻互體爲艮，艮爲頸；又大壯卦之外卦爲震，震爲行，由大壯卦變成之卦觀卦，成爲六三、六四與九五爻之艮象（覆震之象）故林辭云「纓急縮頸，行不得前」。觀卦之外卦巽爲先天卦數五，又觀卦之互體艮爲石，大壯之外卦震爲君、爲霸，又因本卦大壯卦之震象至之卦觀卦爲艮象（覆震之象）故林辭云「五石示象，襄霸不成」。此卦林辭中「五石示象」一句運用觀卦之互體艮象、外卦巽象及其先天卦數之概念加以說明解釋。

（六）坎為六

1. 《焦氏易林・蠱之旅》云：「南山黃竹，三身六目。出入制命，東里宣政。主尊君安，鄭國无患。」〔註 95〕筮得本卦爲蠱卦 ䷑，其卦之九二與六四爻變而形成之卦旅卦 ䷷。旅卦之外卦爲離，離爲目、其先天卦數爲三，旅卦之內卦爲艮，艮爲山；又蠱卦之九三、六四與六五爻互體爲震，震爲竹、爲黃；再者旅卦旁通爲節卦 ䷻，節卦之外卦爲坎，坎之先天數爲六，故林辭云「南山黃竹，三身六目」。蠱卦之內卦爲巽，巽爲命、爲入，而蠱卦之互體爲震，震爲出、爲東、爲君上、爲尊，旅卦之旁通爲節卦外卦坎，坎爲險、爲陷、爲患，再者旅卦之內卦艮，艮爲國、爲里、爲安，故林辭說「出入制命，東里宣政。主尊君安，鄭國无患」。此卦林辭中「三身六目」一句是運用旅卦之外卦離象、及其先天卦數與節卦之外卦坎之先天卦數的概念加以呈現。

2. 《焦氏易林・臨之師》云：「六人俱行，各遺其囊。鴻鵠失珠，无以爲明。」〔註96〕筮得本卦爲臨卦 ䷒，其卦之初九變爲初六而形成之卦師卦 ䷆。臨卦之九二、六三與六四爻互體爲震，震爲人、爲動、爲足，臨卦之外卦爲坤，坤爲亡、爲囊，又師卦之內卦爲坎，坎之先天卦數爲六，故云「六人俱行，各遺其囊」。臨卦之互體爲震，震爲鴻鵠、爲珠，師卦之外卦爲坤，坤爲失；又師卦旁通爲同人卦 ䷌，同人之內卦爲離，離爲火、爲明，又此離之象相對於師卦之伏象，是謂「無明」，因而林辭云「鴻鵠失珠，无以爲明」。此卦之「六人俱行」一句，運用臨卦之互體震象與師卦之內卦坎之先天卦數彼此配合交互說明意義。

3. 《焦氏易林・大過之需》云：「大樹之子，百條共母。當夏六月，枝

〔註95〕《焦氏易林注・蠱之旅》，頁 188。
〔註96〕《焦氏易林注・臨之師》，頁 191。

葉盛茂。鸞鳳以庇，召伯避暑。」〔註97〕筮得本卦爲大過卦☷，其卦之初六與六四爻變而形成之卦需卦☵。大過卦之內卦爲巽，巽爲木、爲樹、爲條、爲母，又大過卦旁通爲頤卦☷，此卦之內卦爲震，震爲子，此卦互體爲坤卦，坤爲母，故云「大樹之子，百條共母」。需卦之外卦爲坎，坎爲月，其先天卦數爲六，又大過之內巽爲葉、互體乾象爲茂盛，故云「當夏六月，枝葉盛茂」。大過旁通卦頤之互體爲坤，坤爲鸞鳳，故云「鸞鳳以庇」。此卦林辭中「當夏六月」一句運用需卦之外坎之象與其先天卦數之概念加以說明呈現。

4. 《焦氏易林・遯之師》云：「堅固相親，日篤无患。六體不易，執以安全。雨師駕西，濡我轂輪。張伯李季，各坐關門。」〔註98〕筮得本卦爲遯卦☶，其卦之六二至上九爻皆產生爻變而形成之卦師卦☷。師卦之內卦爲坎，坎爲堅固、爲患；師卦之外卦爲坤，坤爲順、爲厚，故云「堅固相親，日篤无患」。師卦之內卦爲坎，坎爲水、爲雨，又坎之先天數爲六，師卦外卦爲坤，坤爲身、爲安、爲濡；再者遯卦之內卦爲艮，艮爲坐、爲閉，師卦之九二、六三與六四爻互體爲震，震爲伯、爲季、爲李，最後故云「六體不易，執以安全。雨師駕西，濡我轂輪。張伯李季，各坐關門」。此卦林辭中「六體不易」一句運用師卦之外坤與內坎之先天卦數之概念來加以說明呈現。

5. 《焦氏易林・睽之蹇》云：「東入海口，循流北走。一高一下，五邑无主。十日六夜，死於水涘。」〔註99〕筮得本卦爲睽卦☲與蹇卦☵恰好六爻相錯，互爲旁通之卦。睽卦之外卦離，離爲先天卦位之東方，睽卦內卦爲兌，兌爲口，又蹇卦之外卦爲坎，坎爲水、爲海、爲流，而蹇卦之六二至上六五爻有二個坎相重之象，故云「東入海口，循流北走」。蹇卦之外坎內艮之象，是坎居上、艮居下，又此卦爲一陰爻、一陽爻交錯而成，故曰「一高一下」。蹇卦之內卦艮，艮爲邑，又此卦之九三與六四爻可視爲震之「半象」，震爲主，但是震爲不完全之象，故云「五邑无主」。蹇卦之外卦坎，坎爲月，爲夜，其先天卦數爲六，再者睽卦之外卦爲離，離爲日，其先天卦數三，蹇卦內艮，艮之先天數爲七，二者相加等於十，故林辭云「十日六夜」。

6. 《焦氏易林・中孚之明夷》云：「爭利王市，朝多君子。蘇氏六國，獲

〔註97〕此文節錄於《焦氏易林注・大過之需》，頁279。
〔註98〕《焦氏易林注・遯之師》，頁330。
〔註99〕《焦氏易林注・睽之蹇》，頁386。

其榮寵。〔註100〕」筮得本卦爲中孚卦▅▅，其卦之九二、六三、九五與上九爻皆爻變形成之卦明夷卦▅▅。中孚卦之外卦爲巽，巽爲利，此卦之九二、六三與六四爻互體爲震，震爲君子、爲王，又明夷卦之外卦爲坤，坤爲國、爲邑，故云「爭利王市，朝多君子」。明夷卦之六二、九三與六四爻互體爲坎，坎爲先天卦數六，此卦之外坤爲邑、爲國，故林辭云「蘇氏六國」。

（七）艮爲七

1. 《焦氏易林·頤之艮》云：「據斗運樞，順天无憂，與樂並居。」〔註101〕筮得本卦爲頤卦▅▅，其卦之初九與六三爻變而形成之卦艮卦▅▅。艮爲星，其先天卦數爲七，又林辭所謂「斗」是北方宿之七星，頤卦之六二至六五爻互體爲坤，坤爲順，其先天卦位居於北方，而此卦之內卦爲震，震爲樂、爲動，故林辭才云「據斗運樞，順天无憂，與樂並居」。此卦林辭中「據斗運樞」運用頤卦外艮之象與其先天卦數之概念作爲解釋說明的方式。

2. 《焦氏易林·升之臨》云：「據斗運樞，高步六虛。權既在手，寰宇可驅。國大无憂，與樂並居。」〔註102〕筮得本卦升卦▅▅，其卦之初六、九三爻變而形成之卦臨卦▅▅。臨卦旁通爲遯卦▅▅，遯卦之內卦爲艮，艮爲星、爲斗、其先天卦數七，又爲手，再者升卦之九三、六四與六五爻互體爲震，震爲步、爲動、爲樂，此卦之外卦爲坤，坤之先天卦位居於北方，坤也爲國、爲邦、爲寰宇、爲虛（《周易·繫辭傳》有云：「變動不拘，周流六虛」。）最後林辭才云「據斗運樞，高步六虛。權既在手，寰宇可驅。國大无憂，與樂並居」。此卦林辭中「據斗運樞」一句，運用臨卦之旁通遯之內艮爲星、爲斗與其先天卦數爲七，配合升卦之互體震與外坤之象，彼此交互說明與解析。

3. 《焦氏易林·中孚之觀》云：「鳳生七子，同巢共乳，歡悅相保。」〔註103〕筮得本卦爲中孚卦▅▅，其卦之初九與九二爻陽變陰而形成之卦觀卦▅▅。觀卦之內卦爲坤，坤爲鳳，中孚卦之九二、六三與六四爻互體爲震，震爲子、爲歡，又觀卦之六三、六四與九五爻互體爲艮，艮爲巢、爲乳，其先天卦數爲七，最後林辭云「鳳生七子，同巢共乳，歡悅相保」。此卦林辭中「鳳生七子」一句，運用觀卦內坤象、互體艮象及其先天卦數與中孚卦之互

〔註100〕《焦氏易林注·中孚之明夷》，頁 569。
〔註101〕《焦氏易林注·頤之艮》，頁 276。
〔註102〕《焦氏易林注·升之臨》，頁 456。
〔註103〕《焦氏易林注·中孚之觀》，頁 594。

體震象，三者交互補充說明並加以解析。

（八）坤為八

1. 《焦氏易林‧臨之遯》云：「八百諸侯，不期同時。慕西文德，興我宗族，家門雍睦。」〔註104〕筮得本卦為臨卦 ䷒，其之卦遯 ䷠ 恰好二者彼此相錯為旁通之卦。遯卦之外卦為乾，乾為百，臨卦之九二、六三與六四爻互體為震，震為諸侯，此卦之外卦為坤為順，其先天卦數為八，故云「八百諸侯」。遯卦之內卦為艮，艮為時，此卦之外乾為宗，臨卦之外坤為文、文門、為族，故林辭云「慕西文德，興我宗族，家門雍睦」。此卦林辭中「八百諸侯」一句運用臨卦互體震象、外卦坤象及其先天卦數之觀念呈現。

2. 《焦氏易林‧遯之姤》云：「陳媯敬仲，兆興齊姜。乃適營丘，八世大昌。」〔註105〕筮得本卦為遯卦 ䷠，其卦之六二爻陰變陽爻而形成之卦姤卦 ䷫。姤卦六爻相錯旁通為復卦 ䷗，此卦之外卦為坤，其先天卦數為八，又復卦之內卦為震，震為長男，為昌盛，故林辭云「八世大昌」。

3. 《焦氏易林‧兌之剝》云：「乘輿八百，以明文德。踐土葵丘，齊晉受福。」〔註106〕筮得本卦為兌卦 ䷹，其卦除了六三爻不變之外，其餘諸爻都產生爻變而形成之卦剝卦 ䷖。兌卦之九二、六三與六四爻互體為離，離為明，又剝卦之內卦為坤，坤為大輿、為文，又其先天卦數為八，故林辭云「乘輿八百，以明文德」。

四、本節小結

本節所舉出《焦氏易林》之實例之中，分別按照乾南、坤北、離東、坎西、震東北、巽西南、艮西北、兌東南之先天八卦方位與乾一、兌二、離三、震四、巽五、坎六、艮七、坤八的先天卦數之次序，一一舉實例說明解析；由以上之探討我們清楚可知，無論是先天方位或是卦數在《焦氏易林》一書中都有數例以上，絕非孤證或是偶然巧合，而是焦延壽有系統地運用這些觀念，並以林辭加以呈現，故先天卦位與卦數的產生不必至北宋陳摶畫伏羲八卦始有，早在西漢焦延壽之《焦氏易林》一書之中已清析可見。

〔註104〕《焦氏易林注‧臨之遯》，頁 194。
〔註105〕《焦氏易林注‧遯之姤》，頁 336。
〔註106〕《焦氏易林注‧兌之剝》，頁 569。

第三節　運用「互體」之概念

一、「互體」之定義

所謂「互體」是說明一卦六爻之中，取其三到五爻爲上卦，取二到四爻爲下卦，產生另一新的卦象；而構成互體六爻當中之二、三、四、五爻，二爻居於下卦（內卦）之中位，五爻居於上卦（外卦）之中位，三爻、四爻居於互體之中位，也就是若六爻之中以三至五爻形成互體，則以四爻爲中位，若是二到四爻形成互體，則以三爻爲中位，因此自二至五爻居於初爻及上爻兩爻之中，因而統稱中爻，許多易學之著述也把互體稱爲「中爻」。

二、「互體」之溯源

史上最早以「互體」之概念解《易》者，應是《左傳》，而尙秉和於《焦氏易詁》一書中也是持相同的看法：「言互卦最古者，莫過於《左傳》。《左傳》陳厲公筮敬仲，遇觀之否。」以下茲將尙秉和提及《左傳》「陳厲公筮敬仲」一事原文錄於下，並加以解析：

> 陳厲公……生敬仲。其少也，周史有以《周易》見陳侯者，陳侯使筮之，遇觀䷓之否䷋，曰：「是謂『觀國之光，利用賓于王。』此其代陳有國乎？不在此，其在異國；非此其身，在其子孫。光，遠而自他有耀者也。坤，土也；巽，風也；乾，天也。風爲天於土上，山也。有山之材，而照之以天光，於是乎居土上，故曰『觀國之光，利用賓于王』。庭實旅百，奉之以玉帛，天地之美具焉，故曰『利用賓于王』。猶有觀焉，故曰其在後乎！風行而著於土，故曰其在異國乎！若在異國，必姜姓也。姜，大嶽之後也。山嶽則配天。物莫能兩大。陳衰，此其昌乎！」及陳之初亡也，陳桓子始大於齊；其後亡也，成子得政。〔註107〕

《左傳》當中記載，周史爲敬仲占卜，筮得「遇觀之否」的結果，原來本卦爲觀卦，而本卦第四爻由陰轉陽，變成了否卦；接著周史運用《周易·觀》六四爻辭輔助說明本卦第四爻之義：「觀國之光，利用賓于王」六四在於觀卦而言是柔順得正之位，親比九五，猶如賢君觀光於盛治之國，故稱利於成爲

〔註107〕此文節錄自《春秋左傳注·莊公二十二年》（上冊），頁222～224。

君王的座上賓，即言可以效用於賢君。〔註108〕這是描繪出一幅國家大治，前途一片光明燦爛之景。再者觀卦☴☷與否卦☰☷下皆爲坤，其上卦一爲巽、一爲乾，而周史云：「坤，土也；巽，風也；乾，天也。風爲天於土上。」觀之否則是象徵原本爲土上之風，變成了否卦土上之天；接下來周史又云：「山也。有山之材，而照之以天光，於是乎居土上」杜預注云：「自二至四有艮象，互爲山」否卦六二、六三、九四形成了艮，而艮以《周易·說卦傳》而言是指山，這就是利用了「互體」的概念輔助解析卦象的實例。其實不僅只有否卦互卦後有艮象的出現，在觀卦的六三、六四、九五也形成了艮象。由左傳之記載與杜預之注所云，我們可以得知在春秋時人斷卦時，就已經運用了「互體」這樣的概念。

除了《左傳》運用「互體」之概念，在〈彖傳〉、〈大象傳〉也有「互體」的方法說易；例如：（一）履卦☱☰，其〈彖傳〉有云：「履，柔履剛也……剛中正，履帝位而不疚，光明也。」〔註109〕履卦九五之爻居於正位，陽剛者居中守正，位居上位而行爲無瑕疵，因而顯現道德之光；履卦之二至四爻之互體成爲離，離爲火，又有光明之意思，因此〈彖傳〉才說有「光明」之意。（二）需卦☵☰，其〈彖傳〉云：「需，有孚，光亨，貞吉，位乎天位。」〔註110〕需待，心懷誠信，光明亨通，守持正固可獲吉祥；需卦之三爻至五爻互體形成離之象，離爲光明，而〈彖傳〉才說有「光亨」之意。（三）隨卦☱☳，其〈大象傳〉曰：「澤中有雷，隨；君子以嚮晦入宴息。」〔註111〕大澤當中響著雷聲，象徵「隨從」之意，君子隨著作息之規律，於向晚時分入室休息。隨卦之第三爻至五爻互體爲巽，依〈說卦傳〉可知巽有「入」之意；第二爻至四爻互體爲艮，艮爲止，有「止息」之意，兩者合而觀之可得〈大象傳〉所云「君子以嚮晦入宴息」之意義。（四）《周易·謙》九三爻辭云：「勞謙，君子有終，吉。」〔註112〕此段爻辭說明勤勞謙虛，君子謙沖自牧可獲吉祥。謙卦☷☶之六二、九三與六四之爻互體爲坎卦，依〈說卦傳〉可知坎爲勞，在謙卦當中就是運用「互體」坎卦之象來說解爻辭。（五）《周

〔註108〕有關六四爻辭解釋參考自此意見參考自張善文·黃壽祺《周易譯注·觀》台北，頂淵文化事業有限公司，西元2002年十二月初版二刷，頁176。

〔註109〕此文節錄自《十三經注疏》冊1《周易·履》卷二，頁40。

〔註110〕《十三經注疏》冊1《周易·需》卷二，頁32。

〔註111〕《十三經注疏》冊1《周易·隨》卷二，頁56。

〔註112〕《十三經注疏》冊1《周易·謙》卷二，頁48。

易‧豫》六二爻辭云：「介于石，不終日，貞吉。」〔註113〕耿介如石，不以荒淫渡日可獲吉祥。豫卦䷏之六二、六三與九四之爻互體形成艮卦，依〈說卦傳〉可知艮爲石，因此豫卦是運用「互體」形成艮卦之象解釋爻辭，才出現「介于石」之文辭。(六)《周易‧小畜》九三爻辭云：「夫妻反目」〔註114〕，小畜卦䷈之九三、六四與九五之爻互體爲離卦，依〈說卦傳〉可知離爲目，故小畜卦之爻辭運用了「互體」之離卦之象說解爻辭。(七)《周易‧賁》六四爻辭云：「賁如，皤如，白馬翰如。」〔註115〕賁卦䷕之九三、六四與六五之爻互爲震卦，依〈說卦傳〉可知震爲馬，賁卦運用了互體震卦之象徵意義來說解爻辭。焦延壽承繼《左傳》與《周易》應用「互體」之方法，大量使用於《焦氏易林》之中，以下茲將舉證實例加以說明。

三、《焦氏易林》運用「互體」之法

(一)《焦氏易林‧坤之離》云：「齊魯爭言，戰於龍門。構怨連禍，三世不安。」〔註116〕筮得本卦爲坤卦䷁，其卦之初六、六三、六四與上六之爻產生爻變而形成之卦離卦䷝。離卦之六二、九三與九四爻互體爲巽，〈說卦傳〉有云：「齊乎巽」，巽有齊之象，離卦之九三至六五爻互體爲兌，〈說卦傳〉又云：「兌，……其於地也，爲剛魯」，兌有魯之象，又離卦之六二至六五爻可視爲「正反兌象」，又兌爲言，故云「齊魯爭言」。離卦旁通爲坎卦䷜，此卦之九二、六三與六四爻互體爲震，震爲戰、爲龍，又坎卦之六三至九五爻互體爲艮，艮爲門，故云「戰於龍門」。離之旁通坎卦，坎爲憂、爲怨、爲心、爲災禍，又離爲戈兵、其先天卦數爲三，故云「構怨連禍，三世不安」。此卦林辭中，運用離之互體巽象、兌象；坎之互體震象、艮象來加以解釋林辭。

(二)《焦氏易林‧小畜之賁》云：「駕福乘喜，東至嘉國。戴慶南行，移居安宅。」〔註117〕筮得本卦爲小畜䷈，其卦之九二與九五爻變而形成之卦賁卦䷕。賁卦之九三、六四與六五爻互體爲震卦，震爲駕、爲乘、爲福、爲喜、爲嘉、爲慶、爲行，又小畜卦之九三、六四與九五爻互體爲離，離之先天卦位爲東，再者，賁卦之外卦爲艮，艮爲宅、爲安、爲居、爲國，小畜卦

〔註113〕《十三經注疏》冊1《周易‧豫》卷二，頁49。
〔註114〕《十三經注疏》冊1《周易‧小畜》卷二，頁39。
〔註115〕《十三經注疏》冊1《周易‧賁》卷三，頁63。
〔註116〕《焦氏易林注‧坤之離》，頁17。
〔註117〕《焦氏易林注‧小畜之賁》，頁94。

之內卦爲乾，乾位於先天卦位之南，故此卦林辭云「駕福乘喜，東至嘉國。戴慶南行，移居安宅」。此卦林辭中，凡駕、乘、福、喜、嘉、慶、行、東等象，取自賁卦之互體震象與小畜卦之互體離象而來。

（三）《焦氏易林·小畜之震》云：「鳥庇茂木，心樂願得，君子碌碌，見者有谷。」〔註118〕筮得本卦爲小畜☲☴，其卦之九三至上九爻皆產生爻變而形成之卦震卦☳☳。震卦之六二、六三與九四爻互體爲艮，艮爲鳥、爲止，故爲碌碌、又爲庇，又小畜卦之外卦爲巽，巽爲木，震卦之內外震爲樂，故林辭云「鳥庇茂木，心樂願得」。震爲谷、爲善，又震卦之六三、九四與六五互體爲坎，坎爲心，而小畜之互體離象，離爲目、爲見，故云「君子碌碌，見者有谷」。此卦林辭中，凡鳥、碌、庇、樂、心之象，都是取自震之互體艮象、坎象而來。

（四）《焦氏易林·履之坤》云：「循河榜舟，旁淮東游。漁父舉網，先得大鮦。」〔註119〕

筮得本卦爲履卦☱☰，此卦除了六三爻不變之外，其餘諸爻皆由陽爻變陰爻而形成之卦坤卦☷☷。履卦旁通爲謙卦☷☶，此卦之六二、九三與六四爻互體爲坎卦，坎爲水、爲河、爲淮，又此卦之九三、六四與六五爻互體爲震，震爲舟，再者，履卦之九二、六三與九四爻互體爲離卦，離先天卦位爲東，故林辭云「循河榜舟，旁淮東游」。履卦旁通爲謙卦，謙卦之外卦爲坤，坤爲眾、爲聚、爲漁、爲鮦，謙卦之內卦爲艮，艮爲手、爲舉，又履卦之外卦爲乾，乾爲父，此卦之互體爲離，離爲網，故最後林辭云「漁父舉網，先得大鮦」此卦林辭中，凡河、淮、舟、舉之象，取象於履卦旁通之謙卦互體震、內卦艮之象而來。

（五）《焦氏易林·履之謙》云：「雨潦集降，河渠不通。齊魯閉塞，破費市空。」〔註120〕筮得本卦爲履卦☷☰與謙卦☷☶互爲旁通之卦。謙卦之六二、九三與六四爻互體爲坎，坎爲塞、爲水、爲河、爲渠，故云「雨潦集降，河渠不通」。履卦之六三、九四與九五爻互體爲巽，巽爲齊、爲市，又履卦之內卦爲兌，兌爲魯，謙卦之互體爲坎，坎爲險、爲破，再者謙卦之外卦爲坤，坤爲虛，故林辭云「齊魯閉塞，破費市空」。此卦林辭中，凡塞、河、渠、齊、市、破等象，都是取自於謙卦互體坎象而來。

〔註118〕《焦氏易林注·小畜之震》，頁99。
〔註119〕《焦氏易林注·履之坤》，頁103。
〔註120〕《焦氏易林注·履之謙》，頁105。

（六）《焦氏易林·泰之明夷》云：「求兔得獐，過其所望。歡以相迎，高位夷傷。」〔註121〕筮得本卦為泰卦☷☰，其卦之九二爻變而形成之卦明夷卦☷☲。明夷卦之九三、六四與六五爻互體為震，震為兔、為歡、而明夷卦之六二、九三與六四爻互體為坎，坎為禍、為過，又泰卦旁通為否卦☰☷，此卦之六二、六三與九四爻互體為艮，艮為獐、為手、為獲、為位，再者明夷卦之內卦為離，離為目、為望，又否卦之六三、九四與九五爻互體為巽，巽為高，因此林辭云「求兔得獐，過其所望。歡以相迎，高位夷傷」。此卦林辭中，兔、歡、獐、歡、高之象，是取象自明夷卦之互體巽、否卦之互體巽之象而來。

（七）《焦氏易林·泰之蹇》云：「居如轉丸，危不得安。東西不寧，動生憂患。」〔註122〕筮得本卦為泰卦☷☰，其卦之初九、九二與六五爻變而形成之卦蹇卦☵☶。蹇卦之外卦為坎，坎為險、為危、為患，坎為先天卦位之西方，又蹇卦之九三、六四與九五爻互體為離，離之先天卦位為東，再者，泰卦之九三、六四與六五爻互體為震，震為動、為生，故林辭才云「居如轉丸，危不得安。東西不寧，動生憂患」。此卦林辭中，凡東、動、生之象是取自蹇卦之互體離象、泰卦之互體震象而來。

（八）《焦氏易林·同人之師》云：「望尚阿衡，太宰周公。藩憑湯武，力為侯王。」〔註123〕筮得本卦為同人卦☰☲與師卦☷☵兩者相互為旁通之卦。同人卦之內卦為離，離為望，又此卦之六二、九三與九四爻互體為巽，巽為衡；師卦之九二、六三與六四爻互體為震，震為主、為周，故云「望尚阿衡，太宰周公」。師卦之外卦為坤，坤為城、為屏藩，此卦之內卦為坎，坎為水、為湯，又師卦之互體震為王、為武，故云「藩憑湯武，力為侯王」。此卦林辭中，凡衡、周公、王、武等，都是取自師卦之互體震象與同人互體巽象而來。

（九）《焦氏易林·同人之明夷》云：「太王執政，歲熟民富。國家豐有，王者有喜。」〔註124〕筮得本卦為同人卦☰☲，其卦之九四至上九之爻變而形成之卦明夷☷☲。明夷卦外卦為坤，坤為老、為政、為歲，此卦之九三、六四與六五爻互體為震，震為王，又同人卦之六二、九三與九四爻互體為巽，巽為利，故林辭云「太王執政，歲熟民富」。明夷之外卦為坤，坤為民、為

〔註121〕《焦氏易林注·泰之明夷》，頁117。
〔註122〕《焦氏易林注·泰之蹇》，頁118。
〔註123〕《焦氏易林注·同人之師》，頁133。
〔註124〕《焦氏易林注·同人之明夷》，頁137。

富、爲身，明夷之互體震爲王、爲喜，故云「國家豐有，王者有喜」。此卦林辭中，凡王、利、喜等象，取自明夷之互體震象與同人之互體巽象而來。

（十）《焦氏易林・大有之無妄》云：「牧羊逢狼，雖憂不傷。畏怖惕息，終无禍殃。」〔註125〕筮得本卦爲大有卦䷍，其卦之九二、九三與六五爻變而形成之卦無妄卦䷘。大有卦之九三、九四與六五爻互體爲兌，兌爲羊，又無妄卦之六二、六三與九四爻互體爲艮，艮爲牧、爲狼，再者大有卦旁通爲比卦䷇，此卦之外卦爲坎，坎爲憂、爲患，故云「牧羊逢狼，雖憂不傷」。又比卦之外卦爲坎、爲憂、爲傷、爲禍，又比卦坎爲禍之象爲大有卦之伏象，故林辭才云「畏怖惕息，終无禍殃」。此卦林辭中，凡羊、牧、狼、禍之象，取自大有互體兌象、旁通爲比卦外坎之象而來。

四、本節小結

焦延壽承繼《左傳》與《周易》運用「互體」之法解《易》的方式，在《焦氏易林》一書當中大量的使用，幾乎每一卦林辭之四言詩當中，都有以「互體」爲取象方法之林辭的存在，尚秉和於《焦氏易詁》有云：

> 易經六十四卦中，中四爻爻辭往往與初、上異，故《下系》云：「若夫雜物撰德，辨是與非。非中爻不備」。是中爻似重於初上也，《易林》本之，往往視中爻象重於本象。〔註126〕

尚秉合點出「互體」的觀念對於《焦氏易林》一書之中扮演關鍵性的角色。《易林》一書林辭之取象方法，除了本卦與外卦之直接取其內外卦之象外，其餘之部份大都來自於本卦與之卦六爻彼此互體取象而來，因而若不知《焦氏易林》之林辭多利用「互體」爲取象方法，那麼讀此書將感到處處窒礙難行，丈二金剛摸不著頭緒。

第四節　運用「半象」之概念

一、「半象」之意義與溯源

李銳於《周易虞氏略例》「半象弟十一」有云：「六子之卦，一爻不足以

〔註125〕《焦氏易林注・大有之無妄》，頁145。
〔註126〕《焦氏易詁》，頁35。

見象；故以兩爻爲半象。」〔註127〕所謂的「半象」，即是指本來三爻才成一卦，只出現了相連的兩爻，而王新春認爲：

> 「半象説」是虞氏在正常的卦爻之象以及前揭各相關象數義例皆難
> 以對於《易》作出「圓滿」詮釋的情勢下所設的。〔註128〕

言及「半象」，一般而言多認爲是起於虞翻；而其實「半象」這樣的概念在《周易》中就已有這樣的訊息出現。例如：《周易・履》六三爻辭云：「眇能視，跛能履」〔註129〕此段話是言眼盲之人卻想要強看，腳跛之人卻想要強行，緊接著在此段爻辭之下，〈小象傳〉云：「眇能視，不足以有明也；跛能履，不足以與行也。」〔註130〕此段話補充爻辭所言，認爲「眇能視」是不足以辨物分明，「跛能履」是不足以踏上征途。其實履卦☱☰爻辭就有透露出以「半象」說解《易》之方式。其因爲何？履卦之內卦爲兌卦，若我們將兌卦之上兩爻視爲「半震」之象，震爲動、爲足，如此一來，「半震」恰好是不足以行走，因爲它是不完全之「動」與「足」之象徵，也就是如同〈小象傳〉所言：「跛能履，不足以與行也」；又兌卦之上兩爻若視爲「半離」之象，離爲明，而「半離」之象是不足以辨別事物，它不是完整之「明」，印證了〈小象傳〉所言：「眇能視，不足以有明也。」；又例如《周易・歸妹》初九爻辭云：「跛能履，征吉。」〔註131〕；九二爻辭云：「眇能視，利幽人之貞」〔註132〕；歸妹☳☱內卦爲兌，與履卦內卦相同，因而歸妹之爻辭與履卦爻辭雷同，皆運用了「半震」與「半離」之象來說解爻辭。焦延壽也運用了「半象」之法爲取象之方法之一，以下茲舉數例加以說明與解析。

二、《焦氏易林》運用「半象」之法

（一）《焦氏易林・需之既濟》：「遊居石門，祿安身全。受福西鄰，歸飲玉泉。」〔註133〕筮得本卦爲需卦☵☰，其卦之九二爻變而形成之卦既濟卦☵☲。

〔註127〕清・李鋭《周易虞氏略例》收錄於《續修四庫全書》冊28，上海古籍出版社，西元1995年初版，頁262。
〔註128〕此文節錄於王新春《周易虞氏學・及兩漢象數易學之大成的虞氏易學》台北，頂淵文化事業有限公司，西元1999年2月，頁149。
〔註129〕《十三經注疏》冊1《周易・履》卷二，頁41。
〔註130〕《十三經注疏》冊1《周易・履》卷二，頁41。
〔註131〕《十三經注疏》冊1《周易・歸妹》卷五，頁118。
〔註132〕《十三經注疏》冊1《周易・歸妹》卷五，頁119。
〔註133〕《焦氏易林注・需之既濟》，頁57。

其中所謂「遊居石門」，是以既濟 ䷾ 之卦觀之；我們將此卦之六爻，分爲六二九三一組，六四九五一組，恰好是兩組不完整之「艮半象」，而依據〈說卦傳〉可知艮爲止，止有「居」之象，又艮爲石，或爲門；再者，將既濟卦也可分爲初九六二爲一組，九三六四爲一組，九五上六爲一組，呈現「震半象」，震爲動，也爲足，故最後《焦氏易林》才言「遊居石門」。

（二）《焦氏易林・大有之既濟》：「大頭明目，載受嘉福。三雀飛來，與祿相觸。」〔註134〕筮得本卦爲大有卦 ䷍，其卦之九二、九四與九五爻變而形成之卦既濟卦 ䷾。大有卦之內卦爲乾，乾爲大、爲首、爲頭，此卦之外卦爲離，離爲明、爲目，又既卦六爻中，有震之「半象」，其卦之初九與六二、九三與六四、九五與上六之爻視爲三組之震半象，震爲載、爲福，故云「大頭明目，載受嘉福」。大有卦之外卦離爲鳥、無雀，又既濟卦震之半象爲飛、爲祿、爲福，故云「三雀飛來，與祿相觸」。此卦林辭中，凡載、福、祿、飛之象是取自既濟卦之「半象」而來。

（三）《焦氏易林・觀之既濟》：「班馬還師，以息勞罷。役夫嘉喜，入戶見妻。」〔註135〕筮得本卦爲觀卦 ䷓，其卦之初六、六三與上九之爻變而形成之卦既濟卦 ䷾。既濟卦之外卦爲坎，而此卦之六二、九三與六四爻也互體爲離形成了重坎之象，坎爲馬、爲眾、爲勞疲，又觀卦之六三、六四與九五爻互體爲艮卦，艮爲止，故林辭云「班馬還師，以息勞罷」。既濟卦之坎爲役，又既濟卦有震之「半象」，即將此卦之初九與六二爲一組、九三與六四一組、九五與上六爲一組，恰好是半象之震，震爲夫、爲喜，而觀卦之互體艮爲戶，再者既濟卦之內卦爲離，離爲女，故云「役夫嘉喜，入戶見妻」。此卦林辭中之夫與喜之象，取自既濟卦震之「半象」。

（四）《焦氏易林・觀之未濟》：「積德不怠，遇主逢時。載喜謂陽，身受榮光。」〔註136〕筮得本卦爲觀卦 ䷓，其卦之六二、六四與九五爻變而形成之卦未濟卦 ䷿。未濟卦之內卦爲坎，坎爲水、爲積，此卦之內卦爲離，離爲明、爲榮，觀卦之外卦爲艮，艮爲時、爲身，又未濟卦有震之「半象」，即此卦之九二與六三爲一組、九四與六五一組洽好形成震之半象，震爲主、爲喜，故云「積德不怠，遇主逢時。載喜謂陽，身受榮光」。此卦林辭中，凡主與喜之

〔註134〕《焦氏易林注・大有之既濟》，頁150。
〔註135〕《焦氏易林注・觀之既濟》，頁208。
〔註136〕《焦氏易林注・觀之未濟》，頁209。

象是取自未濟卦震之「半象」。

　　（五）《焦氏易林・噬嗑之未濟》：「徑邪賊田，政惡傷民。夫婦咒詛，泰山覆顛。」〔註137〕筮得本卦爲噬嗑之卦䷔，其卦之初九與六二爻變而形成之卦未濟卦䷿。噬嗑卦之六二、六三與九四爻互體爲艮，艮爲徑、爲田，未濟卦之內卦爲坎，坎爲邪、爲衆、爲民、爲險、爲傷、爲惡、爲賊，故林辭曰「徑邪賊田，政惡傷民」。噬嗑卦之內卦爲震，外卦爲離，震爲夫、離爲婦，又未濟卦之內卦爲坎，坎爲惡，此卦有兌之「半象」，將此卦之九二與六三爲一組、九四與六五一組洽好形成兌之半象，兌爲口；再者噬嗑卦互體爲艮，艮爲山，故云「夫婦咒詛，泰山覆顛」。此卦林辭中「咒詛」之象是取自未濟卦之兌「半象」而來。

　　（六）《焦氏易林・剝之蹇》：「陽虎脅主，使德不通。炎離爲殃，年谷病傷。」〔註138〕筮得本卦爲剝卦䷖，其卦之六三、六五與上九爻變而形成之卦蹇卦䷦。剝卦之外卦爲艮，艮爲虎，又艮爲陽卦，故云「陽虎」。蹇卦之外卦爲坎，坎爲塞、爲不通，又此卦有震之「半象」，將此卦之九三與六四爻視爲一組，九五與上六爻一組，洽好形成震之「半象」，而震爲主，故林辭云「陽虎脅主，使德不通」。蹇卦之九三、六四與九五爻互體爲離，離爲火、爲殃，此卦之半象震爲谷，又此卦之六二與九三爻視爲「覆震」之「半象」，故曰「傷」。此卦林辭中，凡「主」、「傷」之象，是取自蹇卦震之「半象」而來。

　　（七）《焦氏易林・剝之萃》：「兩目失明，日奪无光。脛足跛曳，不可以行。頓于邱旁，亡妾莫逐，嵬然獨宿。」筮得本卦爲剝卦䷖，其卦之六四、六五與上九爻變而形成之卦萃卦䷬。萃卦有離之「半象」，將此卦之九五與上六爻視爲一組，洽好成爲「半象」之離，離爲目、爲日，又半象爲不全，故曰「兩目失明，日奪无光」。萃卦又有震之「半象」，將此卦之九五與上六爻視爲一組，洽好也可成爲「半象」之震，震爲足，又半象爲不全，故曰「脛足跛曳，不可以行」。艮卦之外卦爲艮，艮爲山、爲邱、爲止；又萃卦之外卦爲兌，兌爲女、爲妾，處於外卦，故曰「亡妾」。萃卦之震之半象，震爲足、爲逐，萃卦之內卦爲坤，坤爲宿；再者蹇卦之六三、九四與九五爻互體爲巽，巽爲寡，故云「頓于邱旁，亡妾莫逐，嵬然獨宿」。此卦林辭中，凡目、明、日、光之象是取自萃卦離之「半象」；凡脛、足、逐之象是取自萃卦震之「半

〔註137〕《焦氏易林注・噬嗑之未濟》，頁219。
〔註138〕《焦氏易林注・剝之蹇》，頁234。

象」而來。

（八）《焦氏易林·剝之未濟》：「眾神集聚，相與議語。南國虐亂，百姓愁苦。興師征伐，更立賢主。」〔註139〕筮得本卦爲剝卦☶，其卦之六二與六四爻變而形成之卦未濟卦☲。剝卦之內卦爲坤，坤爲眾、爲聚，又未濟卦有震之「半象」，即此卦之九二與六三爲一組、九四與六五一組洽好形成震之半象，震爲神；再者未濟卦也有兌之「半象」，此卦之九二與六三爲一組、九四與六五一組洽好形成兌，兌爲口，未濟卦之外卦爲離，離可視爲兌之正反半象組成，故云「眾神集聚，相與議語」。未濟卦之內卦爲坎，坎爲眾、爲憂、爲虐亂，未濟卦震之半象，震爲主，故云「南國虐亂，百姓愁苦。興師征伐，更立賢主」。此卦林辭中，凡神、眾、主、口之象是取自未濟卦震與兌之「半象」而來。

（九）《焦氏易林·渙之未濟》：「三虎上山，更相噬齧。心志不親，如仇與怨。」筮得本卦爲渙卦☴，其卦之六四與九五爻變而形成之卦未濟卦☲。其中所謂「三虎上山」，是以未濟☲之卦觀之；若我們將此卦之六爻，分爲初六與九二一組，六三與九四一組，六五與上九一組，恰好是三組二爻相連之不完整的「艮之半象」，而艮又爲山，又爲虎；再者未濟☲之卦若以九二與六三一組，九四與六五一組，也可視之爲「震之半象」，而震爲動，也爲足，最後配合三組半象之艮，因此言「三虎上山」；同時未濟☲卦又可看成九二與六三一組，九四與六五一組，形成二爻相連不完整之「兌之半象」，而兌又爲口，與上述「艮之半象」就如同是「覆兌半象」形成有如「咬牙切齒」一般的卦象，故言「更相噬齧」。

（十）《焦氏易林·既濟之解》：「求獐嘉鄉，惡蛇不行。道出岐口，復反其床。」〔註140〕筮得本卦爲既濟卦☵，其卦除了上六之爻不變外，其餘諸爻皆產生爻變而形成之卦解卦☳。解卦旁通爲家人卦☲，解卦之外卦爲巽，巽爲蛇、爲床，解卦之外卦爲震，震爲行、爲道、爲口，又解卦有艮之「半象」，將其卦之初六與九二一組，六三與九四一組形成艮之「半象」，艮爲獐，故云「求獐嘉鄉，惡蛇不行。道出岐口，復反其床」。此卦林辭中「獐」之象取自於解卦之半象「艮」而來。

〔註139〕《焦氏易林注·剝之未濟》，頁238。
〔註140〕《焦氏易林注·既濟之解》，頁614。

三、本節小結

《焦氏易林》中運用「半象」為取象方法之處很少,在尚秉和《焦氏易詁》有云:

> 《易》用半象,前既言之矣。然《易》用半象之處不多,故《易林》
> 用之亦少。獨於〈既濟〉、〈未濟〉二卦,十八九用之。〔註141〕

在本節討論《焦氏易林》一書中運用「半象」為取象方法所舉出之十個例證之中,我們發覺此書運用「半象」之處很少,若是有運用此法之處,絕大部份都是集中於〈既濟〉、〈未濟〉二卦之本卦或之卦中(以本節之例子而言占了八個之多),這與尚秉和先生所云不謀而合。再者,若我們再將《焦氏易林》運用「半象」為取象之處,加以歸納可得到下列結果:〔註142〕

(1) 以觀卦 ䷓ 為例:此卦之九五與上九爻之二陽爻的組合,於《焦氏易林》中,可視為乾之半象。

(2) 以中孚卦 ䷼ 為例:此卦之六三與六四爻之二陰爻的組合,於《焦氏易林》中,可視為坤之半象。

(3) 以咸卦 ䷟ 為例:此卦之九五與上六爻之一陰一陽的組合,於《焦氏易林》中,可視為坎、兌之上兩爻,或是離、震之下兩爻,一共可當四個單卦的半象。

(4) 以小畜卦 ䷈ 為例:此卦之六四與九五爻之一陽一陰的組合,於《焦氏易林》中,可視為巽、坎的下兩爻,或是離、艮的上兩爻,一共可當四個不同單卦之半象。

第五節 運用「大象」之概念

一、「大象」之定義

李周龍對於有關「大象」之定義有云:

> 《十翼》有〈象傳〉,〈象傳〉有大象小象。然而這理所謂大象,不
> 是指《十翼》裡的大象,乃是以一卦的內外卦體、上下六爻的奇偶,
> 合則觀之,以像一個三畫卦,所以又稱為象卦。明人來矣鮮說:「凡

〔註141〕《焦氏易詁》,頁34。
〔註142〕此處「半象」之歸納與整理參考自《易學啟蒙》,頁425。

一卦陽在上者，皆象艮巽；陽在下者，皆象震兌；陽在上下者，皆象離；陰在上下者，皆象坎。是合六爻疊而觀之，以象其大體之卦也。」〔註143〕

以來知德歸納的「大象」情形而言，「凡一卦陽在上者，皆象艮巽」，例：觀卦☶，其大象是將九五、上九二爻視爲一爻，初六至六三視爲二爻，因此觀卦之大象組合而成艮卦，除此之外，若把觀卦九五、上九二爻視爲二爻，初六至六三視爲一爻，又可形成大象巽卦；又如否卦☶，其大象是將九四至上九視爲二爻，初六至六三視爲一爻，因此形成大象巽卦；又假設是將否卦之九四至上九視爲一爻，初六至六三視爲一爻，其大象就形成了艮卦。「陽在下者，皆象震兌」，例：臨卦☷，其大象若是將六三至上六視爲二爻，初九與九二視爲一爻，如此可得大象震卦；又或著是將臨卦初六至六三視爲一爻，初九與九二視爲二爻，此時之大象就形成兌卦；又例如泰卦☷，將此卦之六四至上六視爲二爻再加上初九至九三視爲一爻，就形成了大象震卦，而若是將此卦之六四至上六視爲一爻再加上初九至九三視爲二爻，形成另一大象兌卦。「陽在上下者，皆象離」，例：中孚卦☴，其大象是將初九、九二視爲一爻，六三、六四視爲一爻，九五、上九又視爲一爻，三者組合而成大象離卦；又或著是頤卦☶，將此卦之初九與上九各視爲一爻，六二至六五視爲一爻，這樣也形成了大象離卦。「陰在上下者，皆象坎」，例：謙卦☷，其大象是將初六與六二視爲一爻，九三視爲一爻，六四至上六也視爲一爻，如此三者組成大象坎卦；又如大過卦☴，將此卦之初六視爲一爻，九二至九五視爲一爻，上六視爲一爻，三者組成大象坎卦。由以上來氏所說之大象的條例與實例舉證可知，大象的組成是將一卦六爻之一爻到至多五爻可視爲大象之一爻，同時將六爻分成二至三組視之，最後再組合而成，而有時一卦之大象不只一個，因爲視其不同之爻數之組合而成不同之大象，就如同上述所舉之例：觀卦之大象可能是艮卦或巽卦，而臨卦之大象也可能是震卦或兌卦。其大象關鍵之組成原則就如同來知德所云：「合六爻疊而觀之，以象其大體之卦也」，需將對一卦之六爻作不等之組合，最後再合而觀之，而其每一爻是無法割裂獨立存在。

以一卦之六爻而言，上一爻爲天位，下一爻爲地位，在寰宇之中，萬事萬物各有不同的現象，有總體現象的大象，也有個別現象的小象。大象是小象之累積與組合，累積內外上下種種各別的小象，才能形成大象，反之小象

〔註143〕李周龍〈現存易林研究〉，頁204。

為大象累積，由大象也可見到小象組成之蹤跡，以象徵的意義而言，「大象」的運用是有其理論基礎與邏輯存在的。〔註144〕

二、「大象」之溯源

以「大象」的概念方法說易，在《周易‧繫辭傳》時已經可見其蹤影。例：（一）大壯 ䷡ 之大象為兌，而依〈說卦傳〉兌為羊，《周易‧大壯》九三爻辭云：「小人用壯，君子用罔；貞厲，羝羊觸藩，羸其角。」〔註145〕小人恃強妄動，君子克己，有而不用；守持正固以防危險，就象公羊強觸藩籬，羊角必被藩籬纏住其角；九四爻辭：「貞吉，悔亡；藩決不羸，壯于大輿之輹。」〔註146〕守持正固，悔恨可消除，獲得吉祥，就如同是藩籬開了一口，而羊角不會被其纏繞，又似大車之輪輹強盛適用。六五爻辭：「喪羊于易，无悔。」〔註147〕在田邊失去了羊，無所悔恨。以上《周易‧大壯》之爻辭，都是從兌為羊的概念為中心，加以闡述。（二）益卦 ䷩ 之大象為離，而依〈說卦傳〉離為龜，而《周易‧益》六二爻辭為：「或益之十朋之龜，弗克違，永貞吉；王用享于帝，吉。」〔註148〕有人賜下價值「十朋」之寶龜，無法辭謝，守持正固可獲吉祥，君主祭天祈求降福。六二爻辭運用益卦之大象離，而取其象龜作為解釋的方法。（三）頤卦 ䷚ 之大象為離，離為龜，而《周易‧頤》初九爻辭云：「舍爾靈龜，觀我朵頤，凶。」〔註149〕捨棄如靈龜般的陽剛美質，觀看我垂腮進食，有所凶險。頤卦初九爻辭利用大象為離之取象方法說解爻辭。由以上之例證可知在《周易‧繫辭傳》之時已運用「大象」的方法解《易》。以「大象」之取象方法而言，是由一卦之六爻歸納組合而成，「大象」之設定有其依據而來，並非憑空想像而得到之結果。焦延壽也運用了「大象」之概念為取象方法，以下茲舉出《焦氏易林》一書中之實例加以說明。

三、《焦氏易林》運用「大象」之法

（一）《焦氏易林‧同人之蠱》云：「龍渴求飲，黑雲影從。河伯捧觴，

〔註144〕此意見參考自李周龍〈現存易林研究〉，頁205。
〔註145〕《十三經注疏》冊1《周易‧大壯》卷四，頁86。
〔註146〕《十三經注疏》冊1《周易‧大壯》卷四，頁86。
〔註147〕《十三經注疏》冊1《周易‧大壯》卷四，頁86。
〔註148〕《十三經注疏》冊1《周易‧益》卷四，頁97。
〔註149〕《十三經注疏》冊1《周易‧頤》卷三，頁69。

跪進酒漿，流潦滂滂。」〔註150〕筮得本卦爲同人卦☰，其卦之初九、六二、九四與九五爻變而形成之卦蠱卦☶。蠱卦之九三、六四與六五爻互體爲震，震爲龍；蠱卦之九二、九三與六四爻互體爲兌，兌爲口、爲飲，又此卦之外卦爲艮，艮爲求，又蠱卦之初六至六四爻可視爲坎之「大象」，坎爲黑、爲雲、爲河，故林辭云「龍渴求飲，黑雲影從」。蠱卦互體震爲伯、爲觴，其外卦艮爲手，又蠱之大象坎，坎爲酒漿、爲流潦，故云「河伯捧觴，跪進酒漿，流潦滂滂」此卦林辭中，凡黑、雲、河、酒漿、流潦等象，皆是取自蠱卦之大象坎而來。

（二）《焦氏易林・同人之咸》云：「秋冬夜行，照覽星辰。道理利通，終身无患。」〔註151〕筮得本卦爲同人卦☰，其卦之初九、上九之爻變而形成之卦咸卦☱。咸卦之外卦爲兌，兌爲秋，此卦之九三至九五爻互體爲乾，乾爲冬，又咸卦之六二至上六爻可視爲坎之「大象」，坎爲夜；同人卦之內卦爲離，離爲目、爲覽、爲照，又咸卦之內卦爲艮，艮爲星辰、爲道理，故林辭云「秋冬夜行，照覽星辰」。咸卦之六二、九三與九四爻互體爲巽，巽爲利，又此卦之內卦艮爲身、爲終；又咸卦之大象坎，坎爲患；再者咸卦外兌爲悅、爲無患，故林辭云「道理利通，終身无患」。此卦林辭中，凡夜、患之象是取自咸卦之大象坎而來。

（三）《焦氏易林・謙之大畜》云：「目不可合，憂來搖足。悚惕爲俱，去其邦域。」〔註152〕筮得本卦爲謙卦☷，其卦之初六、六二與上六之爻變而形成之卦大畜卦☶。大畜卦之九四與上九之爻可視爲離之「大象」，將其六四與六五爻視爲一陰爻，再配合九三與上九之爻形成離，離爲目，又謙卦之九三、六四與六五爻互體爲震，震爲足、爲搖，故林辭云「目不可合，憂來搖足」。謙卦之六二、九三與六四爻互體爲坎，坎爲患、爲憂，又大畜卦之外卦爲艮，艮爲國、爲邦，又艮在外卦，曰去，故林辭云「悚惕爲俱，去其邦域」。此卦林辭中之「目」象是取自於大畜卦離之「大象」而來。

（四）《焦氏易林・豫之隨》云：「憂在腹內，山崩爲疾。禍起蕭牆，竟制其國。」〔註153〕筮得本卦爲豫卦☳，其卦之初六、九五爻互體爲隨卦☱。

〔註150〕《焦氏易林注・同人之蠱》，頁134。

〔註151〕《焦氏易林注・同人之咸》，頁136。

〔註152〕《焦氏易林注・謙之大畜》，頁154。

〔註153〕《焦氏易林注・豫之隨》，頁162。

隨卦之六三至上六之爻可視爲坎之「大象」，將其卦之九四與九五爻視爲一陽爻，配合六三與上六之爻而形成坎，坎爲憂、爲疾，又隨卦之初九至九四爻可視爲離之「大象」，將其六二與六三爻視爲一陰爻，在配合初九與九四爻而形成離，離爲腹，又豫卦之六二、六三與九四爻互體爲艮，艮爲山，再者隨卦之外卦爲兌，兌爲毀，故林辭云「憂在腹內，山崩爲疾」。隨卦之六三、九四與九五爻互體爲巽，巽爲木、爲草，豫卦之六二、六三與九四爻互體爲艮，艮爲牆、爲國，故云「禍起蕭牆，竟制其國」。此卦林辭中之憂、疾、腹之象，是自隨卦之大坎與大離之象而來。

（五）《焦氏易林‧隨之履》云：「目傾心惑，夏姬在側。申公顛倒，巫臣亂國。」〔註154〕筮得本卦爲隨卦 ䷐，其卦之六二、上六之爻變而形成之卦履卦 ䷈。隨卦之六三至上六之爻可視爲坎之「大象」，將其卦之九四與九五爻視爲一陽爻，配合六三與上六之爻而形成坎，坎爲心、爲惑；履卦之九二、六三與九四爻互體爲離，離爲目、爲夏，又隨卦之外卦爲兌，兌爲姬，故云「目傾心惑，夏姬在側」。隨卦之內卦爲震，震爲公；又隨卦之六三、九四與九五爻互體爲巽，巽爲顛，此卦之六三至上六爻可視爲是二巽相互顛倒之形，故曰「顛倒」；隨卦之外卦爲兌，兌爲巫、爲毀、爲亂，此卦之六二、六三與九四爻互體爲艮，艮爲臣、爲國，故云「申公顛倒，巫臣亂國」。此卦林辭中之「心」、「惑」之象是取自隨卦坎之「大象」而來。

（六）《焦氏易林‧隨之豐》云：「鄰不我願，而求玉女。身多禿癩，誰肯媚者？」筮得本卦爲隨卦 ䷐，其卦之六三與九五爻變而形成之卦豐卦 ䷶。豐卦之內卦爲離，離爲鄰，又豐卦之六二至六四爻可視爲坎之「大象」，其卦之九三與九四爻視爲一陽爻，配合六二與六四爻形成坎，坎爲心、爲願；又豐卦之外卦爲震，震爲玉，隨卦之外卦爲兌，兌爲女，故云「鄰不我願，而求玉女」。隨卦之六二、六三與九四爻互體爲艮，艮爲身、爲求、爲多節，曰「禿癩」；又隨卦之外卦爲兌，兌爲媚，故林辭云「身多禿癩，誰肯媚者」。此卦林辭中之「心」、「願」是取自豐卦坎之「大象」而來。

（七）《焦氏易林‧蠱之損》云：「弩馳弓藏，良犬不行。內无怨女，征夫在堂。」〔註155〕筮得本卦爲蠱卦 ䷑，其卦之初六、九三爻變而形成之卦損卦 ䷨。蠱卦之初六至六四爻可視爲坎之「大象」，坎爲弩、爲弓、爲隱伏，蠱

〔註154〕《焦氏易林注‧隨之履》，頁171。
〔註155〕《焦氏易林注‧蠱之損》，頁186。

卦之外卦爲艮，艮爲止，爲馳、爲犬、爲禍，又損卦之九二至上九之爻可視爲離之「大象」，離爲戈兵、爲征，損卦之六三至六五爻互體爲坤，坤爲藏，故云「弩馳弓藏，良犬不行」。損卦之內卦爲兌，兌爲女，蠱卦之九三、六四與六五爻互體爲震，震爲夫，又損卦之內卦爲兌，兌爲悅，故不怨，此卦之外卦爲艮，艮爲堂，故林辭云「內无怨女，征夫在堂」。此卦林辭中，凡弩、弓、征之象，取自蠱卦坎與離之「大象」而來。

（八）《焦氏易林‧蹇之頤》云：「張羅百目，鳥不得北。縮頸卦翼，困於窘國。君子治德，獲譽受福。」〔註156〕筮得本卦爲蹇卦☲，其卦之初六、九三、九五與上六之爻變而形成之卦頤卦☲。在《周易‧繫辭傳》有云：「作結繩而爲網罟，以佃以漁，蓋取諸離」。又頤卦自初九至上九爻恰似離之「大象」，除初九與上九爻外，六二至六五爻視爲一陰爻，而與初九、上九二爻互爲離之象，離爲目；又頤卦之互體爲坤，坤爲百、其先天卦位居於北方；又頤卦之內卦爲震，震爲鳥，故林辭云「張羅百目，鳥不得北」。頤卦之外卦爲艮，艮爲頸、爲國、爲君子、爲名譽、爲獲、內卦震爲翼爲飛、爲福，又艮爲止；頤卦互體爲坤，坤退而避，故林辭云「縮頸卦翼，困於窘國。君子治德，獲譽受福」。此卦林辭中之目象，取自於頤卦爲離之大象而來。

（九）《焦氏易林‧損之頤》云：「十丸同投，爲雉所離。獨得逃脫，完全不虧。」〔註157〕筮得本卦爲損卦☲，其卦其卦之九二爻由陽變陰而形成之卦頤卦☲。損卦旁通爲咸卦☲，又咸卦之六二至上六之爻，可視之爲離之「大象」，將其九三至九五爻當作一陽爻，配合六二與上六爻就形成了坎，坎爲丸，又損卦之六三、六四與六五爻互體爲坤，坤之地數爲十，而損卦之九二至上九爻可視爲離之「大象」將其六三至六五爻視爲一陰爻，再搭配九二與上九之爻就形成了離，離爲雉，故林辭云「十丸同投，爲雉所離」損卦之九二、六三與六四爻互體爲震，震爲動、爲逃，故云「獨得逃脫」。此卦林辭中，丸與雉之象是取自損卦及其旁通卦咸卦之「大象」離與坎而來。

（十）《焦氏易林‧夬之大過》云：「久陰霖雨，涂行泥潦。商人休止，市空无寶。」〔註158〕筮得本卦爲夬卦☲，其卦之初九陽爻產生爻變成爲初六陰爻而形成之卦大過☲。大過卦旁通爲頤卦☲，頤卦之六二至六四爻互體爲

〔註156〕《焦氏易林注‧蹇之頤》，頁205。
〔註157〕《焦氏易林注‧損之頤》，頁412。
〔註158〕《焦氏易林注‧夬之大過》，頁430。

坤，坤爲陰、爲泥潦，又此卦之內卦爲震，震爲大涂；大過卦之六爻可視爲坎之「大象」，將其九二至九五爻當作一陽爻，再配合初六與上六之爻就形成了坎，坎爲水、爲雲、爲雨，故林辭云「久陰霖雨，涂行泥潦」。頤卦之內卦震爲人、爲玉、爲寶，但是因此震象爲大過卦之伏象，故云「无寶」，而頤卦外卦爲艮，艮爲止、爲休，又大過卦之內卦爲巽，巽爲市，再者，頤卦自初九至上九爻恰似離之「大象」，除初九與上九爻外，六二至六五爻視爲一陰爻，而與初九、上九二爻互爲離之象，離爲虛，故曰「虛空」。此卦林辭中之霖、雨、虛之象，爲取象於大過卦坎之大象與頤卦離之大象而來。

四、本節小結

此節所謂之「大象」是將一卦之內、外卦卦體與上下六爻之陰、陽一起合而觀之，歸納成一三畫卦的方式呈現。《焦氏易林》以「大象」爲取象方法之處不多，其中又多以「離」與「坎」的「大象」爲主，以上述討論之十個例子中，皆是如此觀之。

第六節　運用「納甲」之概念

一、「納甲」之定義與簡述

所謂「納甲」，是以八卦配十日干，由於舉「甲」以賅十日干，又甲爲干首，以統其餘各干，故名爲「納甲」。〔註159〕目前較有系統地論述有關「納甲」之法者，當屬「京氏納甲」。在《京氏易傳‧卷下》有云：

> 分天地乾坤之象，益之以甲乙壬癸；震巽之象配庚辛，坎離之象配戊己，艮兌之象配丙丁。八卦分陰陽，六位五行，光明四通，變易立節。

陸績注云：

> 乾坤二分，天地陰陽之本，故分甲乙壬癸，陰陽之終始。……庚陽入震，辛陰入巽。戊陽入坎，己陰入離。丙陽入艮，丁陰入兌。〔註160〕

〔註159〕此意見見於李周龍〈現存易林研究〉，頁 208。

〔註160〕以上二段所引《京氏易傳》及陸績之注見於漢‧京房《京氏易傳》卷下，收錄於《四庫叢書初編》本，王雲五主編，台北，台灣商物印書館，西元 1967 年出版，頁 27。

《京氏易傳‧卷上》有云:「甲壬配內外兩象。」陸績注:「乾爲天地之首,分甲壬,入乾位。」〔註161〕清代焦循於《易圖略》有云:「蓋以乾內三爻配甲,外三爻配壬。初二三爲始,四五上爲終。」〔註162〕在上述十日干配合八卦的過程中,陸績說明納甲之法分別將「庚」、「戊」、「丙」配予「陽」之卦象「震」、「坎」、「艮」,而將「辛」、「己」、「丁」配予「陰」之卦象「巽」、「離」、「兌」;這樣彼此配對的方式究竟有何原因呢?在《周易‧繫辭傳》有云:「天一地二,天三地四,天五地六,天七地八,天九地十。」〔註163〕、「陽卦多陰,陰卦多陽,其何故也?陽卦奇,陰卦偶。」〔註164〕由以上兩段《周易‧繫辭傳》所言我們可知天數爲奇,地數爲偶;又由「陽卦多陰,陰卦多陽」、「陽卦奇,陰卦偶」的準則可以得知「震」、「坎」、「艮」都是由「二陰一陽」之爻組成,符合「陽卦多陰」的標準,是謂「陽卦」;「巽」、「離」、「兌」皆由「二陽一陰」之爻組成,符合「陰卦多陽」的標準,是謂「陰卦」;再者,十日干「甲、乙、丙、丁、戊、己、庚、辛、壬、癸」就如同天地之數一樣,再配合《周易‧繫辭傳》所說天數奇、地數偶以及王逵在《蠡海集》所云:

> 自甲爲一至壬爲九,陽數之始終也;故歸乾易,順數也。乙爲二至癸爲十,陰數之終始也;故歸坤易,逆數也。〔註165〕

因此推知「甲」、「丙」、「戊」、「庚」、「壬」爲陽,「乙」、「丁」、「己」、「辛」、「癸」爲陰,接著與八卦當中之陽卦與陰卦結合,最後配合京房對於納甲之法的說明:「天地乾坤之象,益之以甲乙壬癸」、「甲壬配內外兩象」以及陸績所言「乾坤二分,天地陰陽之本,故分甲乙壬癸,陰陽之終始」、「乾內三爻配甲,外三爻配壬」的法則,我們可將此結果整理如下:〔註166〕

陽卦 納 陽干	乾 外卦納壬 ≣ 內卦納甲	震 納庚 ☳	坎 納戊 ☵	艮 納丙 ☶

〔註161〕《京氏易傳‧乾》,頁1。

〔註162〕清‧焦循《易圖略》卷八,論「納甲」第六,收錄於《續修四庫全書》冊27,上海古籍出版社,西元1995年初版,頁526。

〔註163〕《十三經注疏》冊1《周易‧繫辭上》卷七,頁155。

〔註164〕《十三經注疏》冊1《周易‧繫辭下》卷八,頁168。

〔註165〕此明‧王逵《蠡海集‧干支總論》收錄於《古今圖書集成‧歲功典》卷一百三十,台北,鼎文出版社,西元1977年出版,頁1027。

〔註166〕此表格參見自廖婉利《虞翻易學思想研究》,頁140。

陰卦 納 陰干	坤 外卦納癸 ☷ 內卦納乙	巽 納辛 ☴	離 納己 ☲	兌 納丁 ☱

　　再者除了八卦納十日之外，每一卦之六爻也配合「十二支」，其配對其形如下：乾之六爻自初至上分別配子、寅、辰、午、申、戌；坤卦六爻自初至上分別配未、巳、卯、丑、亥、酉；震卦六爻分別配子、寅、辰、午、申、戌；巽卦六爻配丑、亥、酉、未、巳、卯；坎卦六爻配寅、辰、午、申、戌、子；離卦六爻配卯、丑、亥、酉、未、巳；艮卦六爻配辰、午、申、戌、子、寅；兌卦六爻配巳、卯、丑、亥、酉、未。〔註167〕

　　朱子於《答袁機仲書》有云：「參同契所言納甲之法，則今所傳京房占法，見於火珠林，是其遺說。」朱子認爲納甲之法是京房所創，但是「納甲」之法似乎並非完全是京房之創舉，而是有所依據，在其師焦延壽之《焦氏易林》已可見端倪。

二、《焦氏易林》運用「納甲」之法

　　（一）《焦氏易林・坤之乾》云：「谷風布氣，萬物出生。萌庶長養，華葉茂盛。」〔註168〕筮得本卦爲坤卦☷，其卦之六爻皆由陰變陽爻而成爲乾卦☰。以納甲之法當中的「乾卦納甲」而言，甲位於東方，乾爲天、爲陽，因而林辭謂乾爲「谷風」。又坤爲地、爲陰、爲萬物，乾卦與坤卦二者陰陽相交，彼此作用化生萬物，雲行雨施，品物流行，故云「萬物出生。萌庶長養，華葉茂盛」。此卦林辭中，「谷風」取象之法，是自納甲之法中「乾納甲」而「甲位於東」而來。

　　（二）《焦氏易林・履之乾》云：「東向藩垣，相與笑言。子般執鞭，圉人作患。」〔註169〕筮得本卦爲履卦☱☰，其卦之六三爻陰變陽爻而形成之卦乾卦☰。以納甲之法當中的「乾卦納甲」而言，甲位於東方，而履卦之外卦爲乾，故林辭云「東向」。履卦之六三、九四與九五爻互體爲巽，巽爲藩垣，履卦之內卦爲兌，兌爲言，故云「東向藩垣，相與笑言」。履卦旁通爲謙卦☷☶，

〔註167〕此意見參見自朱伯崑《易學基礎教程》北京，九洲出版社，西元 2003 年 2 月第四版，頁 203。

〔註168〕《焦氏易林注・坤之乾》，頁 13。

〔註169〕《焦氏易林注・履之乾》，頁 103。

謙卦之九三、六四與六五爻互體爲震，震爲子，此卦之內卦爲艮，艮爲人、爲作，又履卦之六二、九三與六四爻互體爲坎，坎爲患，故云「子般執鞭，圉人作患」。此卦林辭中，「東象」一辭之取象之法，是自納甲之法中「乾納甲」而「甲位於東」而來。

（三）《焦氏易林·履之坤》云：「循河榜舟，旁淮東游。漁父舉網，先得大鮪。」〔註170〕筮得本卦爲履卦☱，其卦除了六三爻不變外，其餘諸爻由陽變陰爻而形成之卦坤卦☷。履卦旁通爲謙卦☶，謙卦之六二、九三與六四爻互體爲坎，坎爲水、爲河、爲淮，此卦之九三、六四與六五爻互體爲震，震爲動、爲游、爲舟；又納甲之法當中的「乾卦納甲」而言，甲位於東方，而履卦之外卦爲乾，故林辭云「循河榜舟，旁淮東游」。謙卦之外卦爲坤，坤爲聚、爲漁、爲鮪，又履卦之外卦爲乾，乾爲父，內卦爲艮，艮爲手，再者履卦之九二、六三與九四爻互體爲離，離爲網，故云「漁父舉網，先得大鮪」。此卦林辭中，「東游」一辭之取象之法，是自納甲之法中「乾納甲」而「甲位於東」而來。

（四）《焦氏易林·大有之師》云：「三火起明，雨滅其光。高位疾顛，驕恣誅傷。」筮得本卦爲大有卦☲，其卦之初九、九三、九四與上九之爻變而形成之師卦☷。大有卦旁通爲比卦☵，此卦之六三、六四與九五爻互體爲艮，依納甲之法，艮納丙，而丙在南方，屬於火，故此處艮爲火之象，又大有卦之外卦爲離，離爲明、爲光，其先天卦數爲三，再者師卦之內卦爲坎，坎爲水、爲雨，故云「三火起明，雨滅其光」。又師卦之內坎爲患、爲傷，外卦爲坤，坤爲疾，故云「高位疾顛，驕恣誅傷」。此卦林辭之「火」之象，是自納甲之法中「艮納丙」而「丙又位於南、屬火」而來。

（五）《焦氏易林·坎之謙》云：「門燒屋燔，爲下所殘。西行出戶，順其道理。虎臥不起，牛羊歡喜。」〔註171〕筮得本卦爲坎卦☵，其卦之九二、六三與九五爻變而形成之卦謙卦☶。謙卦之內卦爲艮，依納甲之法，艮納丙，而丙在南方，屬於火，故此處艮爲火之象，又艮爲門、爲戶；再者謙卦之外卦爲坤，坤爲下、爲殘，故云「門燒屋燔，爲下所殘」。謙卦之九三、六四與六五爻互體爲震，震爲行，又此卦之六二、九三與六四爻互體爲坎，坎在先天卦位爲西，故曰「西行」。謙卦之內卦爲艮，艮爲虎、爲理，爲止，此卦之

〔註170〕《焦氏易林注·履之坤》，頁103。
〔註171〕《焦氏易林注·坎之謙》，頁291。

外卦爲坤，坤爲牛，互體震爲喜；而謙卦旁通爲履卦☱，履卦之內卦爲兌，兌爲羊，故云「西行出戶，順其道理。虎臥不起，牛羊歡喜」。此卦林辭之「燒」、「燔」之象，是自納甲之法中「艮納丙」而「丙又位於南、屬火」而來。

（六）《焦氏易林・大壯之遯》云：「剛柔相傷，火爛銷金。雕鷹制兔，伐楚有功。」〔註172〕筮得本卦爲大壯卦☳，其卦之初九、九二、六五與上六之爻變而形成之卦遯卦☶。遯卦之外卦爲乾，乾爲剛，又遯卦之旁通爲臨卦☷，臨卦之外卦爲坤，坤爲柔，此卦之內卦爲兌，兌爲毀、爲傷，又遯卦之內卦爲艮，依納甲之法，艮納丙，而丙在南方，屬於火，故此處艮爲火、爲爛之象，故林辭云「剛柔相傷，火爛銷金」。遯卦之內艮爲鷹、爲喙，又大壯卦之外卦爲震，震爲兔、爲楚、爲伐，故云「雕鷹制兔，伐楚有功」。此卦林辭之「火」、「爛」之象，是自納甲之法中「艮納丙」而「丙又位於南、屬火」而來。

（七）《焦氏易林・睽之渙》云：「從風放火，艾芝俱死。三害集房，叔子中傷。」〔註173〕筮得本卦爲睽卦☲，其卦之初九、九四與六五爻變而形成之卦渙卦☴。渙卦之外卦爲巽，巽爲風、爲木、爲芝、爲艾，又此卦之六三、六四與九五爻互體爲艮，依納甲之法，艮納丙，而丙在南方，屬於火，故此處艮爲火之象，又芝艾遇火則被燒盡，故云「從風放火，艾芝俱死」。睽卦之外卦爲離，離之先天卦數爲三，又此卦六三、九四與六五爻互體爲坎，坎爲害、爲積，再者，渙卦之六三、六四與九五爻互體爲艮，艮爲房，又此卦之內卦爲坎，坎爲傷，再者渙卦之九二、六三與六四爻互體爲震，震爲子，故林辭云「三害集房，叔子中傷」。此卦林辭之「火」象，是自納甲之法中「艮納丙」而「丙又位於南、屬火」而來。

三、本節小結

將納甲之法有系統的論述是始於京房，但京房之師焦延壽已在《焦氏易林》一書之中，雖不像京房一樣明言運用此法，但在林辭之字裡行間中與本節所舉出書中之實例，可以明顯看出《焦氏易林》已經運用「納甲」的觀念當作爲取象的方法之一，因此我們可以得知京房所提出的納甲之說，非發明者，而是承繼其師焦延壽的觀點加以有系統的論述及闡發而來，日後也才成

〔註172〕《焦氏易林注・大壯之遯》，頁345。
〔註173〕《焦氏易林注・睽之渙》，頁389。

爲西漢易學中的重要內容之一。

第七節　運用「辟卦」之概念

　　「辟卦」配合一年十二個月之月候加上陰陽二爻彼此的相長相消的情形變化而成，又稱「十二消息卦」或是「十二月卦」，所謂「消息」，在徐芹庭《虞氏易述解》有云：

　　　　消者謂陽之消也，息者謂陽之增長也，息之言生長也，消之言消剝

　　　　也。陽消則陰息，陽息則陰消，此一定之至理也。〔註174〕

徐芹庭認爲消與息是就陽爻之增與減而言，陽減則陰增，陽長則陰減，陽與陰牽動著所有事物運轉之理，同時二者也是緊密結合，無法分割的情況。我們若是將以上文字用圖表表示如下：〔註175〕

十二消息卦圖

　　從圖中我們可知，從復卦 ䷗ 開始，經由臨卦 ䷒、泰卦 ䷊、大壯 ䷡、夬卦 ䷪，象徵陽氣的陽爻由初位開始，節節上升，陽氣息而漸盈，至乾卦 ䷀ 之時，陽氣滿盈，也是陽氣最豐沛之際，以上自復卦至乾卦稱爲「息卦」。自乾卦陽氣最盛開始，陽氣消退，陰氣滋長，從姤卦 ䷫ 始，經過遯卦 ䷠、否卦 ䷋、觀卦 ䷓ 至剝卦 ䷖，陰氣由初位節節上升，陽氣消而漸虧，至坤卦 ䷁

〔註174〕徐芹庭《虞氏易述解》台北，五洲出版社，西元1974年2月出版，頁52。
〔註175〕此圖見於《易學啓蒙》，頁367。

時，是陽盡而陰最盛之時，以上自姤卦至坤卦稱之爲「消卦」。十二卦循著順時針方向運轉，陽息則陰消，陰息則陽消，周而復始，循環不已。

「辟卦」除了顯示出陰陽之消長情形之外，還與地支（子、丑、寅、卯、辰、巳、午、未、申、酉、戌、亥）相配，而以一年十二個月，一日十二個時辰彼此相應。就以一日之陰陽變化而言，子時應該是一日之中陰極盛之時，也是開始盛極而衰之始，而後陽氣漸生，一陽初動，因而配之以復卦；反之，午時是全日陽最盛之頂點，而後陽氣衰，陰氣滋長，一陰始生，而配之以姤卦。以一年十二個月而言，冬至是一年中陰最盛之時，此後陰衰陽長，一陽生始於復卦；反之，夏至是一年之中陽之極盛，而後陽氣漸衰，陰漸滋長，因而配之以姤卦；其餘十卦則依次配列，與各月份相合，故也稱爲「十二月卦」。所謂之「辟卦」之辟爲「君」爲「主」之意，意謂從復至乾卦、自姤卦至坤卦此十二卦爲十二月，也是十二個時辰之主。在徐芹庭於《兩漢十六家易注闡微》有云：

> 辟者君也，主也。謂主於一年十二月陰陽消息也。創自孟氏，焦氏、京氏亦從而推衍之，鄭荀虞亦用此釋易。今存孟京卦氣圖，以十二消息爲辟卦，六十四卦除坎、離、震、兌四方伯卦及十二消息卦之外，餘四十八卦，分屬公卦、侯卦、大夫卦、卿卦，統謂之雜卦。
> 〔註176〕

徐芹庭認爲「辟卦」是由孟喜所創，是由其「卦氣說」而來的，因孟喜卦氣理論是結合天文、曆法、節候與《周易》六十四卦爲主要內容，故想要探索「辟卦」之源流，不能不提到「卦氣說」。古代之曆法以五日爲一候（物候），三候爲一氣（節氣）。一月以三十日而言，統括二氣六候。一年四季有十二個月，共爲二十四節氣七十二候；換言之，一個月就有二氣，初氣名「節」（節氣），次氣名「中」（中氣）；一節氣又分爲三徵候，分作「初候」、「次候」、「末候」。在二十四氣循環運轉中，陰陽二氣之消息進退都用卦象顯現，故稱爲「卦氣」〔註177〕以圖示如下：〔註178〕

〔註176〕徐芹庭《兩漢十六家易注闡微》台北，五洲出版社，西元1975年12月出版，頁71。
〔註177〕此意見參考自《易學啓蒙》，頁369～371。
〔註178〕此圖見於《易學啓蒙》，頁370。

卦 氣 圖

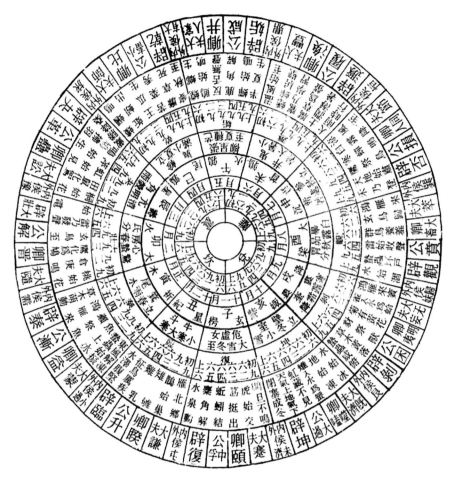

　　天地陰陽之消息、日月寒暑之往來，萬事萬物之生成及其動靜變化，其
變動之關鍵在於「氣」，人類探討宇宙之奧妙而最難捉摸者，亦莫若「氣」。
易道廣大配天地，變通四時，陰陽之義配日月，納之於卦，於是「卦氣」於
是成立；〔註179〕以下茲將孟喜之「卦氣說」作一重點摘錄。

一、四正卦與二十四氣

　　《周易·說卦傳》云：

　　　帝出乎震，齊乎巽，相見乎離，致役乎坤，說言乎兌，戰乎乾，勞

〔註179〕此意見見於陳炳元《易鑰》台北，弘道文化事業股份有限公司，西元 1976
　　　年初版，頁 305～306。

乎坎，成言乎艮。〔註180〕

大自然之主宰使萬物出生於象徵春分與東方之震，萬物齊生並長於象徵立夏與東南方之巽，萬物茂盛與充滿生命力於象徵夏至與南方之離，勤奮發展於象徵立秋與西南之坤，萬物喜悅與成熟於象徵秋分與西方的兌，陰陽交配結合於象徵立冬與西方的乾，萬物勤勞疲倦，需要休養生息於象徵冬至與北方的坎，最後萬物成功完成一年的生長使命而又重新萌生於象徵立春與東北的艮，至此主宰大自然萬事萬物生長之理循環不已，化生萬物。在〈說卦傳〉當中提到的八卦方位，即後代所稱之「文王後天八卦方位」，孟喜以此套方位為基礎，將居東、南、西、北四方正位的震、離、兌、坎四卦稱為「四正卦」，分統四時（四季），又稱為「時卦」。每卦統六氣，分別是震主春、離主夏、兌主秋、坎主冬，因而四正卦共主二十四氣。至於每卦之下六爻，分別再由其卦所主之季節當中，每一季六個節氣，分別由六爻值之，若是以圖示說明如下：〔註181〕

爻別 四正卦	初爻	二爻	三爻	四爻	五爻	上爻
震	春分	清明	穀雨	立夏	小滿	芒種
離	夏至	小暑	大暑	立秋	處暑	白露
兌	秋分	寒露	霜降	立冬	小雪	大雪
坎	冬至	小寒	大寒	立春	雨水	驚蟄

由以上圖表可知，四正卦之初爻所主之節氣恰好為春分、夏至、秋分與冬至，其於卦中五爻則依當季節氣之順序依序值之。

二、辟卦與雜卦

六十四卦，除了四正卦之外，尚餘六十卦。其中每卦之六爻各值一日，共三百六十爻，應一年三百六十日，合於周天之數。每月三十日，含五卦，其中一卦與月卦相同為君、為主，稱為「辟卦」，另外四卦為臣，稱為「雜卦」，「雜卦」又分為「公」、「卿」、「大夫」、「侯」。〔註182〕以下茲將以上文字說明

〔註180〕《十三經注疏》冊1《周易‧說卦傳》卷九，頁183。
〔註181〕此圖參考自廖婉利《虞翻易學思想研究》，頁33～34。
〔註182〕有關「辟卦」與「雜卦」之說明參見自《易學啟蒙》，頁372～373。

加以整理與釐清，以圖表示之：〔註183〕

卦類 月份	辟	公	卿	大夫	侯
十一月子	復	中孚	頤	蹇	未濟
十二月丑	臨	升	睽	謙	屯
正月寅	泰	漸	益	蒙	小過
二月卯	大壯	解	晉	隨	需
三月辰	夬	革	蠱	訟	豫
四月巳	乾	小畜	比	師	旅
五月午	姤	咸	井	家人	大有
六月未	遯	履	渙	豐	鼎
七月申	否	損	同人	節	恆
八月酉	觀	賁	大畜	萃	巽
九月戌	剝	困	明夷	無妄	歸妹
十月亥	坤	大過	噬嗑	既濟	艮

　　以上的圖表是將「辟」、「公」、「卿」、「大夫」、「侯」分配至每月每日之中，令其值日，藉以表現徵候之變化。在上述簡介「卦氣說」時提到一年當中有七十二徵候，若以六十卦值配七十二候，讓每卦值一候，如此尚餘十二卦，因此孟喜將稱之為「候卦」，將此卦分為二，即內卦之三爻分值前一個月之最後三日（即「中氣」之末候），外卦之三爻分值後一個月之最先之三日（即（節氣）之初候），其餘四卦，則是大夫卦值同一月「節氣」之次候；卿卦，值「節氣」之末候；公卦，值「中氣」之初候；辟卦，值「中氣」之次候，最後同一個月「中氣」之末候則是由下一個月之侯卦之內卦值之，若以圖表說明如下：〔註184〕

每月節氣 徵候	節氣	中氣
初候	侯卦之外卦	公卦
次候	大夫卦	辟卦
末候	卿卦	下月侯卦之內卦

〔註183〕此圖參考自廖婉利《虞翻易學思想研究》，頁34～35。
〔註184〕此圖參考自廖婉利《虞翻易學思想研究》，頁35。

　　以下試以實例說明：（一）十一月之中，其侯卦爲未濟，大夫卦爲蹇，卿卦爲頤，公卦爲中孚，辟卦爲復，十一月之節氣爲「大雪」，由四正卦之兌卦上六之爻所值，其中氣爲「冬至」，是由四正卦坎卦之初六爻值之。（二）以五月爲例，其侯卦爲大有，大夫卦爲家人，卿卦爲井，公卦爲咸，辟卦爲姤，而五月之節氣爲「芒種」，由四正卦之震卦上六之爻所值，其中氣爲「夏至」，由四正卦之離卦初九之爻所值。最後，對於卦氣說之總結，徐芹庭有整理概括之說明：

> 卦氣卦候者，乃以易六十四卦，三百八十四爻配一年四季，十二月、二十四節氣與七十二候者也。以坎冬、離夏、震春、兌秋分主四季爲四方伯之卦，四卦有二十四爻，主二十四節氣。十二消息卦分主十二月，爲十二辟卦，即君卦也。十二卦計七十二爻以配七十二候。其餘四十八卦分屬公卦、大夫卦、卿卦，加上十二辟卦，共六十卦，每卦六爻，共三百六十爻，以當一年三百六十五又四分之一日，每卦值六日七分，一日分爲八十分，五日爲一候，三候爲一氣，二氣爲一月，二十四氣爲一年，一月當五卦，其辟卦則主國君，餘爲侯、大夫、卿、公。〔註185〕

由以上孟喜之「卦氣說」的介紹之中我們可以清楚得知，十二辟卦即是自十二個月中所分配到之復、臨、泰、大壯、夬、乾、姤、遯、否、觀、剝、坤十二卦。同時此十二卦之陰陽爻依照彼此相互消長而有秩序之排列，象徵氣候運轉、萬物內涵之中陰陽消息之原理，故此「辟卦」之觀念，尚秉和才會認爲自孟喜始成有系統之學說。焦延壽於《焦氏易林》中運用了「辟卦」爲林辭取象方法之一，以下茲舉出此書運用「辟卦」爲呈現方式之數例加以解析與說明。

三、《焦氏易林》運用「辟卦」之概念

　　（一）《焦氏易林·復之復》云：「周師伐紂，克於牧野。甲子平旦，天下悅喜。」〔註186〕筮得爲本卦復卦 ䷗ ，其六爻均不變。復卦之內卦爲震，震爲周、爲伐，又此外卦爲坤，坤爲師、爲惡、爲野、爲養，故云「周師伐紂，克於牧野」。復卦之初九爻值甲子，又內卦震爲晨、爲喜，外卦坤爲天下，故

〔註185〕《虞氏易述解》，頁54～55。
〔註186〕《焦氏易林注·復之復》，頁239。

云「甲子平旦，天下悅喜」。此卦林辭提到「甲子」一詞，是取象於「辟卦」之中復卦搭配天干「甲」與地支「子」而來。

（二）《焦氏易林・復之遯》云：「仲冬无秋，鳥鵲飢憂。困於米食，數驚鸛雕。」〔註187〕筮得本卦為復卦䷗，其卦除了六二之爻不變之外，其餘諸爻皆產生爻變而形成之卦遯卦䷠。復卦居於十一月子，季節為仲冬，此時百物凋零；又遯卦旁通為臨卦䷒，此卦之內卦為兌，兌為四正卦之一，其搭配值之季節為秋，又臨卦之外卦為坤，坤為虛，故林辭云「仲冬无秋」。遯卦之內卦為艮，艮為鳥鵲、為鸛雕，又復卦之外卦為坤，坤為飢、為憂困，此卦之內卦為震，震為米，又臨卦之內兌為食，故云：「鳥鵲飢憂。困於米食，數驚鸛雕」。此卦林辭之「仲冬无秋」一句，是取象於復卦位居於辟卦子位，季節為東與旁通卦臨之內兌值秋之辟卦法而來。

（三）《焦氏易林・頤之蒙》云：「秋南春北，隨時休息。處和履中，安无憂凶。」〔註188〕筮得本卦為頤卦䷚，其卦之初九與六二爻變而形成之卦蒙卦䷃。頤卦旁通為大過卦䷛，此卦之外卦為兌，兌為四正卦之一，值秋季，又頤卦之外卦為艮，之內卦為艮，依納甲之法，艮納丙，而丙在南方，故云「秋南」；頤卦之內卦為震，震為四正卦之一，值春，又頤卦之六二、六三與六四爻互體為坤，坤之先天卦位居北，故云「春北」。頤卦之外艮為時、為休息、為安、為鴻雁，此卦之內震為履，又蒙卦之內卦為坎，坎為中和，故云「隨時休息。處和履中，安无憂凶」。此卦林辭。此卦林辭「秋南春北」一句，取象自頤卦旁通為大過之外兌為秋，內艮為南與頤卦之內震為春，外坤為北而來。

（四）《焦氏易林・離之坤》云：「春秋禱祝，解禍除憂，君子无咎。」〔註189〕筮得本卦為離卦䷝，其卦之初九、九三、九四與上九之爻變而形成之卦坤卦䷁。離卦之九三、九四與六五爻互體為兌，兌為四正卦之一，其搭配值之季節為秋，又兌為口，故云「禱祀」。離卦旁通為坎卦䷜，坎卦之九二、六三與六四爻互體為震，震為四正卦之一，值春，又坎為禍、為憂，坎卦之六三、六四與九五爻互體為艮，艮為君子，故云「解禍除憂，君子无咎」。此卦林辭之「春秋」之象，是取自離卦之互體兌為秋，旁通卦坎互體震為春而來。

〔註187〕《焦氏易林注・復之遯》，頁244。
〔註188〕《焦氏易林注・頤之蒙》，頁269。
〔註189〕《焦氏易林注・離之坤》，頁299。

　　（五）《焦氏易林‧離之困》云：「春東夏南，隨陽有功，與利相逢。」
〔註190〕筮得本卦爲離卦 ䷝，其卦之初九至九四爻皆產生爻變而形成之卦困
卦 ䷮。離卦之內外卦皆離，離爲四正卦之一，其搭配值之季節爲夏，又離
之先天卦位爲東；離卦旁通爲坎卦 ䷜，此卦之九二、六三與六四爻互體爲
震，震爲四正卦之一，值春，又困卦當中有乾之「半象」，即將此卦之九四
與九五爻一組恰好形成乾之「半象」，乾先天卦位爲南，故林辭云「春東夏
南」。離爲陽，離卦旁通爲坎卦之互體震爲功、爲隨，又離卦之六二、九三
與九四爻互體爲巽，巽爲利，故云「隨陽有功，與利相逢」。此卦林辭中之
「春」、「夏」之象分別取象於離爲夏與其旁通卦坎卦之互體震爲春而來。

　　（六）《焦氏易林‧咸之未濟》云：「秋梁未成，无以至陳。水深難涉，
使我不前。」〔註191〕筮得本卦爲咸卦 ䷞，此卦之六二、九三、九五與上六爻
變而形成之卦未濟卦 ䷿。咸卦之外卦爲兌，兌爲四正卦之一，其搭配值之季
節爲秋，兌也爲毀，又咸卦之內卦爲艮，艮爲梁，故云「秋梁未成」。咸卦有
坎之「大象」，將此卦之九三至九五爻視爲一陽爻，配合六二與上六爻形成了
坎，坎爲水，此卦大坎象，代表「水深難涉，使我不前」。此卦林辭之「秋」
之象，是取自咸卦之外卦兌值秋之辟卦法而來。

　　（七）《焦氏易林‧恆之謙》云：「咸陽辰巳，長安戌亥。丘陵生心，非魚
鮋市。可以避水，終无凶咎。」〔註192〕筮得本卦爲恆卦 ䷟，其卦之九二、九
四爻變而形成之卦謙卦 ䷎。尚秉和謂謙卦有云：「謙震、坎、艮三陽俱備，震，
乾初，坎，乾中，艮，乾上，三陽成乾，故曰咸陽」〔註193〕。恒卦之九二至九
四爻互體爲乾，又在辟卦當中，乾居於辰巳之方位，故云「咸陽辰巳」。恒卦之
外卦爲震，震爲長，謙卦之外卦爲坤，坤爲安，又辟卦之中，坤居於戌亥之位，
故云「長安戌亥」。再者，謙卦之六二、九三與六四爻互體爲坎，坎爲水，坎在
先天卦位居於西方，又謙卦之內卦爲艮，艮爲丘陵，此卦之外卦坤爲魚，互體
坎爲水，言丘陵可以避水，但卻無法得到魚，故云「丘陵生心，非魚鮋市。可
以避水，終无凶咎」。此卦林辭之「辰巳」與「戌亥」一詞，是取象於恆卦之互
體乾，乾居於辰巳之方位與謙卦之外坤，坤居於戌亥之位而來。

〔註190〕《焦氏易林注‧離之困》，頁305。
〔註191〕《焦氏易林注‧咸之未濟》，頁317。
〔註192〕《焦氏易林注‧恆之謙》，頁320。
〔註193〕此意見見於《焦氏易林注‧恆之謙》，頁320。

（八）《焦氏易林‧大壯之小過》云：「春鴻飛東，以馬貿金，利可得深。」〔註194〕筮得本卦爲大壯卦 ䷡，其卦之初九與九二爻變而形成之卦小過卦 ䷽。小過卦之外卦爲震，震爲四正卦之一，值春，震也爲飛、爲馬、爲鴻、爲東，又小過卦之六二、九三與九四爻互體爲巽，巽爲利、爲商旅，故曰「貿」，又小過卦之內卦爲艮，艮爲金，再者，小過卦有坎之「大象」，將此卦之九三與九四爻視爲一陽爻，配合六二與六五爻形成坎，坎爲水、爲深，最後林辭才云「春鴻飛東，以馬貿金，利可得深」。此卦林辭之「春」象，是取自小過之外卦震值春之辟卦法而來。

（九）《焦氏易林‧解之頤》云：「陽春枯槁，夏多水潦。霜霰俱作，傷我禾黍，年歲困苦。」〔註195〕筮得本卦爲解 ䷧，其卦之初六、九二與九四與上六之爻而形成之卦頤卦 ䷚。頤卦之六二至六四爻互體爲坤，坤爲死，此卦之內卦爲震，震爲四正卦之一，值春，又解卦之內卦爲坎，坎爲水，此卦之九二、六三與九四爻互體爲離，離爲四正卦之一，其搭配值之季節爲夏，故林辭云「陽春枯槁，夏多水潦」。頤卦互體坤，坤爲霜、爲冰、爲年歲，又解卦之外震爲禾，故云「霜霰俱作，傷我禾黍，年歲困苦」。此卦林辭中之「春」與「夏」之象，是取自於分別取象於解卦之互體離爲夏與其解卦外震爲春而來。

四、本節小結

焦延壽嘗從孟喜問易，孟喜爲焦延壽之師，由本節舉出《焦氏易林》中運用「辟卦」爲取象方法之實例，不難看出焦氏受其師「卦氣說」的影響，並將其觀念應用於《焦氏易林》書中。「卦氣說」與「辟卦」爲古人解釋自然界之運行與人事盛衰循環之彼此相互連結的關係，焦氏將其實際運用於《易林》書中，大都是以地支與天干配合辟卦之陰陽消長爲主要取象方法；焦延壽延續其師的思想更進一步實際運用理論於人事現實之中。

第八節　本章結語

《焦氏易林》龐大組織結構中，由最基本《周易》六十四卦及其之卦組合而成，其中組成之關鍵要素，就是每一卦六爻之中不同爻變的情形的產生。

〔註194〕《焦氏易林注‧大壯之小過》，頁 350。
〔註195〕《焦氏易林注‧解之頤》，頁 403。

鄭燦先在《易學啓蒙》一書中有云：

> 一個卦不過六爻，其所以能比擬形容至賾、至動的物情事態，以冒
> 天下之道者，則是由於作者就六爻所展示的諸元及其變化有所取
> 義，而假借某些事物之發展演變，比譬人事進退之得失利鈍，以備
> 讀者觸類引申，旁通曲暢以盡其妙。〔註196〕

天地寰宇無窮寬廣，浩翰無垠，《周易》六十四卦與其卦爻辭廣納萬物，而《焦
式易林》進一步將六十四卦擴展，配合每一卦六爻之不同程度的爻變形成龐
大體系之本卦與之卦的卦變系統，將萬物循環之規律與人事興廢盛衰結合為
一，透過四千零九十六條林辭的形式呈現。本章的主要內容即是分析與歸納
眾多林辭中不同的呈現方式，結果大致分為「旁通」、「相綜」（《焦式易林》
將此二者觀念合為「錯綜」）、「先天八卦」、「互體」、「半象」、「大象」、「納甲」、
「辟卦」等主要概念，《焦式易林》運用多種易學上重要的方法呈現林辭。但
這些方法多不是焦延壽所創立，而是承繼於《左傳》、《周易》本身或其師孟
喜之易學觀念而來；例「旁通」、「先天八卦」、「半象」、「大象」是自《周易》
及《易傳》在字裡行間不經意透露的觀念，焦氏加以深化並應用於林辭中；「相
綜」、「互體」是自《左傳》之時就隱約有這樣的觀點出現，只是焦延壽更進
一步將其擴展與發揚；「辟卦」之法則是由焦氏師孟喜之「卦氣說」的啓發；
唯一可算的上是焦氏之創發觀點，就是「納甲」觀念的出現，一般而言都是
以為京房為始創者，其實不然，焦延壽已運用「納甲」之法於林辭之中。

　　想要了解《焦氏易林》每一首林辭之意義為何，無法只從四言詩之林辭
字面解釋而已，否則會如墮入五里迷霧中，不知林辭究竟所云之意為合；最
重要之關鍵，需融合本章所整理與歸納的各種易學之法於林辭顯示之物象之
中加以分析，才能一窺究竟。焦延壽沒有將其自身易學觀念有系統的論述與
明說於《焦氏易林》書中，卻最後是融合各種易學觀念後，用韻語之詩的形
式呈現，造成後世解讀時的困難度。在此書中的每一首林辭都包含各種不同
解《易》之概念與方式，欲一窺其真義，就必須了解焦延壽究竟運用了哪些
取象之法，才能豁然開朗。

〔註196〕此文節錄自《易學啓蒙》，頁283。

第五章 《焦氏易林》逸象探析

　　由上一章探討《焦氏易林》如何解釋林辭之方法，我們可以得知每一卦之林辭其眞義蘊含於每一個本卦與之卦的卦象之中，同時運用各種不同象數的手法爲取象方式，並藉著大量四言詩或是少數三言其他形式的韻語呈現，恰好印證了《焦氏易林注・序》所云：「凡《易林》之辭，無一字不從象生〔註1〕」的結論。由此可知《焦氏易林》之林辭與卦象實爲密不可分的關係。

　　本章探討的主要內容是將《焦氏易林》的兩個重要構成要因──「卦象」與「取象方法」加以歸納與剖析後，首先掌握「《焦氏易林》八卦之逸象」所代表的象徵意義，因爲《易林》六十四卦本卦與之卦的變化都是以八卦之象爲基礎，因而藉由掌握《易林》八卦之逸象，才能進一步瞭林辭內含之意蘊。

第一節　《焦氏易林》八卦逸象分析

　　所謂的「逸象」，是指除了《周易》經傳八卦卦象、卦德之要義之外，尚由其他易學家透過不同之角度與自行理解與推論而衍擴出範圍更大之八卦象徵意涵，有別於傳統《周易》經傳八卦的象徵意義；陳壽熊於《讀易漢學私記》對「逸象」之定義有云：「按說《易》者所陳卦象，不見於〈說卦〉者，或據《易》推衍，或采他書比附。」〔註2〕易學家或本於《周易》經傳

〔註 1〕 尚秉和注・常秉義點校《焦氏易林注・序》北京，光明日報出版社，西元 2005 年 5 月第一版，頁 1。

〔註 2〕 清・陳壽熊《讀易漢學私記》收錄於《續修四庫全書》冊 34，上海古籍出版社，西元 1995 年初版，頁 107。

之文、或運用其他典籍之佐證，發展出一些原本《周易》經傳卦象之外的象徵意涵。

　　《焦氏易林》爲一本占筮之書，藉由占算之後得到的本卦與之卦的相互變化情形，觀察其變動之果，以驗知萬事之吉凶禍福。如何定出吉凶之關鍵，就在於占卜結果之卦象所象徵之意義爲何，然而人世間之事千頭萬緒，光靠〈說卦傳〉所列之一百五十餘象，極其有限，又怎能以區區之象如何能盡賅天地萬有呢？因而焦延壽應用衍擴出許多卦象，藉以說明人事之禍福吉凶。以下茲將《易林》之逸象整理並羅列說明如下：〔註3〕

一、《焦氏易林》八卦逸象

（一）乾逸象

1. 爲日：《周易・乾》九三爻辭云：「君子終日乾乾」〔註4〕，《周易・乾象傳》：「大明終始」（P.6），所謂「大明」，爲天上最光明之物，即太陽、爲日；由乾卦☰之象辭與爻辭可知乾有「日」之象。

2. 河海、大川：《周易・同人》云：「利涉大川」（卷二，P.44）；同人卦☰外卦爲乾，又此卦之經文云「利涉大川」之語，推闡其義有「河海」、「大川」之象。

3. 山陵：《周易・同人》又云：「升其高陵」（卷二，P.45），同人外卦爲乾，此卦爻辭云「升其高陵」，推闡其義有「山陵」之象。

4. 石：《周易・說卦傳》云：「乾爲玉」（卷九，P.185），玉爲石頭之一種，而《易林》將此義衍生而得到「石」之象。

5. 南：乾之先天卦位居於南方，而乾也代表著「南」之象。

6. 虎：《周易・履》云：「履虎尾」（卷二，P.40），履卦☲之外卦爲乾，又此卦經文云「履虎尾」之文，又《周易・乾文言》也有：「風從虎」（P.15）之語，綜合上述《周易》之說法，推理其意涵也有「虎」之象。

〔註3〕　本節所列之逸象參考自尚秉和注・常秉義點校《焦氏易林注》、尚秉和《焦氏易詁》二書，經由筆者整理、歸納之後所得。

〔註4〕　晉・王弼編、清・阮元校勘《十三經注疏》冊1《周易・乾》卷一，台北，藝文印書館，西元1955年初版，頁9。以下本節引用《周易》經傳之文皆由本書出，爲避免註解過份重出冗贅，故不再一一註解，僅在本文中註明卷數與頁數。

（二）坤逸象

1. 爲水、江淮、河海、淵、雲：《周易‧益》：「利涉大川」（卷四，P.96），益卦 ䷩ 之六二至六四爻互體爲坤，又益卦之經文云「利涉大川」之語，而益卦內有坤象，故將坤象也引伸有水之象，又淵、江與河、淮、海、雲都是以水組成，故又可推之有「江淮、河海、淵、雲」之象徵意義。

2. 魚：《周易‧剝》六五爻辭有云：「貫魚以宮人寵」（卷三，P.64），剝卦 ䷖ 之內卦爲坤，又此卦之爻辭提到「貫魚」，又上述坤爲水之象，綜合觀之，將坤賦予「魚」之象徵意涵。

3. 蛇：《周易‧繫辭下》：「龍蛇之蟄」（卷八，P.169）此語之意義是指象巨龍長蛇一樣冬眠潛伏於地下，坤爲地，若我們將〈繫辭傳〉此段意義配合坤爲地的觀念，可賦予坤爲「蛇」之意象。

4. 墟：《周易‧升》九三爻辭云：「虛邑」（卷五，P.107）升卦 ䷭ 之外卦爲坤，又此卦之爻辭說爲空虛之城邑，故推其坤有「墟」之義。

5. 茅茹：《周易‧否》初六爻辭云：「拔茅茹」（卷二，P.43）。否卦 ䷋ 之內卦爲坤，又此卦之爻辭說「拔茅茹」之語，因此坤推其象有「茅茹」之意。

6. 逆：坤逆行。《乾鑿度》云：「坤右行，陰時六」所謂右行指逆行而言，因而也賦予坤有「逆」之象。

7. 北：坤之先天卦位居於北方，故坤也有「北」之象。

8. 心：《周易‧益》九五爻辭有云：「有孚惠心，勿問元吉」（卷四，P.97）。益卦 ䷩ 之六二至六四爻互體爲坤，又益卦之爻辭提到有施惠天下之仁心，益卦中有坤象，坤又有「心」之象徵意義。

9. 志：《周易‧益‧小象傳》云：「大得志也」（卷四，P.96）。益卦中有坤象，此卦爻辭云「志」，故也將坤之象衍生賦予「志」的象徵意義。

10. 憂：《周易‧泰》九三爻辭云：「勿恤其孚，于食有福」（卷二，P.42）。泰卦 ䷊ 之外卦爲坤，又此卦爻辭云「恤」，恤即憂之意；再者《周易‧升象傳》云：「勿恤，有慶也」（卷五，P.107），升卦 ䷭ 之外卦爲坤，此卦也言「恤」，綜合以上二卦情形都有坤之象，恰好卦爻辭中也有提到「恤」、「憂」之意，因而《焦氏易林》賦予坤有「憂」之象徵意義。

11. 疾病：《周易‧復》之經文云：「出入无疾」（卷二，P.64），復卦 ䷗ 之外卦爲坤，又此卦之經文云「疾」，再者《周易‧損》六四爻辭云：「損其疾」（卷四，P.95），損卦 ䷨ 之六三至六五爻互體爲坤，又此卦之爻辭也云

「疾」，綜合以上二卦之卦都有坤象，又其卦爻辭都提到「疾」之意，因而《焦氏易林》賦予坤有「疾病」之象徵意義。

12. 毒：《周易・師・象傳》有云：「以此毒天下」（卷二，P.163），師卦之外卦為坤☷，此卦提到「毒」，又師卦有坤象，因此推其坤之義也有「毒」之意義。

13. 野：《周易・坤》之上六爻辭云：「龍戰于野，其血玄黃」（卷一，P.20），依〈說卦傳〉可知坤為地，又坤卦之爻辭云「野」，「野」為「地」之一部份，因此《焦氏易林》對於坤象加以延伸而有「野」之象徵。

14. 貧：《周易・謙》六五爻辭有云：「不富，以其鄰利用侵伐，无不利」（卷二，P.48），謙卦☷之外卦為坤，謙卦中有坤象，又此卦林辭言「不富」，「不富」即「貧」，坤之象由三陰爻組成，三陰爻皆為斷，為虛，衍伸為「貧」，再者《周易・泰》六四爻有曰「翩翩，不富」（卷二，P.42），泰卦☷之外卦為坤，泰卦中有坤象，又此卦爻辭也云「不富」，因而《焦氏易林》綜合以上資料而給予坤有「不富」、「貧」的象徵意義。

（三）震逸象

1. 為武、旗：依〈說卦傳〉可知震為動，又為雷、為鳴，在戰場上士兵擊鼓吶喊，助長聲勢，由其象徵敵方與我方辨明方法不可或缺的就是「旗幟」，因而《焦氏易林》綜合這些元素而給予震有「武」、「旗」的象徵意義。

2. 隼、射：《周易・解》上六爻辭有云：「公用射隼于高墉之上」（卷四，P.94），解卦☳之外卦為震，震為動，又此卦之爻辭云「隼」、「射」，解卦含有震象，再者《左傳・成公十六年》云「史曰：『吉。其卦遇復☳，曰：『南國蹙，射其元王，中厥目。』國蹙、王傷，不敗何待？」〔註5〕，復卦之內卦為震，《左傳》占辭結果言「射」，《焦氏易林》綜合以上結果，因而推其震象也有「隼」、「射」之象徵意義。

3. 南：《周易・升・象傳》有云：「南征吉，志行也」（卷五，P.107），升卦☳之九三、六四與六五爻互體為震，又此卦提到「南」之方位，再者《左傳・成公十六年》云「南國蹙」一語當中提到占卜的結果為復卦，復卦之內卦為震，又其占辭也提到「南」之方位，因而《焦氏易林》歸納得到震有「南」的象徵意義。

〔註5〕楊伯峻《春秋左傳注・成公十六年》（上冊）高雄，復文圖書出版社，西元1991年9月再版，頁885。

4. 爵：《周易·中孚》九二爻辭云：「我有好爵，吾與爾靡之」（卷六，P.133），中孚卦☲☴之九二、六三與六四爻互體爲震，中孚卦中有震象，又此卦爻辭提到「爵」，因而《焦氏易林》推論震有「爵」之象。

5. 樽：《周易·坎》六四爻辭云：「樽酒，簋貳」（卷三，P.73）坎卦☵☵之九二、六三與六四爻互體爲震，坎卦中有震象，又此卦爻辭提到「樽」之象，因而《焦氏易林》推論震有「樽」之象。

6. 食、口：《周易·頤》經文云：「觀頤，自求口實」（卷三，P.69）所謂「實」爲「食」也，頤卦☶☳之內卦爲震，頤卦中有震象，又此卦之經文提到「實」即「食」、「口」，再者《周易·明夷》初九爻辭云：「君子于行，三日不食」（卷四，P.88），明夷卦☷☲之九三、六四與六五爻互體爲震，明夷卦中有震象，又此卦爻辭言「食」，因而《焦氏易林》綜合以上資料推論震有「食」與「口」之象。

7. 鶴：《周易·中孚》九二爻辭云：「鳴鶴在陰，其子和之」（卷六，P.133），中孚卦☲☴之九二、六三與六四爻互體爲震，中孚卦中有震象，又此卦爻辭提到「鶴」象，因而《焦氏易林》推論震有「鶴」之象。

8. 袂、君：《周易·歸妹》六五爻辭有云：「帝乙歸妹，其君之袂」（卷五，P.119），歸妹卦☳☱之外卦爲震，歸妹卦中有震象，震爲主、爲帝，又此卦之爻辭提到「君」、「袂」，因而《焦氏易林》綜合以上資料推測震有「君」與「袂」之象。

9. 伐：《周易·謙》六五爻辭云：「以其鄰利用侵伐，无不利」（卷二，P.48），謙卦☷☶之九三、六四與六五爻互體爲震，謙卦中有震象，震爲動，又此卦之爻辭提到「伐」，因而《焦氏易林》綜合以上資料推測震有「伐」之象。

10. 胎：《周易·屯》六二爻辭云：「女子貞不字，十年乃字」（卷一，P.22）所謂「字」，是妊娠、孕也；屯卦☵☳之內卦爲震，屯卦中有震象，又此卦之爻辭提到「字」，因而《焦氏易林》綜合以上資料推測震有「孕」之象。

11. 舟船：《周易·中孚象傳》云：「乘木舟虛也」（卷六，P.133）中孚卦☲☴之九二、六三與六四爻互體爲震，中孚卦中有震象，又此卦提到「舟」，因而《焦氏易林》推論震有「舟」、「船」之象。

12. 飛翼：《周易·明夷》初九爻辭云：「明夷于飛，垂其翼」（卷四，P.88），明夷卦☷☲之九三、六四與六五爻互體爲震，明夷卦中有震象，震爲動，

有此卦爻辭云「飛、翼」，因而《焦氏易林》綜合以上資料推測震有「飛、翼」之象。

13. 商旅：《周易・復・大象傳》曰：「商旅不行，后不省方」（卷三，P.65），復卦 ䷗ 之內卦爲震，復卦中有震象，震爲人，又此卦提到「商旅」之象，因而《焦氏易林》綜合以上資料推測震有「商、旅」之象。

14. 公：《周易・解》上六爻辭有云：「公用射隼于高墉之上」（卷四，P.94），解卦 ䷧ 之外卦爲震，震爲主，又此卦之爻辭云「公」，因而《焦氏易林》綜合以上資料推測震有「公」之象。

15. 父：《蠱》初六爻辭云：「幹父之蠱，有子考」（卷三，P.58），蠱卦 ䷑ 之九三、六四與六五爻互體爲震，蠱卦中有震象，又此卦提到「父」，因而《焦氏易林》推論震有「父」之象。

16. 神：依〈說卦傳〉言：帝出乎震（卷九，P.183），帝之引伸可爲神之意，故《焦氏易林》推論震有「神」之象。

17. 辰、時：《周易・損象傳》：「損益盈虛，與時偕行」（卷四，P.95）、《周易・益象傳》也曰「凡益之道，與時偕行」（卷四，P.96）損卦 ䷨ 之九二、六三與六四爻互體爲震，而益卦 ䷩ 之內卦爲震，損與益二卦都有震象，又此二卦之象辭都提到「時」之意，因而《焦氏易林》綜合以上資料推測震有「時」、「辰」之象徵意涵。

18. 登：《周易・明夷》上六爻辭云：「不明晦，初登于天」（卷四，P.89）明夷卦 ䷣ 之九三、六四與六五爻互體爲震，明夷卦中有震象，又此卦爻辭云「登」，因而《焦氏易林》推論震有「登」之象。

19. 狩：《周易・明夷》九三爻辭云：「明夷于南狩，得其大首」（卷四，P.89）明夷卦 ䷣ 之九三、六四與六五爻互體爲震，明夷卦中有震象，震爲動、爲武，又此卦爻辭云「狩」，狩是動與武的延伸，因而《焦氏易林》推論震有「狩」之象。

20. 乘：《周易・解》六三爻辭之〈象傳〉曰：「負且乘，亦可醜也」（卷四，P.94），解卦 ䷧ 之外卦爲震，解卦中有震象，又此卦之象云「乘」，因而《焦氏易林》推論震有「乘」之象。

21. 羽翰：《周易・賁》六四爻辭云：「賁如，皤如，白馬翰如」（卷三，P.63），賁卦 ䷕ 之九三、六四與六五爻互體爲震，賁卦中有震象，又此卦爻辭言「翰」，因而《焦氏易林》推論震有「翰」之象。

22. 東北：震之先天卦位居於東北，因而《焦氏易林》推論震有「東北」之象徵意涵。

23. 萌芽：《周易‧解‧象傳》有云：「天地解而雷雨作，雷雨作而百果草木皆甲坼」（卷四，P.93），所謂「甲坼」是指植物的種子外殼破裂，得到天地雨水滋養，種子開始萌芽；解卦☳☵之外卦爲震，解卦中有震象，又此卦象辭言「甲坼」，因而《焦氏易林》推論震有「萌芽」之象。

24. 箕子、孩子：《周易‧明夷》六五爻辭云：「箕子之明夷，利貞」（卷四，P.89），所謂「箕子」就是孩子，明夷卦☷☲之九三、六四與六五爻互體爲震，明夷卦中有震象，又此卦爻辭云「箕子」，因而《焦氏易林》推論震有「箕子」、「孩子」之象徵意涵。

25. 田：《周易‧師》六五爻辭云：「田有禽，利執言」（卷二，P.167），師卦☷☵之九二、六三與六四爻互體爲震，師卦中有震象，又此卦爻辭言「田」，因而《焦氏易林》推論震有「田」之象徵意涵。

26. 山陰：《周易‧中孚》九二爻辭云：「鳴鶴在陰，其子和之」（卷六，P.133），中孚卦☴☱之九二、六三與六四爻互體爲震，中孚卦中有震象，又震爲艮之反象，艮爲山，故云「山陰」，因而《焦氏易林》推論震有「山陰」之象徵意涵。

27. 嘉：《周易‧隨》九五爻辭云：「孚于嘉，吉」（卷二，P.57），隨卦☱☳之內卦爲震，隨卦中有震象，又震爲福、爲喜，而此卦爻辭也云「嘉」，因而《焦氏易林》推論震有「嘉」之象徵意涵。

28. 鄰：《周易‧泰》六四爻辭云：「以其鄰不戒以孚」（卷二，P.42），泰卦☷☰其卦之九三、六四與六五爻互體爲震，泰卦中有震象，而泰卦爻辭云「鄰」；再者《周易‧謙》六五爻辭云：「以其鄰力用侵伐，無不利」（卷二，P.48），謙卦☷☶之九三、六四與六五爻互體爲震，謙卦之中有震象，又謙卦爻辭云「鄰」，因而《焦氏易林》綜合以上資料推測震有「鄰」之象徵意涵。

29. 藩：《周易‧大壯》九三爻辭云：「羝羊觸藩，羸其角」（卷四，P.86），大壯卦☳☰之外卦爲震，大壯卦中有震象，又此卦爻辭云「藩」，因而《焦氏易林》推論震有「藩」之象徵意涵。

30. 斗、星：《周易‧豐》九四爻辭云：「日中見斗」（卷六，P.127），豐卦☳☲之外卦爲震，豐卦中有震象，又此卦之爻辭云「斗」，斗爲星，因而《焦氏易林》推論震有「斗」、「星」之象徵意涵。

31. 福：《周易・震象傳》有云：「恐致福也」（卷五，P.114），震卦 ䷲ 之爻辭云「福」，因而《焦氏易林》推論震有「福」之象徵意涵。

32. 虛：《周易・歸妹・小象傳》云：「无實，承虛筐也」（卷五，P.119），歸妹卦 ䷵ 之外卦爲震，歸妹卦中有震象，又此卦爻辭云「虛」，因而《焦氏易林》推論震有「虛」之象徵意涵。

33. 輹：《左傳・僖公十五年》有云：

> 晉獻公筮嫁伯姬於秦，遇歸妹 ䷵ 之睽 ䷥。史蘇占之，曰：……車說其輹，火焚其旗，不利行師，敗于宗丘〔註6〕

歸妹卦之外卦爲震，歸妹卦中有震象，又《左傳》之占卜結果之中有言「車」與「輹」，因而《焦氏易林》推論震有「輹」之象徵意涵。

34. 子：《周易・蒙》九二爻辭云：「吉，子克家」（卷一，P.24），蒙卦 ䷃ 之九二、六三與六四爻互體爲震，蒙卦中有震象，又此卦爻辭言「子」；《周易・蠱》初六爻辭有云「幹父之蠱，有子考」（卷三，P.58），蠱卦 ䷑ 之九三、六四與六五爻互體爲震，蠱卦中有震象，又此卦爻辭言「子」；再者《周易・中孚》九二爻辭有云「鳴鶴在陰，其子和之」（卷六，P.133），中孚卦 ䷼ 之九二、六三與六四爻辭互體爲震，中孚卦中有震象，又此卦爻辭言「子」，因而《焦氏易林》綜合以上資料推測震有「子」之象徵意涵。

35. 乾：《周易・噬嗑》九四爻辭云：「噬乾胏，得金矢」（卷三，P.61）、六五爻辭云：「噬乾肉，得黃金」（卷三，P.62），噬嗑卦 ䷔ 之內卦爲震，噬嗑卦中有震象，又此卦爻辭言「乾」，因而《焦氏易林》綜合以上資料推測震有「乾」之象徵意涵。

36. 簋：《周易・坎》六四爻辭有云：「樽酒，簋貳」（卷三，P.73），坎卦 ䷜ 之九二、六三與六四爻互體爲震，坎卦中有震象，又此卦爻辭云「簋」；再者《周易・損》之經文云：「曷之用？二簋可用享」（卷二，P.94），損卦 ䷨ 之九二、六三與六四爻互體爲震，損卦中有震象，又此卦經文云「簋」，因而《焦氏易林》綜合以上資料推測震有「簋」之象徵意涵。

（四）巽逸象

1. 爲母：《周易・小過》六二爻辭有云：「遇其祖，遇其妣」（卷六，P.135），

〔註6〕此文節錄自《春秋左傳注・僖公十五年》（上冊），頁363～365。

所謂「妣」是「祖母」之意，小過卦 ䷽ 之六二、九三與九四爻互體爲巽，小過卦中有巽象，又爻辭言「妣」即「母」，再者《周易・蠱》九二爻辭云：「幹母之蠱，不可貞」（卷三，P.58），蠱卦 ䷑ 之內卦爲巽，蠱卦中也有巽象，又蠱卦之爻辭言「母」，因而《焦氏易林》綜合以上資料推測巽有「母」之象徵意涵。

2. 齊：依〈說卦傳〉之言：「齊乎巽」（卷九，P.184），因而《焦氏易林》推論巽有「齊」之象徵意涵。

3. 姜：姜爲齊之姓，又巽爲齊，又《左傳・莊公二十二年》有云：「陳侯使筮之，遇觀 ䷓ 之否 ䷋ ……風行而著於土，故曰其在異國乎！若在異國，必姜姓也」〔註7〕觀卦與否卦皆有巽象，以巽爲姜，因而《焦氏易林》綜合以上資料推測巽有「姜」之象徵意涵。

4. 豕：《周易・姤》初六爻辭云：「羸豕孚蹢躅」（卷五，P.104～105），姤卦 ䷫ 之內卦爲巽，姤卦中有巽之象，又爻辭言「豕」；再者《周易・中孚》經文有云：「豚魚吉，利涉大川，利貞」（卷六，P.133），所謂「豚」即「豕」，中孚 ䷥ 卦之外卦爲巽，中孚卦中有巽象，又此卦爻辭云「豚」，因而《焦氏易林》綜合以上資料推測巽有「豕」、「豚」之象徵意涵。

5. 蠱：《左傳・昭公元年》有云：「皿蟲爲蠱。穀之飛亦爲蠱」〔註8〕，蠱卦 ䷑ 之內卦爲巽，蠱卦中有巽象，又《左傳》言「蟲爲蠱」因而《焦氏易林》綜合以上資料推測巽有「蠱」之象徵意涵。

6. 敝漏、隙：《周易・井》九二爻辭云：「井谷射鮒，甕敝漏」（卷五，P.169），井卦 ䷯ 之內卦爲巽，井卦中有巽象，巽下斷，下下斷故有隙，漏之所由來也，又此卦爻辭云「敝漏」，因而《焦氏易林》推論巽有「敝漏」、「隙」之象徵意涵。

7. 盜賊：依〈雜卦傳〉有言：「〈巽〉，伏也。」（卷九，P.189）巽卦之伏象爲坎，坎爲賊，因而《焦氏易林》推論巽有「盜賊」之象徵意涵。

8. 戎、莽：《周易・同人》九三爻辭之〈象傳〉：「伏戎于莽，敵剛也」（卷二，P.45），同人卦 ䷌ 之六二、九三與九四爻互體爲巽，同人卦中有巽象，又此卦爻辭言「戎」即「兵戎」、「莽」即「草莽」，因而《焦氏易林》推論巽有「戎」、「莽」之象徵意涵。

〔註7〕此文節錄自《春秋左傳注・莊公二十二年》（上冊），頁223～224。
〔註8〕《春秋左傳注・昭公元年》（下冊），頁1223。

9. 病、羸：《周易·姤》初六爻辭云：「羸豕孚蹢躅」（卷五，P.104～105），姤卦䷫之內卦為巽，姤卦中有巽之象，又爻辭言「羸」即「病」，因而《焦氏易林》推論巽有「病」之象徵意涵。

10. 枯：《周易·大過》九二爻辭云：「枯楊生稊，老夫得其女妻」（卷三，P.70），大過卦䷛之內卦為巽，大過卦中有巽之象，又爻辭言「枯」之象，故《焦氏易林》推論巽有「枯」之象徵意涵。

11. 疑：《周易·豐》六二爻辭云：「往得疑疾」（卷六，P.126），豐卦䷶之六二、九三與九四爻互體為巽，豐卦中有巽象，又此卦爻辭云「疑」，故《焦氏易林》推論巽有「疑」之象徵意涵。

12. 火：《周易·旅》九三爻辭有云：「旅焚其次，喪其童僕」（卷六，P.170），旅卦䷷之六二、九三與九四爻互體為巽，旅卦中有巽象，又此卦爻辭言「焚」即「火」，故《焦氏易林》推論巽有「火」之象徵意涵。

13. 石：《周易·困》六三爻辭有云：「困于石，據于蒺藜」（卷五，P.109），困卦䷮之六三、九四與九五爻互體為巽，困卦中有巽象，又此卦爻辭言「石」，故《焦氏易林》推論巽有「石」之象徵意涵。

（五）坎逸象

1. 為首、大首：依〈說卦傳〉所言：「為下首」（卷九，P.186），《周易·明夷》九三爻辭有云：「明夷於南狩，得其大首」（P.298），明夷卦䷡之六二、九三與六四爻辭互體為坎，明夷卦中有坎象，又此卦之爻辭云「大首」，因而《焦氏易林》綜合以上資料推測坎有「首」、「大首」之象徵意涵。

2. 肉、肺：《周易·噬嗑》六三爻辭云：「噬腊肉，遇毒」（卷三，P.61）、九四爻辭云：「噬乾胏，得金矢」（卷三，P.61）、六五爻辭云：「噬乾肉，得黃金」（卷三，P.62），噬嗑卦䷔之六三、九四與六五爻互體為坎，噬嗑卦中有坎象，又此卦爻辭多次提及「肉、肺」之象，因而《焦氏易林》綜合以上資料推測坎有「肉」、「肺」之象徵意涵。

3. 夫：《左傳·襄公二十五年》有云：「武子筮之，遇困䷮之大過䷛。史皆曰「吉」。示陳文子，文子曰：『夫從風，風隕妻，不可娶也』〔註9〕」困卦䷮之內卦為坎，困卦中有坎象，又《左傳》此段史實中提到占卜之結果言「夫從風」，再者《周易·蒙》六三爻辭有云：「勿用取女，見金夫」

〔註9〕《春秋左傳注·襄公二十五年》（下冊），頁1096。

（卷一，P.24），蒙卦 ䷃ 之內卦爲坎，蒙卦中有坎象，又此卦爻辭言「夫」；又《周易・漸》九三爻辭云：「鴻漸于陸，夫征不復」（卷五，P.117），漸卦 ䷴ 之六二、九三與六四爻互體爲坎，漸卦中有坎象，又此卦爻辭也言「夫」，故因而《焦氏易林》綜合以上資料推測坎有「夫」之象徵意涵。

4. 矢：《周易・噬嗑》九四爻辭云：「噬乾胏，得金矢」（卷三，P.61）噬嗑卦 ䷔ 之六三、九四與六五爻互體爲坎，噬嗑卦中有坎象，又此卦爻辭提到「矢」，因而《焦氏易林》推論坎有「矢」之象徵意涵。

5. 鬼：依〈說卦傳〉言：「坎，爲隱伏」（卷九，P.186），《周易・既濟》九三爻辭云：「高宗伐鬼方，三年克之」（卷六，P.136），既濟卦 ䷾ 之六二、九三與六四爻辭互體爲坎，既濟卦中有坎象，又此卦爻辭云「鬼」，依〈說卦傳〉言「隱伏」洽好符合「鬼」之特性，因而《焦氏易林》推論坎有「鬼」之象徵意涵。

6. 孤：《周易・睽》九四爻辭云：「睽孤；遇元夫」（卷四，P.91）、上九爻辭云：「睽孤，見豕負塗」（卷四，P.91），睽卦 ䷥ 之六三、九四與六五爻互體爲坎，睽卦中有坎象，又此卦爻辭多次言及「孤」之象，因而《焦氏易林》推論坎有「孤」之象徵意涵。

7. 西：坎位於先天卦位之西方，又《周易・既濟》九五爻辭云：「不如西鄰之禴祭」（卷九，P.136），既濟卦 ䷾ 之六二、九三與六四爻辭互體爲坎，既濟卦中有坎象，又此卦爻辭云「西」，故因而《焦氏易林》綜合以上資料推測坎有「西」之象徵意涵。

8. 泥：《周易・需》：九三爻辭云：「需于泥，致寇至」（卷二，P.32），需卦 ䷄ 之外卦爲坎，需卦中有坎象，又此卦爻辭云「泥」，再者《周易・震》九四爻辭云：「震遂泥」（卷五，P.171），震卦 ䷲ 之六三、九四與六五爻互體爲坎，震卦中有坎象，又震之爻辭云「泥」，因而《焦氏易林》綜合以上資料推測坎有「泥」之象徵意涵。

9. 食：《周易・需》九五爻辭云：「需于酒食，貞吉」（卷二，P.33），需卦 ䷄ 之外卦爲坎，需卦中有坎象，又此卦爻辭云「食」，再者《周易・訟》六三爻辭云：「食舊德，貞厲，終吉」（卷二，P.34），訟卦 ䷅ 之內卦爲坎，訟卦中有坎象，又此卦爻辭也云「食」，因而《焦氏易林》綜合以上資料推測坎有「食」之象徵意涵。

10. 筮：《周易・蒙》經文云：「初筮告，再三瀆」（卷一，P.23），蒙卦 ䷃ 之

內卦爲坎,蒙卦中有坎象,又此卦經文云:「筮」,再者《周易‧比》經文云:「原筮,元永貞」(卷二,P.36),比卦䷇之外卦爲坎,比卦中有坎象,又此卦爻辭也云「筮」,因而《焦氏易林》綜合以上資料推測坎有「筮」之象徵意涵。

(六)離逸象

1. 爲星:《周易‧豐》六二爻辭云:「日中見斗,往得疑疾」(卷六,P.126),豐卦䷶之內卦爲離,豐卦中有離之象,又此卦爻辭云「斗」即「星」,因而《焦氏易林》推論離有「星」之象徵意涵。

2. 東:離居於先天卦位之東,又《周易‧既濟》九五爻辭云:「東鄰殺牛」(卷六,P.136),既濟卦䷾之內卦爲離,既濟卦中有離之象,又此卦爻辭言「東」,因而《焦氏易林》綜合以上資料推測離有「東」之象徵意涵。

3. 金、黃:《周易‧鼎》六五爻辭云:「鼎黃耳金鉉,利貞」(卷五,P.113),鼎卦䷱之外卦爲離,鼎卦中有離之象,又此卦爻辭云「金」,因而《焦氏易林》推論離有「金」、「黃」之象徵意涵。

4. 巷:《周易‧睽》九二爻辭有云:「遇主于巷,无咎」(卷四,P.91),睽卦䷥之外卦爲離,睽卦中有離之象,又此卦爻辭云「巷」,因而《焦氏易林》推論離有「巷」之象徵意涵。

5. 膚:《周易‧睽》六五爻辭有云:「悔亡,厥宗噬膚,往何咎」(卷四,P.91),睽卦䷥之外卦爲離,睽卦中有離之象,又此卦爻辭云「膚」,因而《焦氏易林》推論離有「膚」之象徵意涵。

(七)艮逸象

1. 爲火:《周易‧旅》九三爻辭有云:「旅焚其次,喪其童僕」(卷六,P.170),旅卦䷷之內卦爲艮,旅卦之中有艮象,又此卦爻辭言「焚」即「火」,因而《焦氏易林》推論艮有「火」之象徵意涵。

2. 鳥:《周易‧小過》經文云:「飛鳥遺之音,不宜上,宜下」(卷六,P.172)、又此卦初六爻辭云:飛鳥以凶」(卷六,P.134～135),小過卦䷽之內卦爲艮,小過當中有艮象,又此卦之經文與爻辭言「鳥」,因而《焦氏易林》推論艮有「鳥」之象徵意涵。

3. 鴻:《周易‧漸》初六爻辭云:「鴻漸於干」(卷五,P.117),漸卦䷴之內卦爲艮,漸卦中有艮象,又此卦爻辭言「鴻」,因而《焦氏易林》推論艮

有「鴻」之象徵意涵。

4. 隼、啄：依〈說卦傳〉有云艮：「黔喙之屬」（卷九，P.186），「黔喙」之屬是指禽鳥之類，而「隼」爲禽鳥之屬，啄也爲「黔喙」之引伸，爲引伸義，因而《焦氏易林》推論艮有「隼」、「啄」之象徵意涵。

5. 簪：《周易‧豫》九四爻辭有云：「勿疑，朋盍簪」（卷二，P.49），豫卦☷☳之六二、六三與九四爻互體爲艮，豫卦中有艮象，又此卦爻辭言「簪」，因而《焦氏易林》推論艮有「簪」之象徵意涵。

6. 祖：《周易‧小過》六二爻辭云：「過其祖，遇其妣」（卷六，P.135），小過卦☳☶之內卦爲艮，小過之中有艮象，又此卦爻辭言「祖」，因而《焦氏易林》推論艮有「祖」之象徵意涵。

7. 臣：《周易‧蹇》六二爻辭云：「王臣蹇蹇，匪躬之故」（卷四，P.92），蹇卦☵☶之內卦爲艮，蹇卦中有艮象，又此卦爻辭言「臣」；再者《周易‧小過》六二爻辭有云「遇其臣，无咎」（卷六，P.135），小過卦☳☶之內卦爲艮，小過卦中有艮象，又此卦爻辭也言「臣」，因而《焦氏易林》綜合以上資料推論艮有「臣」之象徵意涵。

8. 臣妾：《周易‧遯》九三爻辭有云：「畜臣妾，吉」（卷四，P.185），遯卦☰☶之內卦爲艮，遯卦中有艮象，又此卦爻辭言「臣妾」，因而《焦氏易林》推論艮有「臣妾」之象徵意涵。

9. 壽：依〈說卦傳〉有云艮：「其於木也爲堅多節」（卷九，P.186），「壽」爲引伸義，因而《焦氏易林》推論艮有「壽」之象徵意涵。

10. 貴：《周易‧隨》初九爻辭云：「官有渝，貞吉」（卷三，P.56），隨卦☱☳六二、六三與九四爻互體爲艮，隨卦中有艮象，又此卦爻辭言「官」，「官」代表「權貴」之象睜，因而《焦氏易林》推論艮有「貴」之象徵意涵。

11. 邑、邦國：《周易‧无妄》六三爻辭之〈象傳〉有云：「邑人災也」（卷三，P.67），无妄☰☳之六二、六三與九四爻互體爲艮，无妄卦中有艮象，此卦爻辭云「邑」；《周易‧坎象傳》有云：「王公設險以守其國」（卷三，P.72），坎卦爻辭言「國」，再者，《周易‧中孚》：「孚乃化邦也」（卷六，P.133），中孚卦☴☱之六三、六四與九五爻互體爲艮，中孚卦中有艮象，此卦爻辭云「邦」，艮爲邑、爲國、爲邦，其意義彼此都有關聯，互爲引伸。

12. 床：《周易‧剝》初六爻辭云：「剝牀以足」（卷三，P.64），剝卦☶☷之外卦爲艮，剝卦中有艮象，又此卦爻辭云「床」，因而《焦氏易林》推論艮

有「床」之象徵意涵。

13. 貝：《周易・震》六二爻辭云：「億喪貝，躋于九陵」（卷五，P.114），震卦
    ䷲之六二、六三與九四爻互體爲艮，震卦中有艮象，又此卦爻辭曰「貝」，
    因而《焦氏易林》推論艮有「貝」之象徵意涵。

14. 金：《周易・蒙》六三爻辭云：「勿用取女，見金夫」（卷一，P.24），蒙卦
    ䷃之外卦爲艮，蒙卦中有艮象，又此卦爻辭言「金」，再者《周易・噬嗑》
    九四爻辭云：「得金矢，利艱貞」（卷三，P.61）、六五爻辭云：「噬乾肉，
    得黃金」（卷三，P.62），噬嗑卦䷔之六二、六三與九四爻互體爲艮，噬
    嗑卦中有艮象，又此卦爻辭言「金」，因而《焦氏易林》綜合以上資料推
    論艮有「金」之象徵意涵。

15. 觀、視：《周易・頤》經文有云：「貞吉，觀頤」（卷三，P.69）、六四爻辭
    云：「虎視眈眈」（卷三，P.174），頤卦䷚之外卦爲艮，頤卦中有艮象，
    又此卦經文爻辭言「觀」、「視」，因而《焦氏易林》推論艮有「觀」、「視」
    之象徵意涵。

16. 光明：《周易・謙象傳》有云：「天道下濟而光明」（卷二，P.47），謙卦䷧
    之內卦爲艮，謙卦中有艮象，又此卦爻辭言「光明」，因而《焦氏易林》
    推論艮有「光明」之象徵意涵。

17. 龜：《周易・損》六五爻辭有云：「或益之十朋之龜，弗克違，元吉」（卷
    四，P.96），損卦䷨之外卦爲艮，損卦中有艮象，又此卦爻辭言「龜」，
    再者《周易・頤》初九爻辭云：「舍爾靈龜，觀我朵頤」（卷四，P.69），
    頤卦䷚之外卦爲艮，頤卦中有艮象，又此卦爻辭言「龜」；《周易・益》
    六二爻辭云「或益之十朋之龜，弗克違，永貞吉」（卷四，P.97），益卦䷩
    之六三、六四與九五爻互體爲艮，益卦中有艮象，此卦爻辭也言「龜」，
    因而《焦氏易林》綜合以上資料推論艮有「龜」之象徵意涵。

18. 西北：艮之先天卦位居於西北，因而《焦氏易林》推論艮有「西北」之象
    徵意涵。

19. 天：《周易・大畜》上九爻辭云：「何天之衢，亨」（卷三，P.69），大畜卦
    ䷙之外卦爲艮，大畜卦中有艮象，又此卦爻辭言「天」，因而《焦氏易林》
    推論艮有「天」之象徵意涵。

20. 刀劍：《周易・萃象傳》有云：「君子以除戎器，戒不虞」（卷五，P.106），
    萃卦䷬之六二、六三與九四爻互體爲艮，萃卦中有艮象，又此卦爻辭言

「戎器」即「兵器」，而刀劍也是兵器的一種，因而《焦氏易林》推論艮有「刀劍」之象徵意涵。

21. 枕：《周易・坎》六三爻辭有云：「來之坎坎，險且枕」（卷三，P.72），坎卦☵之六三、六四與九五爻互體爲艮，坎卦中有艮象，又此卦爻辭言「枕」，因而《焦氏易林》推論艮有「枕」之象徵意涵。

22. 牛：《周易・无妄》：「或繫之牛，行人之得」（卷三，P.67），无妄☳之六二、六三與九四爻互體爲艮，无妄卦中有艮象，此卦爻辭云「牛」，因而《焦氏易林》推論艮有「牛」之象徵意涵

23. 豕：《周易・大畜》六五爻辭云：「豶豕之牙」（卷三，P.68），大畜卦☶之外卦爲艮，大畜卦中有艮象，又此卦爻辭言「豕」，因而《焦氏易林》推論艮有「豕」之象徵意涵。

24. 夫：《周易・蒙》六三爻辭有云：「勿用取女，見金夫」（卷一，P.24），蒙卦☶之外卦爲艮，蒙卦中有艮象，又此卦爻辭言「夫」；再者《周易・比》經文云：「不寧方來，後夫凶」（卷二，P.36～37），比卦☵之六三、六四與九五爻互體爲艮，比卦中有艮象，又此卦爻辭云「夫」，因而《焦氏易林》綜合以上資料推測艮有「夫」之象徵意涵。

25. 巢：《周易・旅》上九爻辭云：「鳥焚其巢，旅人先笑」（卷六，P.128），旅卦☶之內卦爲艮，旅卦中有艮象，又此卦爻辭言「巢」，因而《焦氏易林》推論艮有「巢」之象徵意涵。

26. 僮僕：《周易・旅》六二爻辭有言：「旅其資，懷其資，得僮僕」（卷六，P.128），旅卦☶之內卦爲艮，旅卦中有艮象，又此卦爻辭言「僮僕」，因而《焦氏易林》推論艮有「僮僕」之象徵意涵。

27. 終日：《周易・豫》六二爻辭有云：「介于石，不終日」（卷二，P.49），豫卦☳之六二、六三與九四爻互體爲艮，豫卦中有艮象，又此卦爻辭言「終日」，因而《焦氏易林》推論艮有「終日」之象徵意涵。

28. 鼠：《周易・晉》九四爻辭有云：「晉如鼫鼠，貞厲」（卷四，P.87），晉卦☲之六二、六三與九四爻互體爲艮，晉卦中有艮象，又此卦爻辭言「鼠」，因而《焦氏易林》推論艮有「鼠」之象徵意涵。

29. 拘：《周易・隨》上六爻辭有云：「拘係之，乃從」（卷三，P.57），隨卦☱之六二、六三與九四爻互體爲艮，隨卦中有艮象，又此卦爻辭言「拘」，因而《焦氏易林》推論艮有「拘」之象徵意涵。

（八）兌逸象

1. 爲月：《周易·小畜》上九爻辭云：「婦貞厲，月幾望」（卷二，P.39），小畜卦 ䷈ 之九二、九三與六四爻互體爲兌，小畜卦中有兌象，又此爻辭言「月」，因而《焦氏易林》推論兌有「月」之象徵意涵。

2. 華、老婦：《周易·大過》九五爻辭云：「枯楊生華，老婦得其士夫」（卷三，P.71），大過卦 ䷛ 之外卦爲兌，大過卦中有兌象，又此爻辭言「華」、「老婦」，因而《焦氏易林》推論兌有「華」、「老婦」之象徵意涵。

3. 魯：依〈說卦傳〉有言兌：「其於地也爲剛鹵」（卷九，P.186），魯、鹵通，因而《焦氏易林》推論兌有「魯」之象徵意涵。

4. 資斧：《周易·旅》九四爻辭云：「旅于處，得其資斧」（卷六，P.128），旅卦 ䷷ 之九三、九四與六五爻互體爲兌，旅卦中有兌象，又此爻辭言「資斧」，因而《焦氏易林》推論兌有「資斧」之象徵意涵。

5. 井：井卦 ䷯ 之九二、九三與六四爻互體爲兌，井卦中有兌象，又《焦氏易林》依兌象與井卦之卦名推論兌有「井」之象徵意涵。

6. 牙齒：《周易·大畜》六五爻辭云：「豶豕之牙」（卷三，P.68），大畜卦 ䷙ 之九二、九三與六四爻互體爲兌，大畜卦中有兌象，又此卦爻辭言「牙」，因而《焦氏易林》推論兌有「牙」之象徵意涵。

7. 燕：《周易·中孚》初九爻辭有云：「虞吉，有它不燕」（卷六，P.133），中孚卦 ䷼ 之內卦爲兌，中孚卦中有兌象，又此卦爻辭言「燕」，因而《焦氏易林》推論兌有「燕」之象徵意涵。

8. 耳：《周易·鼎》六五爻辭云：「鼎黃耳金鉉，利貞」（卷五，P.113），鼎卦 ䷱ 之九三、九四與六五爻互體爲兌，鼎卦中有兌之象，又此卦爻辭云「耳」，因而《焦氏易林》推論兌有「耳」之象徵意涵。

9. 酒：依〈說卦傳〉有言：「兌爲澤」（卷九，P.186），澤爲水組成，酒也爲水所組成，有相互關系，因而《焦氏易林》推論兌有「酒」之象徵意涵。

10. 穴：《周易·需》六四爻辭有云：「需于血，出自穴」（卷二，P.32）、上六爻辭也云：「入於穴，有不速之客三人來」，需卦 ䷄ 之九二、九三與六四爻互體爲兌，需卦中有兌象，又此卦爻辭云「穴」，因而《焦氏易林》推論兌有「穴」之象徵意涵。

11. 兵戎：《周易·萃象傳》有云：「君子以除戎器，戒不虞」（卷五，P.106），萃卦 ䷬ 之外卦爲兌，萃卦中有兌象，又此卦爻辭言「戎器」即「兵器」，

因而《焦氏易林》推論兌有「兵戎」之象徵意涵

12. 雨：《周易·睽》上九爻辭有云：「往遇雨則吉」（卷四，P.91），睽卦䷥之內卦爲兌，睽卦中有兌象，又此卦爻辭云「雨」，因而《焦氏易林》推論兌有「雨」之象徵意涵。

二、《焦氏易林》逸象之產生途徑

「逸象」的產生最主要之因，即是易學家在解《易》、釋《易》或是撰寫相關易學著作之時，不滿足於《周易》經傳中所列舉之卦象、卦德，而進一步由作者自行引伸闡釋而創設；《焦氏易林》所產生之眾多逸象中，皆由其產生之因或所據之本，以下一一列舉如下：

（一）由《周易》經傳六十四卦所用之象

《焦氏易林》之逸象產生之原因以六十四卦之卦爻辭、或是由〈彖傳〉、〈象傳〉、〈文言傳〉而來爲最多，其運用方式採引伸或直接運用卦爻辭、〈彖傳〉、〈象傳〉所言之字句、或是同義之闡揚而來；由此途徑產生之逸象包括有：1. 乾爲日、河海、大川、山陵、虎。2. 坤爲水、江淮、河海、淵、雲、魚、墟、茅茹、心、志、憂、疾病、毒、野、貧。3. 震爲隼、南、爵、樽、食、鶴、袂、伐、胎、舟船、飛翼、商旅、公、父、辰、時、登、壽、乘、羽翰、萌芽、箕子、子、田、山陰、嘉、鄰、藩、斗、福、虛、乾、簋。4. 巽爲母、屎、敝漏、隙、戎、莽、病、羸、枯、疑、火、石。5. 坎爲肉、肺、矢、孤、泥、食、笙。6. 離爲星、巷、膚、金。7. 艮爲火、鳥、鴻、簪、祖、臣、臣妾、邑、邦、國、床、貝、金、光明、觀、視、龜、天、刀劍、枕、牛、豕、巢、童僕、終日、鼠、拘。8. 兌爲月、華、老婦、資斧、井、牙齒、燕、耳、穴、兵戎、雨。

（二）由〈說卦傳〉、〈雜卦傳〉引伸而來之象

《焦氏易林》逸象中也將許多原本於〈說卦傳〉、〈文言傳〉所象徵的八卦意涵加以擴大解釋與闡發，賦予其更豐富的意義，如：

1. 乾爲石：由《周易·說卦傳》云：「乾爲玉」引伸而來。

2. 坤爲野：依〈說卦傳〉可知坤爲地引伸而來。

3. 震爲武、爲旗：依〈說卦傳〉可知震爲動，又爲雷、爲鳴等加以延伸闡發而來。

4. 震爲神：依〈說卦傳〉言：「帝出乎震」之義引伸而來。

5. 巽爲齊：依〈說卦傳〉之言：「齊乎巽」推論而來。

6. 坎爲首：依〈說卦傳〉所言：「爲下首」推論而來。

7. 坎爲鬼：依〈說卦傳〉言：「坎，爲隱伏」延伸推論而來。

8. 艮爲隼、喙：依〈說卦傳〉有云：「艮爲黔喙之屬」之引伸義推闡而來。

9. 艮爲壽：依〈說卦傳〉有云：「艮，其於木也爲堅多節」推論而來。

10. 兌爲魯：依〈說卦傳〉有言：「兌，其於地也爲剛鹵」之義推論而來。

11. 兌爲酒：依〈說卦傳〉有言：「兌爲水」之引伸而來。

12. 巽爲盜、賊：依〈雜卦傳〉有言：「〈巽〉，伏也」之義推論而來。

（三）由《左傳》所用之象而來

《焦氏易林》逸象中將《左傳》占卜結果之占辭之象並加以吸收與運用，例：

1. 震爲射：《左傳・成公十六年》云「其卦遇復䷗……南國蹙，射其元王，中厥目」復卦內卦爲震，由《左傳》占辭結果言「射」推論而來。

2. 震爲南：《左傳・成公十六年》云「其卦遇復䷗……南國蹙」復卦內卦爲震，由《左傳》占辭結果言「南」推論而來。

3. 震爲輹：《左傳・僖公十五年》有云「遇歸妹䷵之睽䷥……車說其輹，火焚其旗」，歸妹卦之外卦爲震，由《左傳》占辭結果言「輹」推論而來。

4. 巽爲姜：《左傳・莊公二十二年》有云「遇觀䷓之否䷋……若在異國，必姜姓也」觀卦與否卦皆有巽象，由《左傳》占辭結果言「姜」推論而來。

5. 巽爲蠱：《左傳・昭公元年》有云：「皿蟲爲蠱。穀之飛亦爲蠱」蠱卦䷑之內卦爲巽，由《左傳》占辭結果言「蠱」推論而來。

6. 坎爲夫：《左傳・襄公二十五年》有云「遇困䷮之大過䷛……夫從風，風隕妻」困卦䷮之內卦爲坎，由《左傳》占辭結果言「夫」推論而來。

三、本節小結

綜觀本節所述，眾多《焦氏易林》逸象中仔細推究起來，應可找到其理論

依據。焦延壽在著作此書時，林辭是構成支幹的主要部份，而運用各種不同之逸象則是本書的血脈，無象便不成書。歸納焦氏逸象的來源大致可分爲從《左傳》、《周易》之六十四卦卦爻辭、〈說卦傳〉、〈雜卦傳〉引伸或闡發而來。

　　焦氏逸象體系龐大，繁衍眾多，但是仍有其不足之處存在：例 1. 八卦各卦之逸象中有重出之處，如乾爲河海，坤也爲河海；震爲食，坎也爲食；乾爲石，巽也爲石；坎爲夫，艮也爲夫。2.《焦氏易林》之逸象與八卦本象之意義經常彼此混同，容易產生混淆之感，如八卦本象坎爲水，又焦氏逸象云「乾爲河海、坤爲水、兌爲雨」；又八卦本象艮爲山，焦氏逸象曰「乾爲山」；又八卦本象坎爲心、爲憂，焦氏逸象則云「坤爲心、爲憂」；再者八卦本象兌爲口、爲食，焦氏云「震爲食，且坎也爲食」；八卦本象中離爲火，焦氏言「巽爲火」。雖說焦氏逸象有重複之象與兩卦皆可推出同樣之象徵意義，但相對的也將傳統《周易》八卦的象徵意義與卦德更形擴大與完備。

第二節　《焦氏易林》集逸象之大成

　　《焦氏易林》之逸象吸收了《左傳》與傳統《周易》經傳六十四卦之卦象、卦德，更將八卦的象徵意涵擴大，成爲一更豐富完備的體系；再者其他易學中所見之逸象，在此書都可找到其蹤跡，以下茲舉三大著名之逸象加以說明：

一、孟氏逸象

　　孟喜爲焦延壽之師，而「孟氏逸象」是否爲孟喜本人所輯？抑或他人編纂而來？在《焦氏易詁》中對於「孟氏逸象」有云：

> 孟氏逸象，傳者多寡不同，一三百餘象，一四百餘象。杭氏云：「以兩漢經師各守師說，故多寡不同，惟先儒謂此象傳自焦氏。」今以易林考之，焦氏所用極要之象，此皆無之，傳自焦氏，似不然也。又此象採自本經，頗有誤者。推其解，皆虞義；如焦以艮爲虎，與九家合，此以坤爲虎；焦以震爲鶴，此以離爲鶴；焦以震爲孕，此以離爲孕；顯皆虞氏詁經之誤解。故吾疑此象純爲虞仲翔所輯，否則後儒採自虞注中，而未必爲孟氏也。焦氏易傳自孟氏，如此象爲孟氏所輯，豈有左傳之象，焦氏皆知，孟氏反不知哉？此其證也〔註10〕

〔註10〕尚秉和《焦氏易詁》北京，光明日報出版社，西元 2005 年 5 月第一版，頁192。

尙秉和在此段文字敘述中對於「孟氏逸象」爲誰所作尙無定論，此文中首先對於「孟氏逸象」出自於焦延壽之手持保留的態度，認爲《焦氏易林》運用的許多逸象皆不見於孟氏逸象中，況且焦氏之逸象中有許多應用《左傳》占卜結果之象，而在孟氏易象中卻沒有見到，而孟喜又是焦延壽之師，豈有弟子才知《左傳》之象，其師卻不知，故要說此逸象是由孟喜或是焦延壽所輯，皆尙有疑義，又尙秉和舉出一些實例認爲孟氏逸象與東漢虞翻逸象相符，因而懷疑此逸象是由虞翻所編。細看尙氏推論的過程中，即使孟氏易象並非出自焦延壽或是孟喜之手，但二者逸象仍有其共通之處，兩相對照之下，無法完全認定此二種逸象是互不相關；再者若說「孟氏逸象」是東漢虞翻所作，也缺乏直接證據，再者虞翻注易之時參見前人的意見也無可厚非，因而孟氏之象與虞翻有若干相同之逸象，也絕非不合理之事，無法斷定「孟氏逸象」之作者爲虞翻。總而言之，以目前有限之史料中，我們唯一可以確定之事，即孟氏逸象應既非孟喜也非焦延壽之時所作，又由孟氏逸象與焦氏逸象多有相通之處而言，很可能爲在孟、焦後之人所輯而託名於「孟喜」，至於究竟作者爲誰？至今尙無法斷定，以下茲將尙秉和於《焦氏易詁》中所舉之「孟氏逸象」整理羅列於後：

（一）乾爲王、爲先王、爲明君、爲人、爲大人、爲聖人、爲賢人、爲君子、爲武人、爲行人、爲物、爲易、爲立、爲直、爲敬、爲畏、爲威、爲嚴、爲剛堅、爲道、爲德、爲盛德、爲行、爲性、爲精、爲言、爲信、爲揚善、爲善、爲積善、爲良、爲仁、爲愛、爲忿、爲生、爲祥、爲慶、爲天休、爲嘉、爲福、爲介福、爲祿、爲先、爲始、爲知、爲大、爲盈、爲蔑、爲肥、爲好施、爲利、爲清、爲治、爲大謀、爲高、爲揚、爲宗、爲族、爲高宗、爲甲、爲老、爲舊、爲古、爲大明、爲遠、爲郊、爲野、爲門、爲道門、爲百歲、爲頂、爲朱、爲衣、爲圭、爲蓍、爲瓜、爲龍。

（二）坤爲臣、爲順臣、爲民、爲萬民、爲姓、爲小人、爲邑人、爲鬼、爲形、爲身、爲牝、爲母、爲躬、爲我、爲自、爲至、爲安、爲康、爲富、爲財、爲積、爲聚、爲萃、爲重、爲致、爲用、爲包、爲寡、爲徐、爲營、爲下、爲容、爲裕、爲虛、爲書、爲邇、爲近、爲疆、爲無疆、爲思、爲惡、爲理、爲體、爲禮、爲義、爲事、爲業、爲大業、爲庶政、爲俗、爲度、爲類、爲閑、爲藏、爲密、爲默、爲恥、爲欲、爲過、爲醜、爲積惡、爲迷、爲弒、爲亂、爲怨、爲害、爲遏惡、爲終、爲永終、爲敝、爲死、爲喪、爲冥、爲晦、爲夕、爲莫夜、爲暑、爲乙、爲年、爲十年、爲戶、爲義門、爲

闔戶、爲閉關、爲盍、爲土、爲階、爲積、爲土田、爲邑、爲國、爲邦、爲大邦、爲萬國、爲異邦、爲方、爲鬼方、爲裳、爲紱、爲車、爲器、爲缶、爲輹、爲囊、爲虎、爲兒、爲黃牛、爲牝牛。

（三）震爲帝、爲主、爲諸侯、爲人、爲士、爲兄、爲夫、爲元夫、爲趾、爲出、爲行、爲征、爲作、爲遂、爲驚走、爲警衛、爲定、爲百、爲言、爲講議、爲問、爲語、爲告、爲響、爲聲、爲音、爲鳴、爲夜、爲交、爲徵、爲反、爲後、爲後世、爲從、爲守、爲左、爲生、爲嘗、爲緩、爲寬仁、爲樂、爲笑、爲喜笑、爲笑言、爲道、爲際、爲祭、爲鬯、爲禾稼、爲草莽、爲鼓、爲筐、爲馬、爲麋鹿。

（四）巽爲命、爲命令、爲號令、爲教令、爲誥、爲號、爲號咷、爲處女、爲婦、爲妻、爲商旅、爲隨、爲入、爲處、爲伏、爲列、爲齊、爲同、爲交、爲進、爲退、爲舞、爲谷、爲長木、爲苞、爲楊、爲果木、爲芽、爲白芽、爲蘭、爲草木、爲草莽、爲杞、爲葛藟、爲薪、爲墉、爲床、爲繩、爲帛、爲腰帶、爲繘、爲蛇、爲魚、爲鮒。

（五）坎爲聖、爲雲、爲玄雲、爲川、爲大川、爲河、爲心、爲志、爲思、爲慮、爲憂、爲謀、爲惕、爲疑、爲艱、爲蹇、爲恤、爲悔、爲逑、爲忘、爲勞、爲濡、爲涕、爲洟、爲眚、爲病、爲疾病、爲疑疾、爲災、爲破、爲罪、爲悖、爲欲、爲淫、爲寇盜、爲暴、爲毒、爲瀆、爲孚、爲平、爲法、爲罰、爲獄、爲則、爲經、爲習、爲入、爲內、爲聚、爲脊、爲要、爲臀、爲膏、爲陰夜、爲歲、爲三歲、爲尸、爲酒、爲木、爲叢木、爲叢棘、爲棘匕、爲穿木、爲校、爲弧、爲弓彈、爲車、爲馬。

（六）离爲女子、爲爲婦、爲孕、爲惡人、爲見、爲飛、爲爵、爲日、爲明、爲光、爲甲、爲黃、爲戎、爲折首、爲刀、爲斧、爲資斧、爲矢、爲飛矢、爲黃矢、爲綱、爲罟、爲甕、爲鳥、爲飛鳥、爲鶴、爲隼、爲鴻。

（七）艮爲弟、爲小子、爲君子、爲賢人、爲童、爲童蒙、爲僮僕、爲官、爲友、爲闇、爲時、爲豐、爲星、爲沫、爲霆、爲果、爲愼、爲節、爲待、爲制、爲執、爲小、爲多、爲厚、爲取、爲舍、爲求、爲篤實、爲道、爲門庭、爲宗廟、爲社稷、爲鼻、爲肱、爲背、爲腓、爲皮、爲膚、爲小木、爲碩果、爲豹、爲狼、爲小狐、爲尾。

（八）兌爲妹、爲妙、爲妻、爲朋友、爲講習、爲小、爲少、爲刑人、爲密、爲通、爲見、爲右、爲下、爲少知、爲契。

以下茲將「孟氏逸象」與「焦氏逸象」之共通處整理如下：

1. 焦氏逸象云「坤爲疾、爲病、爲毒」，孟氏逸象則是把此意象闡發並擴大而有「坤爲敝、爲死、爲喪」之象徵意義。

2. 焦氏逸象內容之中有「震爲武、爲旗、爲伐」，孟氏逸象則是對於此意象闡釋而有「震爲征」之象徵意涵；焦氏逸象「震爲食、口」，孟氏對於「口」之意象加以引伸爲「言」或是從口出之「聲」而認爲「震爲言、爲問、爲語、爲響、爲聲、爲音、爲鳴」之象徵意義；焦氏逸象言「震爲君、公」，孟氏逸象將類似於「君」與「公」性質的意義之辭同樣出現於逸象之中，故言「震爲帝、爲主、爲諸侯」；焦氏逸象言「震爲嘉、爲福」孟氏對於震之此意象發展爲「震爲樂、爲喜笑、」。

3. 焦氏逸象內容提到「巽爲母」，孟氏逸象將此意義引伸而云「巽爲婦、爲妻」之象徵意義；又焦氏逸象云「巽爲莽、爲戎」孟氏逸象中也出現「巽爲草莽」之意義。

4. 焦氏逸象言「坎爲矢」，而「矢」與「弓」互爲體用關係，因而孟氏逸象則云「爲弓彈」。

5. 焦氏逸象言「離爲金、爲黃」，孟氏逸象則繼續使用同一種象徵意義，也云「離爲黃」。

6. 焦氏逸象言「艮爲僮僕」，孟氏逸象則繼續使用同一種象徵意義，也云「艮爲僮僕」。

二、九家逸象

所謂「九家逸象」是由陸德明之《經典釋文》記載《荀爽九家易解》本之〈說卦傳〉所列的八卦之象徵卦象中，有三十一種是今本《周易·說卦傳》所無法見到，故稱爲「九家逸象」，此三十一象分別爲：

（一）乾爲龍、爲直、爲衣、爲言。
（二）坤爲牝、爲迷、爲方、爲囊、爲裳、爲黃、爲帛、爲漿。
（三）震爲王、爲鵠、爲鼓。
（四）巽爲楊、爲鸛。
（五）坎爲宮、爲律、爲可、爲棟、爲叢棘、爲狐、爲蒺藜、爲桎梏。
（六）離爲牝牛
（七）艮爲鼻、爲虎、爲狐。

（八）兌爲常、爲輔、爲頰。

「九家逸象」中也有部份運用《焦氏易林》逸象或是引伸而來，例：乾爲龍、言；坤爲衣（由九家象之「裳」引伸而來）、牝、水（由九家象之「漿」引伸而來）、震爲君（由九家象之「王」引伸而來）等有可能直接或間接受到《焦氏易林》逸象之影響。

三、虞氏易象

虞翻是東漢易學大家，在漢易之歷史中占有很重要之地位。對於虞翻八卦之逸象，清人惠棟於《易漢學》與《周易述》對「虞氏逸象」歸納爲三百三十一象；張惠言《周易虞氏義》於此基礎上補充一百二十五象，〔註11〕以下則轉錄惠棟所輯之逸象與張惠言所輯錄之「虞氏逸象」，再補充近人王新春所蒐集之逸象，彼此相互補充與參照：

（一）乾逸象

1. 惠棟所輯之逸象：

乾爲王、爲神、爲人、爲聖人、爲賢人、爲君子、爲武人、爲行人、爲物、爲畏、爲威、爲嚴、爲道、爲德、爲性、爲信、爲善、爲積善、爲良、爲愛、爲忿、爲詳、爲慶、爲嘉、爲福、爲介福、爲祿、爲先、爲始、爲知、爲大、爲盈、爲肥、爲好、爲施、爲利、爲清、爲大謀、爲甲、爲舊、爲古、爲大明、爲遠、爲郊、爲野、爲門、爲道門、爲百、爲歲、爲頂、爲朱、爲圭、爲著。

2. 張惠言補輯之逸象：

乾爲先王、爲明君、爲大人、爲易、爲立、爲直、爲堅剛、爲盛德、爲行、爲精、爲言、爲揚善、爲仁、爲天休、爲茂、爲揚、爲族、爲高宗、爲老、爲衣、爲瓜、爲龍。

3. 王新春《周易虞氏學》補充之逸象：

乾爲強、爲吉、爲敬、爲舊德、爲大君、爲上、爲神福、爲清、爲金黃、爲大亨、爲天道、爲動直、爲久、爲頂、爲宗、爲知、爲剛武、爲施祿、爲尊、爲賓、爲玉鉉、爲賢德、爲初、爲繻、爲生、爲筮、爲神武、爲治、爲明君、爲高、爲百物、爲易道、爲道德、爲天文、爲白、爲顙。

〔註11〕此意見參考自廖婉利《虞翻易學思想研究》國立高雄師範大學國文學系碩士論文，西元 2004 年 6 月，頁 188。

—173—

（二）坤逸象

1. 惠棟所輯之逸象：

坤為民、為小人、為鬼、為形、為身、為母、為躬、為我、為自、為至、為安、為康、為富、為財、為積、為重、為厚、為致、為用、為包、為寡、為徐、為營、為下、為裕、為虛、為書、為邇、為近、為思、為惡、為禮、為義、為事、為大業、為庶政、為類、為閉、為密、為默、為恥、為欲、為過、為醜、為積惡、為怨、為害、為終、為死、為喪、為冥、為晦、為夕、為莫夜、為暑、為乙、為年、為十年、為戶、為闔戶、為盍、為土、為田、為邑、為國、為邦、為大邦、為鬼方、為輹、為器、為缶、為虎、為黃牛。

2. 張惠言補輯之逸象：

坤為臣、為順臣、為萬民、為姓、為邑人、為牝、為聚、為萃、為容、為疆、為无疆、為理、為體、為業、為俗、為度、為藏、為迷、為亂、為弒父、為遏惡、為永終、為敝、為窮、為義門、為閉關、為積土、為階、為萬國、為異邦、為方、為裳、為紱、為兕、為牝牛。

3. 王新春《周易虞氏學》補充之逸象：

坤為憂、為兕、為先迷、為弒君、為昧、為十、為容、為畜養、為尸、為自我、為女主、為后、為自邑、為類、為鬼害、為死喪、為車輿、為殺、為弱、為受、為過、為永、為眾臣、為興、為徐、為虎變、為空虛、為杜、為財用、為鬼方、為簡、為不善、為大車、為藏、為知、為睿知、為器用、為迷暗、為藏器、為安身、為亂世、為和順、為地理、為黑、為廣、為夜。

（三）震逸象

1. 惠棟所輯之逸象：

震為帝、為主、為諸侯、為人、為士、為兄、為夫、為元夫、為趾、為出、為行、為征、為作、為逐、為驚衛、為百、為言、為講論、為議、為問、為語、為告、為嚮、為音、為應、為交、為徵、為後、為從、為守、為左、為生、為緩、為寬仁、為樂、為笑、為陵、為際、為邑、為百穀、為草莽、為筐、為麇鹿。

2. 張惠言補輯之逸象：

震為驚走、為定、為聲、為鳴、為反、為後世、為常、為喜笑、為笑言、為道、為禾稼、為鼓、為馬。

3. 王新春《周易虞氏學》補充之逸象：

震爲寬、爲仁、爲春、爲餘慶、爲侯、爲起、爲動起、爲建、爲東、爲後笑、爲獻、爲簋、爲夫子、爲藩、爲喜、爲出生、爲作、爲七、爲巢、爲講、爲奔、爲夷、爲音聲、爲奔走、爲竹、爲言議、爲後動、爲出言、爲百理、爲言問、爲懼虩虩、爲笑言啞啞、爲大笑。

（四）巽逸象

1. 惠棟所輯之逸象：

巽爲命、爲詰、爲號、爲商旅、爲隨、爲處、爲同、爲交、爲白茅、爲草木、爲草莽、爲薪、爲庸、爲牀、爲帛、爲腰帶、爲蛇、爲魚。

2. 張惠言補輯之逸象：

巽爲命令、爲號令、爲教令、爲號咷、爲處女、爲婦、爲妻、爲人、爲入伏、爲齊、爲進、爲退、爲舞、爲谷、爲長木、爲苞、爲楊、爲木果、爲茅、爲蘭、爲杞、爲葛藟、爲繩、爲繘、爲鮒。

3. 王新春《周易虞氏學》補充之逸象：

巽爲餘殃、爲有命、爲桑、爲長木、爲柔白、爲係、爲高舞、爲利、爲退伏、爲入處、爲近利、爲詰詘、爲蟲。

（五）坎逸象

1. 惠棟所輯之逸象：

坎爲雲、爲元雲、爲大川、爲河、爲志、爲謀、爲惕、爲疑、爲恤、爲悔、爲逖、爲涕洟、爲疾、爲災、爲破、爲罪、爲悖、爲欲、爲淫、爲暴、爲毒、爲瀆、爲孚、爲乎、爲法、爲獄、爲則、爲經、爲習、爲入、爲內、爲聚、爲要、爲臀、爲膏、爲陰夜、爲歲、爲三歲、爲酒、爲穿木、爲校、爲孤、爲弓彈。

2. 張惠言補輯之逸象：

巽爲聖、爲川、爲心、爲思、爲慮、爲憂、爲艱、爲蹇、爲忘、爲勞、爲濡、爲昔、爲疾病、爲疾厲、爲疑疾、爲寇盜、爲爲罰、爲脊、爲尸、爲叢木、爲叢疾、爲蒺藜、爲棘匕、爲木、爲車、爲馬。

3. 王新春《周易虞氏學》補充之逸象：

坎爲雨、爲多、爲馬、爲寇、爲信、爲車、爲後、爲血、爲積、爲平、

爲校、爲災眚、爲流血、爲泣血漣如、爲閑習、爲亨、爲常、爲入、爲木、爲內、爲北、爲穴、爲弧、爲弓、爲弓弧、爲勸、爲幽、爲棘、爲美、爲玄雲、爲多眚、爲聰、爲穿、爲慚。

（六）離逸象

1. 惠棟所輯之逸象：

離爲孕、爲見、爲飛、爲爵、爲明、爲光、爲甲、爲黃、爲刀、爲斧、爲資斧、爲矢、爲黃矢、爲囚、爲罟、爲甕、爲瓶、爲鳥、爲飛鳥、爲鶴。

2. 張惠言補輯之逸象：

離爲女子、爲婦、爲惡人、爲日、爲戎、爲折首、爲飛矢、爲隼、爲鴻。

3. 王新春《周易虞氏學》補充之逸象：

離爲夏、爲爲文明、爲南、爲罔、爲兵、爲大光、爲戎兵、爲占、爲黃、爲貝、爲闕、爲鳥矢、爲禽。

（七）艮逸象

1. 惠棟所輯之逸象：

艮爲弟、爲小子、爲賢人、爲童、爲僮僕、爲官、爲友、爲時、爲斗、爲星、爲沫、爲愼、爲節、爲待、爲執、爲厚、爲舍、爲求、爲篤實、爲道、爲穴居、爲城、爲宮室、爲門庭、爲廬、爲牖、爲居、爲宗廟、爲社稷、爲肱、爲背、爲皮、爲小木、爲碩果、爲碩、爲狼、爲小狐、爲尾。

2. 張惠言補輯之逸象：

艮爲君子、爲童蒙、爲闇、爲霆、爲果、爲制、爲小、爲多、爲取、爲石、爲鼻、爲腓、爲膚、爲豹。

3. 王新春《周易虞氏學》補充之逸象：

艮爲兩肱、爲狐狼、爲求、爲對時、爲小光照戶、爲庭、爲廟、爲宮、爲小徑、爲山石、爲闇寺庭闕、爲山丘、爲山陵。

（八）兌逸象

1. 惠棟所輯之逸象：

兌爲朋、爲友、爲刑人、爲刑、爲小、爲密、爲見、爲右、爲少知。

2. 張惠言補輯之逸象：

兌爲妹、爲妻、爲講習、爲少、爲通、爲下、爲契。

3. 王新春《周易虞氏學》補充之逸象：

兌爲秋、爲西、爲剛鹵、爲雨澤、爲水澤、爲水、爲毀缺、爲折、爲雨。

若以「虞氏易象」與《焦氏易林》逸象兩相對照之下，虞氏將焦氏逸象除了部份延用外，尚更進一步擴大並引伸八卦之象徵意義，例：

1. 虞氏逸象中提到「坤爲憂」，焦氏也爲「坤爲憂」；焦氏云「坤爲墟」，虞氏將此意引伸而有「坤爲虛」之意；焦氏云「坤爲疾、爲病、爲毒」，虞氏將此意闡發並擴大意義而有「坤爲害、爲死、爲喪、爲殺」之象徵意義。

2. 焦氏逸象內容之中有「震爲武、爲旗、爲伐」，虞氏逸象對於此說加以闡釋而有「震爲征」之象徵意涵；焦氏逸象「震爲食、口」，虞氏對於「口」之意義加以引伸爲「言」而認爲「震爲言、爲問、爲語、爲出言、爲言問、爲笑言」之象徵意義；焦氏逸象言「震爲君、公」，虞氏逸象將類似於「君」與「公」性質的意義之辭都加以收納，故言「震爲帝、爲主、爲諸侯」；又焦氏逸象言「震爲萌芽」，虞氏引伸有「生」之意，故云「震爲出生、爲生」；又焦氏逸象言「震爲藩、爲藩」虞氏逸象則繼續使用同一種象徵意義，也云「震爲藩、爲藩」；焦氏逸象言「震爲嘉、爲福」虞氏將此意義發展爲「震爲樂、爲喜笑、爲喜、爲餘慶」。

3. 焦氏逸象言「巽爲蟲」虞氏逸象則繼續沿用，也云「巽爲蟲」；再者焦氏逸象內容提到「巽爲母」，虞氏將此意義引伸而云「巽爲婦、爲妻」之象徵意義。

4. 焦氏逸象言「坎爲矢」，而「矢」與「弓」互爲體用關係，因而虞氏云「坎爲弓、爲弓弧、爲弓彈」。

5. 焦氏逸象言「離爲金、爲黃」，虞氏逸象則繼續使用同一種象徵意義，也云「離爲黃」。

6. 焦氏逸象言「艮爲巢」，「巢」爲「居」之一種，虞氏將此意義發展爲「艮爲居、爲穴居、爲宮室」，又焦氏逸象言「艮爲僮僕」，虞氏逸象則繼續使用同一種象徵意義，也云「艮爲僮僕」。

7. 焦氏逸象言「兌爲鹵」，虞氏逸象則繼續沿用，也云「兌爲鹵」；又焦氏逸象言「兌爲雨」，虞氏逸象則繼續使用同一種象徵意義，也云「兌爲雨澤」，又將此象擴大爲「爲水澤、爲水」之象徵意涵。

第三節　本章結語

　　《周易》經傳六十四卦是以象徵為特色的哲學著作，其內容與卦爻辭言辭簡約，言簡意賅，又多曲折、變化之意，讓後世之易學家可依據實際現實需求，而有無限推衍、擴張的空間存在，以變化萬千之卦象與卦德來解釋大千世界之各種現象。

　　《焦氏易林》一書之林辭達四千多首，而每一條林辭都是由八卦組合而成，若只以傳統《周易》經傳象徵之卦象、卦德無法涵蓋如此龐大之體系與其象徵之萬事萬物，因此《焦氏易林》勢必需要擴充八卦之象徵意義以應合多變複雜之世事。由本章對於《焦氏易林》之逸象分析可知，此書之龐大逸象體系的產生大都有其根據與源由，並非單純作者憑空想象、無中生有而來；而其逸象產生之途徑不脫本文所整理的三個來源，分別為1. 由《左傳》中占卜結果之象而來；2. 由《周易》經傳六十四卦所用之象轉化引伸而來；3. 由〈說卦傳〉、〈雜卦傳〉之卦象與卦德闡發而來；《焦氏易林》之逸象即是由上述之根據加上作者的推衍與闡釋而形成龐大完備之體系。尚秉和於《焦氏易詁》中有云：

> 然由《易林》考之，凡左氏所用者，《易林》皆有也。其他各逸象所有者，《易林》無不有。若各逸象所無，為《易林》所獨有者，則象之失傳者也。其實此象皆在《易》辭中。〔註12〕

> 凡左氏所用之象，九家逸象，《易林》無不知之，無不用之。〔註13〕

《焦氏易林》之逸象不僅將《周易》經傳六十四卦之卦象與真義發揮到淋漓盡致，就以本章探討的「孟氏逸象」、「九家逸象」、「虞氏逸象」之三大家說法中，其逸象都可在《焦氏易林》逸象的內容之內找到其蹤跡，故《焦氏易林》之一書可說是集易學逸象之大成者。

〔註12〕　《焦氏易詁》，頁189。
〔註13〕　《焦氏易詁》，頁195。

第六章 《焦氏易林》易學之價值、影響與論文結論

徐芹庭於《兩漢十六家易注闡微》一書中有云：

> 漢易爲孔子一脈之眞傳，主象數而不廢人事，明至道而不廢行權，
> 闡天地消長之眞機，示宇宙消息盈虛之至理，其訓詁也，有本有源；
> 或本諸爾雅說文，以求易義之旨歸；或徵諸群經諸子，以融易義於
> 一貫。其釋義也，有物有則；或旁徵於史事，以驗易理之至確無瑕；
> 或祖述於十翼，以詮易理之微言大義。其釋卦爻也，有倫有理；或
> 歸結於既濟之定位，以闡貞一之哲理；或探本乎爻位之律則，以述
> 易義之幽微。〔註1〕

漢代易學成就輝煌，其特色與重心除「象數」之外，無論是易學對於人事的
啓發、天地至道義理的闡明、宇宙萬物成敗興衰之循環律動都有精闢的見解
與深入的探討。至於漢代解《易》與釋《易》之方式則是呈現多元化的面貌，
或旁徵群經諸子以豐富內涵、或博引史事以驗證於當代人事、或祖於《周易》
經傳以述易義，其目的都是在於闡發易學之道理與尋求人事吉凶禍福之理。
焦延壽身處於易學發達之漢代，其著作也如同此時易學之多元化之特質，而
呈現出不同於傳統解《易》與釋《易》之書的風貌，並有其歷史之價值與影
響。本章共分兩節，第一節所探討之重點即是放在《焦氏易林》之影響與試
圖爲此書找到其價值之所在；第二節則將此論文各章之要點作一整理與總
結，企圖以宏觀的視角與統合之表述，來顯明《焦氏易林》於整個易學思想

〔註 1〕徐芹庭《兩漢十六家易注闡微》台北，五洲出版社，西元 1975 年出版，頁33。

體系中所扮演的角色與定位。

第一節　《焦氏易林》易學之價值與影響

易學在歷史之發展中，漢代是其重要關鍵的時代，而這個時期之易學，後人稱之為「漢易」。漢代之前朝秦時，因其焚書坑儒，國家控制人民之思想，讓諸經之傳授橫遭重挫，唯有《易》之傳授並未中斷，因《易》作為卜筮之書，於秦火之劫中不屬於焚燒的範圍，獨得幸存。又漢代之始，復興經學，大興儒學，《周易》為群經之首，再兼之以《周易》的傳授較其他諸經最為無缺，造成《周易》相關學說盛行，為當代學者所高度重視。〔註2〕

在西漢之時，研究《周易》不單只有儒家經師的專利，其他許多流派之思想家也都探求《周易》之理論。漢代易學於學術思想史上有其不可取代的重要地位，而此時易學又以「象數」之特色聞名，以當代孟喜、焦延壽、京房、荀爽、虞翻為最突出之易學名家。為明漢代象數易學與焦氏易學之影響，以下先就焦延壽之師—孟喜易學之特色與貢獻加以探討，之後再探討焦延壽及其代表著作《焦氏易林》之價值，最後再探析焦延壽對於後世易學之影響。

一、孟喜易學之特色與貢獻

孟喜易學之形成與發展與西漢時之學術風潮有密切的關聯。西漢之時最盛行之思潮便是以「陰陽五行」之色彩沾染各種思想論述，以天地陰陽五行運行之規律與變化配合人世間複雜多變之萬物，認為自然陰陽五行與人之生活與生命是息息相關，人來自於天地自然中，並以陰陽二元素為主要組成之成份，因而也會受到天地之陰陽與五行律動的影響，產生人生各種際遇的高低起伏；故此種思潮之主要目的在於找到人與自然陰陽五行中，其共通相應、彼此呼應之處，藉以對於人事之預測產生警示、提醒與驗證之作用，冀望達到「趨吉避凶」之目的。

造成陰陽五行大盛另一個推波助瀾之因，就是西漢天文學的發達，當時《淮南子‧天文訓》與《史記‧天官書》是就戰國以來天象觀測與天文學理論總結。以《月令》為代表之曆書；又武帝時所推行之太初曆，更是傳統曆

〔註 2〕 此段意見參考自張善文‧馬重奇《周易漫談》台北，頂淵文化事業有限公司，西元 2004 年 7 月初版第三刷，頁 157。

法的一大改革。〔註3〕西漢天文學的進步與陰陽五行之發達爲彼此相助相長密切之關係，而身處在此一學術風潮之下的孟喜自然也無可避免受到相當程度的影響，以其著名的「卦氣說」，就是奠基於當代天文學與陰陽五行學說相互結合的基礎上，發展而成。

「卦氣說」運用八卦與六十四卦配一年四時、十二月、二十四節氣，解釋《周易》原理，其要義是以《周易》卦象來解說一年中陰陽之消長與節氣之變化，並附之以陰陽之說，再藉由預測氣候變化之律動中，找出與人事彼此對應的關係，來推測人事之走向、趨勢與吉凶之所在。「卦氣說」之特點是以陰陽奇偶之數解釋陰陽二氣，以卦象中奇偶之數的變化闡釋陰陽二氣消長的過程，集中體現了象數之學解《易》的特徵。〔註4〕孟喜易學之價值可分以下幾點說明：〔註5〕

（一）探象數之奧妙，以明立辭之本旨

孟喜注《易》時，其所言與所思之一辭一句，都是以「象數」之角度闡發《周易》之大義。

（二）明卦候卦氣之徵旨，以符合人事之用

孟喜獨得陰陽災變之學，將之著之於《易》中，當作指導天下人事之用。孟喜透過坎、離、震、兌四卦，共二十四爻配合十二辟卦、二十四節氣、七十二候與六十卦，以當周天之數，共三百六十五又四分之一日，即是孟喜「卦氣、卦候」之要義。孟喜將天地之運行、萬物運轉變化之規律配合易卦之消長、陰陽消息的轉變爲中心主旨，指導人事一條趨吉避凶的道路，爲「實用」之學。孟喜了解日月的運行、寒暑之往來、歲華之漸移、光陰之消逝、陰陽之增長，無一不與人生息息相關，因而將之配之於卦、合之於氣、符之以候，如此天地之運行與其消長之眞機，日月寒暑往來之變化、天象各種之徵旨，都可由此一體系中找到依據之所在，並將之實際運用於人事作息、政教之推行之上。

〔註3〕 此段意見參考自廖婉利《虞翻易學思想研究》國立高雄師範大學國文學系碩士論文，西元 2004 年 6 月，頁 241。

〔註4〕 此意見見於朱伯崑《易學基礎教程》北京，九洲出版社，西元 2003 年 2 月第四版，頁 146。

〔註5〕 以下孟喜易學三點貢獻之名目與內容參考於徐芹庭《兩漢十六家易注闡微》，頁 118～119。

（三）明究災異之深旨

孟喜之世界觀是通過「卦氣說」所建立起的一個以「陰陽五行」爲基調的哲學體系，並將自然哲學系統化，把《周易》之筮法結合天人感應之理與天文曆法，讓人事與自然災異緊密結合成爲一不可分割的整體。總括而言，孟喜易學最主要的貢獻爲將當時之天文、物候、曆法、陰陽五行等學說融合爲一體，運用陰陽二氣之消長變化的法則闡釋《周易》的基本原理與爻象之解析，對於後世之易學、醫學、天文、曆法、哲學本體論與宇宙論之探討都有深遠之影響。

二、《焦氏易林》易學之價值

（一）《焦氏易林》以獨特之體例自創一格

《焦氏易林》一書雖爲易學之書，源於《周易》，但有別於傳統解釋《周易》之經文或傳文之著作，此書既非逐字逐句剖析《周易》卦爻辭四百五十條，更非依附其他家之說法或是注疏之作，而是以其獨特之風貌存在。周、孔之際，《周易》六十四卦，每卦六爻，加上〈乾〉、〈坤〉二卦用九、用六二條，僅三百八十六條爻象之辭，最後加上六十四卦之卦辭，總數爲四百五十條卦爻辭，〔註6〕相較於《焦氏易林》全書共有四千零九十六條占卦變之辭，共多了十倍以上之數量，而其每一條占卦變之林辭，都是由六十四卦之基礎上，經過占筮後產生本卦由不變至一個爻變至六個爻變不等的情形之下，復變爲六十四個之卦，六十四卦變爲四千零九十六卦，再於其後配上相應之文辭，此文辭運用大量四言韻語及三言之語構成，用以解釋每一卦變占辭之眞義。綜觀《焦氏易林》一書其形式整齊劃一，讀之朗朗上口，餘韻無窮，又其林辭之詩文簡妙之至且意境高遠，運用四千零九十六首林辭表現人世與現實世界的種種運行之道，再加之以用巧妙精闢的言辭將隱藏之義理發爲議論。雖然《焦氏易林》體例、形式內容特殊而於歷代主流之經、史、子、集書籍分類方法下無法建立明確之地位，但是無論就內容之深度、辭藻意韻之美、形式之整齊、辭意之言簡意賅、解釋林辭之手法各方面都是後代易學專著所望其向背，無出其右，此書在易學學海中有其獨特之光芒存在，而是無法被抹滅的。

〔註6〕 此意見見於尚秉和注・常秉義點校《焦氏易林注・序》北京，光明日報出版社，西元 2005 年 5 月第一版，頁 9。

（二）集象數之大成

尚秉和之學生黃壽祺曾於《焦氏易詁‧敘》中有云：「《易林》繇辭，無一字不從象生，不從數出」〔註7〕，王樹枏於《焦氏易詁‧序》也云：「蓋《易》無一爻非象，而《易林》則無一字一句不以《易》之象爲象」〔註8〕，在《焦氏易林》一書中，「象數」不但是此書之重要構成元素，更是解釋、了解此書龐大林辭體系之眞義的關鍵所在。而《焦氏易林》是如何呈現不同面貌之易學條例及其「象數」之精華呢？答案都在於每一條解釋本卦與之卦卦變之占辭中。在本論文第四章將《焦氏易林》解釋林辭的方法分爲八項：1.「旁通」：凡一卦之六爻皆產生爻變，即陰變陽，陽變陰，進而變成他卦，也就是此二卦六爻陰陽皆相反、相對，謂之「旁通」，在《焦氏易林》中以旁通方式解釋林辭之義非常普遍，不勝枚舉；又「旁通」之概念於《周易‧泰》之經文「泰，小往大來，吉，亨。」〔註9〕、《周易‧否》之經文：「大往小來。」〔註10〕此二卦之經文恰好陰陽相對，吉凶相左，頗有取法「旁通」之意涵，而在《易傳‧文言傳》中提到：「大哉乾乎！剛健中正，純粹精也；六爻發揮，旁通情也。」〔註11〕此段文字之記錄可說是最早明確提及「旁通」一詞之記載。眞正將此概念實際並具體用於易學之應用，《焦氏易林》實爲第一者。2.「相綜」：凡六爻移易，也就是將原卦之次序顛倒觀之，即形成所謂之「相綜」；早在《左傳》「穆子之生也，莊叔以《周易》筮之」與「晉獻公筮嫁伯姬於秦」二例占筮結果之占辭，雖然沒有明確「相綜」的理論與學說的提出系統化之論述，但是占辭解析的過程之中已有運用「覆象」的概念輔助說明，《焦氏易林》進一步加以運用於卦變之林辭中。3.「先天八卦」：又稱「伏羲八卦」，在《焦氏易林》書中，分別按照乾南、坤北、離東、坎西、震東北、巽西南、艮西北、兌東南之先天八卦方位與乾一、兌二、離三、震四、巽五、坎六、艮七、坤八的先天卦數之次序，一一舉實例說明解析，因而先天卦位與卦數的產生不必至北宋陳摶畫伏羲八卦始有，早在西漢焦延壽《焦氏易林》已經應用於林辭中。4.「互體」：一卦六爻之中，取其三到五爻爲上卦，取二到四爻爲下卦，產生另一新的卦象是謂「互體」；

〔註7〕 尚秉和《焦氏易詁》北京，光明日報出版社，西元2005年5月第一版，頁3。
〔註8〕 《焦氏易詁》，頁2。
〔註9〕 晉‧王弼編、清‧阮元校勘《十三經注疏》冊1《周易‧泰》卷二，台北，藝文印書館，西元1955年初版，頁41。
〔註10〕 《十三經注疏》冊1《周易‧否》卷二，頁43。
〔註11〕 《十三經注疏》冊1《周易‧乾‧文言傳》卷一，頁16。

史上最早以「互體」之概念解《易》者，應是《左傳》「陳厲公筮敬仲」一事占辭中，就已經運用了「互體」這樣的概念，而在《焦氏易林》一書當中大量的使用，幾乎每一卦林辭之四言詩當中，都有以「互體」爲取象方法之林辭的存在。5.「半象」即是指本來三爻才成一卦，卦中只出現了相連的兩爻，進而推測其爲八卦當中的某一不完全之卦象。言及「半象」，一般而言多認爲是起於虞翻，其實這樣的概念已見於於《周易·履》六三爻辭：「眇能視，跛能履」、〈小象傳〉云：「眇能視，不足以有明也；跛能履，不足以與行也。」《焦氏易林》進一步將「半象」之概念爲取象之法運用於林辭之內。6.「大象」：將對一卦之六爻作不等之組合，最後再合而觀之，以取其爲八卦中某一卦象。一般認爲「大象」存在爲來知德首倡，其實《周易·大壯》九三爻辭云：「羸其角。」〔註12〕以此卦之大象爲兌，配合〈說卦傳〉云「兌爲羊」；又《周易·益》六二爻辭爲：「或益之十朋之龜」〔註13〕此卦之大象爲離，配合〈說卦傳〉言「離爲龜」，由此二例可知《易傳》運用「大象」的方法解《易》，焦延壽也運用了「大象」之概念爲林辭取象方法。7.「納甲」以八卦配十日干，由於舉「甲」以賅十日干，又甲爲干首，以統其餘各干，故名爲「納甲」。目前較有系統地論述有關「納甲」之法者，當屬「京氏納甲」，實際上京房之師焦延壽於《焦氏易林》書中已經運用「納甲」的觀念當作爲取象的方法之一。8.「辟卦」：配合一年十二個月之月候加上陰陽二爻彼此的相長相消的情形變化而成。「辟卦」之概念由焦延壽之師孟喜「卦氣說」而來，而《焦氏易林》承繼此一觀念於林辭中。總結《焦氏易林》解釋林辭的八種方式產生的情形，我們可知其中「先天八卦之卦位、卦數」、「納甲」是始見於此書之易學象數方法，「辟卦」之運用則是承繼焦延壽之師孟喜「卦氣說」而來，至於其他五種方法參考或取自於《左傳》、《周易》、《易傳》之概念，有系統地實際應用於林辭中，作爲占筮天地人事吉凶的憑藉。

再者《焦氏易林》四千多首林辭之構成，是由眾多之卦象、爻象之象徵意義構築而成，此書除了運用《周易》經傳八卦卦象、卦德之要義外，再依據《左傳》卜筮之占辭、《周易》經傳六十四卦所用之象及〈說卦傳〉、〈雜卦傳〉提到之象徵意義爲基礎，焦延壽又自行理解與推論而引伸衍擴出範圍更大之八卦逸象，藉以涵蓋《焦氏易林》如此龐大之體系與其象徵之萬事萬物及應合多變複雜之世事。《焦氏易林》之逸象不僅將《周易》經傳六十四卦之

〔註12〕 《十三經注疏》冊1《周易·大壯》卷四，頁86。
〔註13〕 《十三經注疏》冊1《周易·益》卷四，頁97。

卦象與眞義發揮到淋漓盡致，而在易學上著名之「孟氏逸象」、「九家逸象」、「虞氏逸象」三大家的說法中，其逸象都可在焦氏逸象的內容之內找到其蹤跡，故《焦氏易林》之一書可說是集易學「逸象」之大成。

綜觀《焦氏易林》四千多首林辭之取象及解釋方法可整理爲以上八大項，其中包括了各種之「象」條例：如「旁通」、「相綜」、「先天八卦卦位」、「互體」、「半象」、「大象」、「納甲卦位」、「辟卦」、「八卦逸象」都是以取其卦象加以運用；「數」之條例則有「先天卦數」如：《焦氏易林・坤之夬》：「一簧兩舌」〔註14〕、《焦氏易林・比之損》云：「二人異路」〔註15〕、《焦氏易林・同人之大有》云：「三翼飛來」〔註16〕、《焦氏易林・小畜之損》云：「身載百里，功加四海」〔註17〕、《焦氏易林・需之蒙》云：「三塗五岳」〔註18〕、《焦氏易林・臨之師》云：「六人俱行」〔註19〕、《焦氏易林・中孚之觀》云：「鳳生七子」〔註20〕、《焦氏易林・臨之遯》云：「八百諸侯」〔註21〕以上所舉之例由先天卦數之「乾一、兌二、離三、震四、巽五、坎六、艮七、坤八」而來。

《焦氏易林》一書之中看似只有四言或三言詩的表達方式，其中確隱含如此豐富的象數條例，將「以象盡意」之思維方式發揮到極致，給予後代易學家無限的啓發空間，實是易學上繼往開來、承先啓後，體制與內容別開生面之一部集象數之大成的著作。

（三）保留先秦易學精髓，擴大《周易》應用範圍

常秉義於《焦氏易詁》一書中有云：

> 《焦氏易林》全面保留了《易經》、《左傳》、〈說卦傳〉等先秦易學
>
> 精髓，即象數之眞諦。〔註22〕

《焦氏易林》書中所運用之象數條例承繼了《左傳》、《周易》、《易傳》之易

〔註14〕　《焦氏易林注・坤之夬》，頁 19。
〔註15〕　《焦氏易林注・比之損》，頁 86。
〔註16〕　《焦氏易林注・同人之大有》，頁 134。
〔註17〕　《焦氏易林注・小畜之損》，頁 97。
〔註18〕　《焦氏易林注・需之蒙》，頁 47。
〔註19〕　《焦氏易林注・臨之師》，頁 191。
〔註20〕　《焦氏易林注・中孚之觀》，頁 594。
〔註21〕　《焦氏易林注・臨之遯》，頁 194。
〔註22〕　《焦氏易詁・導言》，頁 1。

學精華，同時發掘隱藏於這些古籍中的各種逸象與象數之觀念，焦延壽以此為基礎，進一步將其有系統地加以實際運用於其著作之內。除此之外，《焦氏易林》書中也常用先秦經典之史事與言辭於林辭之內，藉以輔助說明每一卦林辭之意義，凡《詩經》、《國語》、《左傳》、《史記》、《墨子》等典籍都在此書的引用範圍之內，憑藉經典之微言大義及古人累積智慧以證當代之人事，除了增加林辭占筮後之可信度與可行性，同時也豐富了此書之內容，並更增添其光芒。

　　《焦氏易林》內容言近旨遠、涵義深刻，其表述方式是以實象與數之條例解析人事天地成敗興衰之理，承繼《周易》經傳之精髓，奠基於先秦經典之上，將其埋藏於其中不為人所熟知之象與理發揮的淋漓盡致，配合當時國家、社會現實狀況，擴大了《周易》卦爻辭及八卦象徵之意義，運用爻變的方法產生四千零九十六首林辭，最後加上焦延壽本身對於卦象及象數的獨到、精闢的說解方式融入此書的內容之中，成功擴展了《周易》所能包含與對應之事物，成為一個更完整之卦象、象數之易學著作。

三、《焦氏易林》易學之影響

（一）「卦變」方法之影響

　　《焦氏易林》全書主要骨幹是由本卦六十四卦中，由每卦之初爻至上爻產生不同程度之爻變，由一卦變六十三卦，六十四卦彼此互為本源而相生。一卦之本卦與變卦共六十四，六十四個本卦就構成四千零九十六種變化。《焦氏易林》之內容即是以「卦變」的方式推闡而成。《焦氏易林》承繼《國語》、《左傳》與《周易》經傳所隱含之「卦變」的概念，進一步將此法構築成《易林》一書龐大的體系。而「卦變」概念也影響後世頗深，其中較為明顯是以「京房八宮說」、「荀爽升降說」以及「虞翻卦變之法」。

1. 京房「八宮說」

　　所謂的「八宮」是指八卦之重卦，也就是八卦本身六爻之不變為「八宮」，其排列順序依《周易・說卦傳》之次序，依序是乾、震、坎、艮、坤、巽、離、兌；每一宮卦又依其爻變與其爻位的不同可分為七個卦，前五卦為一世、二世、三世、四世、五世，第六卦為游魂，第七卦為歸魂。一世卦至五世卦由本宮卦之初爻至五爻陽爻變陰爻，陰爻變陽爻逐一變化而來，而游魂卦是

將五世卦中的第四爻恢復爲本宮卦中原有之爻性，即本宮卦與游魂卦相異者爲初、二、三、五爻；所謂歸魂卦，是將游魂卦之內卦回復至與本宮卦之內卦之象，即歸魂卦與本宮卦相異之處僅有第五爻。相較於焦氏卦變，京房承繼此一概念，並加以有系統地創設爲個人獨到之理論模式，藉由八宮卦彼此陰爻、陽爻的交互變化，表達了京房對於宇宙之形成與萬物運轉變化、循環往複的模型，強調寰宇中萬物的演變具有次序性、整體性與變異性，增添了易學之哲學性與多樣性。

2.荀爽「升降說」

荀爽從《易傳》中初步之卦變意函中得到啓發，自焦延壽之卦變所形成之林辭系統得到靈感，又從京房八宮卦之本源與陰、陽爻之變化關係模式汲取精華，進一步組織與創立另一卦變系統——「升降說」。荀爽以乾、坤二卦作爲基本卦，由此二卦之爻位互易、消長，並運用「陽氣上升、陰氣下降」的原理，將陰爻與陽爻變化之因找到理論基礎。

荀爽認爲乾陽上升、坤陰下降之爻變是天道運行的規律。乾、坤兩卦爲本卦，兩卦爻位的上升與下降當作八卦、六十四卦的基礎。乾、坤兩卦之爻位以五與二之爻位爲主，乾卦九二與坤卦六五爻互易產生爻變，即乾九二（陽爻）升於坤六五之位，坤卦六五（陰爻）下降至乾卦九二之位，故分別形成了「坎」與「離」二卦，依次類推得到了六十四卦形成的原理。〔註 23〕荀爽以此「升降」之說法加以說明《周易》經傳之意義。

3. 虞翻卦變之法

虞翻卦變的主要說法可分爲「乾坤生六子」與「消息卦生雜卦」兩個部份加以說明；「乾坤生六子」：虞翻受到《易傳》、焦氏卦變方法以及荀爽「升降之說」的啓迪，認爲乾卦之初爻至三爻分別往坤卦之初爻至三爻之位移動，即可分別產生震、坎、艮三個象徵長男、中男、少男之陽卦；又將坤卦之初六、六二與六三爻移動至乾卦的初爻至三爻之爻位，即產生巽、離、兌三卦分別代表長女、中女、少女之陰卦。「消息卦生雜卦」：「消息卦」是漢代孟喜、焦延壽、京房之象數系統所產生之概念，虞翻認爲將十二消息卦再加以卦變後，藉由陰陽二爻之消長不同之情形加以分成一陰、一陽、二陰、二陽、三陰、三陽、四陰、四陽等類，彼此交互配合形成五十二雜卦。虞翻透過其卦

〔註 23〕此意見參見自張其成《象數易學》北京，新華書店，西元 2003 年 6 月第一刷，頁 296。

變系統，表達自身對於宇宙萬物變化規則與過程的看法。

（二）「焦林值日法」、「辟卦」、「納甲」、「旁通」方法之影響

剖析《焦氏易林》運用「辟卦」、「納甲」、「旁通」當作取象之法，以及焦延壽之「焦林值日法」，對於後來之京房、虞翻之易學理論影響甚巨。京房最著名之易學理論便是以講述卦侯、災異、章句之學。京房將其師焦延壽之「辟卦」與「焦林值日法」的概念與占卜方式，再對孟喜之「卦氣說」加以吸收與改變，他保留了辟卦之概念，將十二消息再加四正卦與巽、艮二卦共同主值二十四節氣，具體作法將四正卦之初爻主值二至二分之爻，各為一日的八十分之七十三；又將頤卦、晉卦、升卦、大畜卦分別居於四正卦之前，各值五日十四分；其餘諸卦皆值六日七分，透過陰陽二氣之變化解析一年四季的變化過程。〔註24〕除此之外京房將焦氏「納甲」之概念加以組織系統化後，下筆成文寫成明確之條例，即是分別將「庚」、「戊」、「丙」配予「陽」之卦象「震」、「坎」、「艮」，而將「辛」、「己」、「丁」配予「陰」之卦象「巽」、「離」、「兌」，以此法表示陰陽消長與卦爻象變化之過程。另外京房之「飛伏說」受到《焦氏易林》以「旁通」為取象之法的影響，京房所言之「飛伏」見於《京氏易傳》中。所謂「飛」為顯，「伏」為隱，一卦之爻顯而易見的卦象為「飛」，隱而不顯之卦象為「伏」，陽見則陰伏，陰見則陽伏，例如乾卦為六陽爻，表面如此，其實陰爻是隱而不見，並非消失，反之坤卦之道理亦復如此，京房之「飛伏」之說，明顯是受到《易林》以「旁通」之法解釋占卜之林辭之影響，所蘊釀而生之思想。

《焦氏易林》之「辟卦」、「納甲」、「旁通」的方法也對東漢易學大家虞翻產生一定之啟發作用。虞翻同樣也以「卦氣」之蓋念解《易》，以四正卦震、兌、坎、離當作四季之象徵，以辟卦之陰陽消長與盈虛象徵十二個月之寒暑更迭，陰陽二氣顯現於季節的變化之上。又虞翻之「月體納甲」之方法，是以焦延壽與京房「納甲」之法為基礎，配合日月之運行，以陰陽之二氣來說明日月之盈虧，並以「月體納甲」之法推論「日月在天成八卦象說」，即是以八卦之象中的坎、離象徵日、月，再因日月之運行形成另外之六象，分別是震象徵初生明之月象，兌象徵上弦月之象，乾象徵滿月之象，巽象徵始退之月象，艮象徵下弦月之象，坤則是代表全然隱藏之月象。虞翻延續焦延壽「旁

〔註24〕此段意見參考自《易學基礎教程》，頁 147。

通」、京房「飛伏」之概念，也以「旁通」解《易》。虞翻之旁通思想，有「陰陽相伏」的思想，象徵陰與陽之卦爻有各種之物象與狀態，只要在卦中位置相同，無論是兩旁通卦象間、內外卦體間、同位卦爻都可以相互轉化變通互爲解釋。〔註25〕

（三）「互體」、「半象」之法的影響

　　史上最早以「互體」之概念解《易》者，應是《左傳・莊公二十二年》在陳侯解釋「陳屬公筮敬仲」一事之占辭時，利用了「互體」的概念輔助解析卦象。而後焦延壽進一步開始將此概念大量運用於其書《焦氏易林》之中，幾乎四千多首林辭內都有運用「互體」當作重要的取象方法之一。至東漢虞翻深受「互體」觀念的影響，另外擴大引伸作「連互」之說。連互又可以取「四爻連互」或是「五爻連互」的方式形成一卦之象，並將此法運用於解析《周易》經傳之中。至於「半象」，一般認爲起於虞翻之說，王新春在其《周易虞氏學》一書中有云：

　　　「半象說」是虞氏在正常的卦爻之象以及前揭各相關象數義例皆難

　　　以對於《易》作出「圓滿」詮釋的情勢下所設的。〔註26〕

事實上，其實「半象」這樣的概念在《易傳》中就已有這樣的訊息出現。例如：《周易・履》六三爻辭云：「眇能視，跛能履」〔註27〕，又例如《周易・歸妹》初九爻辭云：「跛能履，征吉。」〔註28〕此二者運用了「半震」與「半離」之象來說解爻辭，而後焦延壽也運用了「半象」之法爲取象之方法之一。至虞翻之時也延用此一觀念並加以明確詮釋其法，用於解析《周易》經傳各卦爻之象。

（四）「先天卦位」方法之影響

　　朱熹認爲先天八卦的產生爲北宋陳摶畫伏羲八卦始有，後至邵雍之時才以有系統之論述出現，朱熹在《周易本義》有云：

　　　伏羲此圖，其說皆出於邵氏，蓋邵子得之李之才挺之，挺之得之穆

　　　修伯長，伯長得之華山希夷先生陳摶圖南者，所謂先天之學者也。

〔註25〕此段虞氏之「旁通」之意見參考自《虞翻易學思想研究》，頁88。
〔註26〕此文節錄於王新春《周易虞氏學・及兩漢象數易學之大成的虞氏易學》台北，頂淵文化事業有限公司，西元1999年2月，頁149。
〔註27〕《十三經注疏》冊1《周易・履》卷二，頁41。
〔註28〕《十三經注疏》冊1《周易・歸妹》卷五，頁118。

〔註29〕

除了朱熹之外，其他學者也多持相同看法，如黃宗羲《象數易學論》云：

> 邵子先天方位以天地定位，山澤通氣，雷風相薄、水火不相射。八卦相錯爲據，而作乾南、坤北、離東、坎西、震東北、兌東南、巽西南、艮西北〔註30〕

又如鄭燦於《易學啓蒙》也云：

> 繫辭上傳第十一章：「易有太極，是生兩儀，兩儀生四象，四象生八卦」。這一段話說明先天八卦的由來，宋邵康節本此作伏羲八卦次序圖。〔註31〕

閭修象於《易經的圖與卦》一書中也提到：

> 邵康節……其說易主先天之說，取說卦天地定位之章，安排八卦乾南、坤北、離東、坎西、震東北、兌東南、巽西南、艮西北……立論與漢人完全不同，不啻爲易學開闢了一新境界。〔註32〕

事實上在本論文第四章討論「《焦氏易林》釋林辭之法」有關「先天八卦」之取象方法時，已將《焦氏易林》一書中有關以先天卦位（乾南、坤北、離東、坎西、震東北、兌東南、巽西南、艮西北）與卦數（乾一、兌二、離三、震四、巽五、坎六、艮七、坤八）爲取象方法之實例一一列舉，不用等到宋代陳摶、邵雍始見這樣之觀念，早在漢代《焦氏易林》已大量運用先天八卦之觀念於林辭中，只是宋代邵雍發掘這樣的易學之條例，實際組織後形諸文字，才成爲完整「先天八卦」之說。

（五）「相綜」、「大象」方法之影響

所謂的「相綜」或稱爲「反象」、「反卦」，一般而言，明確提出「覆」之概念者爲唐代孔穎達，而史上有系統地論述有關「相綜」、「反象」之觀念者爲明代來知德。事實上，早在《左傳》之占筮之中，就已隱約用「相綜」之覆象概念解《易》，《左傳・昭公五年》「莊叔以《周易》筮之」與《左傳・僖

〔註29〕朱熹《周易本義》冊1，收錄於國立故宮文淵閣四庫全書，台北，商務印書館，西元1975年出版，頁9。
〔註30〕黃宗羲《周易象數論》收錄於收錄於嚴靈峰《無求備齋易經集成》冊115，台北，成文出版有限公司，西元1976年第一版，頁36。
〔註31〕鄭燦《易學啓蒙》台北，中國孔學會，西元1975年11月出版，頁73。
〔註32〕此文節錄自閭修象《易經的圖與卦》台北，五洲出版社，西元1983年2月出版，頁25～26。

公十五年》：「晉獻公筮嫁伯姬於秦」就已有「反象」之觀念解釋占辭的情形。
至焦延壽之時也運用此法於《焦氏易林》之林辭中，而明代來知德則是將先
秦與漢代易學有關「相綜」對其形諸文字，明確定義，若要說來知德為創始
者，實非事實，應說來氏為首位有組織與明言闡釋「相綜」之法的學者。至
於「大象」之說，李周龍於〈現存易林研究〉一文中引述來知德對於「大象」
之定義：

> 凡一卦陽在上者，皆象艮巽；陽在下者，皆象震兌；陽在上下者，
> 皆象離；陰在上下者，皆象坎。是合六爻疊而觀之，以象其大體之
> 卦也。〔註33〕

來知德是將「大象」明確以學術論述的方式為其定義與解釋，事實上以「大
象」的概念方法說易，在《周易・繫辭傳》時已經可見其蹤影，例：大壯䷡ 之
大象為兌，而依〈說卦傳〉兌為羊，又《周易・大壯》九三爻辭云：「羝羊觸
藩，羸其角。」〔註34〕，又益卦䷩ 之大象為離，而依〈說卦傳〉離為龜，而
《周易・益》六二爻辭為「「或益之十朋之龜」〔註35〕可知在《周易・繫辭傳》
之時已運用「大象」的方法解《易》，而焦延壽也延用這樣之概念，以「大象」
之法用於《焦氏易林》之林辭中，因此明代來知德是受到前人之啟發，並將
其相關概念具體整理並組織前人之智慧與觀點後論述而來的。

第二節　論文結論

　　本篇論文在論述了《焦氏易林》作者考辨及其生卒年與生平，接著對於
其師承關系、此書所反映之時代背景作進一步的探析，唯有確定此書之作者
與時代背景，才能顯現《焦氏易林》對易學與後世之影響。再者除了作者與
此書成書背景整理與確定之後，再將此書之體例與特色、焦延壽如何解釋林
辭之方法其象數條例與逸象作一總論，最後再將此書於易學上之價值與影響
歸納並加以闡述。本篇論文作了以上之探討，即將告一段落，在本節「論文
結論」之中，茲將本篇論文各章之重點與要義與筆者個人之結論作一摘錄，
以作為最後之總結。

〔註33〕李周龍〈現存易林研究〉《孔孟學報》第 57 期，西元 1989 年 3 月，頁 204。
〔註34〕《十三經注疏》冊 1《周易・大壯》卷四，頁 86。
〔註35〕《十三經注疏》冊 1《周易・益》卷四，頁 97。

　　本論文《焦氏易林》易學思想研究，分作六個章節，第一章節爲緒論，說明寫作本文之企圖在闡明《焦氏易林》其書及其易學被埋藏於歷史洪流中，不被人知之奧義與價值，並藉著對於《焦氏易林》易學之研究，能一窺易學象數之殿堂。

　　第二章節爲「《焦氏易林》作者考辨及成書背景」，《易林》一書在書中既無自序也無署名作者，故留給後人無窮發揮之空間，眾說紛紜，本章第一節對於歷史上對於此書之爭論作者爲誰列出了各家說法共七點，分別爲（一）爲元成間人所作、（二）爲崔篆所撰、（三）東漢以後人撰，托之焦延壽、（四）東漢許峻所撰、（五）王莽時建信天水焦延壽所撰、（六）焦延壽即易林之作者、（七）爭論此說作者爲誰，無所裨益，在此七點中配合歷史上有限之史料、二十五史對於相關《易林》之書的記載與說法，最後再以綜合翟云升、鄭曉、劉毓崧、王俞、牟庭、余嘉錫、趙麟、陳良運、胡適、丁晏、顧炎武、尚秉和、左暄、錢鍾書等各大家之說法，比較其得失或是矛盾之處，最後證之以正史所載之事，得知除《易林》爲焦延壽一說外，其餘說法都有所不足，諸如：不合史實之說或歷史記載，以不足史料作錯誤之推衍、證據不足、沒有考量《易林》歷史背景等問題。《易林》之作者可以確定應是西漢焦延壽所作，此說雖不是百分之百無缺點，以目前有限資料、史書之記錄不斷及配合各種作者說法之釐清與多方考證下，《易林》是焦延壽所作應是較好且較爲完整之說法，而今本所見之《易林》也才稱作《焦氏易林》。

　　接著本章第二節對於《焦氏易林》作者焦延壽於正史上沒有爲其單獨立傳，其中記載焦延壽之事較多於《漢書‧京房傳》書中探討其簡要生平。再著討論焦延壽之師承關係與其生卒年之辨析，以正史記載有限之資料與探討學者各家說法的得失後，我們雖無法明確得知究竟是哪一年所生，至少可知範圍是武帝太始年間（約西元前 96 年左右），死於至少在漢元帝建昭二年之後，於西漢中衰之時期死亡。第三節探討《焦氏易林》成書之背景爲漢代政事逐漸衰弱時，也就是武帝末年與昭、宣、元、成之際，因而此書中充滿對於政治黑暗的批判、反映人民現實生活的悲歌與作者追求理想安樂之社會與生活。

　　本論文之第三章「《焦氏易林》之體例與特色」，因《焦氏易林》於歷史中一直處於歸屬難定的尷尬地位，它的內容既非解《周易》之著作，也非釋《傳》；它是以大量四言韻語爲骨架，建構而成的一部書，若說它是文學性四

言詩之詩集，但它是以占卜辭的面目出現，造成在正史中此書之分部一直處於妾身不明的狀態，本節敘述之重點分別敘述《焦氏易林》之內容要旨，又此書「無一字不從象生」，「象數」爲其關鍵，因此也對於「象」與「數」之義涵與源流作一簡述，我們得知「象」是指將獸骨、龜甲燒灼之後所產生的「兆象」，而「數」是占卜後所得出之結果爲「數」，之後《周易》將其「象」與「數」賦予了新的哲學意涵，將「象」的概念中給予「卦象」之意，而在「數」的概念中給予「爻數」之意；於《周易》後之《易傳》又將「象數」的範疇擴大並發揚，形成了較完整的「象數」之概念，而《焦氏易林》也承襲此一易學脈絡而來，將其應用淋漓盡致，形成此書的核心內容。本章第二節將《焦氏易林》之體例之重點分別爲「全書六十四卦爻變組成」、「以四言詩鋪陳全文」、「《焦氏易林》爲占卜之書」等三個大項。本章第三節探討《焦氏易林》之特色，其特色可分爲（一）「『言近意遠』之特質」。（二）與「先驗主義」有相互呼應之處。此項特色是將西方之先驗主義與《焦氏易林》一書彼此相互應證之處作一比較與說明。（三）「援用古籍所言說明林辭眞義」，《焦氏易林》之中以古籍史事或是改寫自典籍所言之例之範圍，凡《詩經》、《國語》、《左傳》、《史記》、《墨子》等典籍都在此書的引用範圍之內，藉以達到「以古證今、以爲殷鑑」之效果。（四）「以『象數』爲貫穿全篇之核心」說明此書「無一字不從象生」、「不從數出」的特點。（五）「擴大了《周易》之應用範圍」，《焦氏易林》將原本《周易》經傳之卦爻象進一步加以闡揚與引伸，創造了四千零九十六條林辭以應合複雜多變之天地人事。

　　論文第四章「《焦氏易林》釋林辭之法」，此章重點是將以少量三言詩與大量四言詩爲表現方式之林辭加以剖析，試圖找出在文字之背後隱藏許多易學之概念，藉以眞正了解其中眞義，本章解釋每一種條例時，都先將其意義與源流作一簡述，最後在舉出多項在《焦氏易林》之實例加以證明。本章將解釋林辭的方式可分爲下列幾大項：（一）「旁通」、「相綜」之法：「旁通」一詞在《周易》當中尚未出現，但隱有相關概念出現，如《周易・睽》初九爻辭云：「喪馬，勿逐自復」〔註36〕、上九爻辭：「見豕負塗，載鬼一車……遇雨則吉。」〔註37〕睽卦 ䷥ 外卦爲離，離之旁通形成坎，又依〈說卦傳〉可知，坎爲水、爲馬、爲輿、爲豕，觀察睽卦之初九爻辭與上九爻辭分別以「馬」、

<hr>

〔註36〕《十三經注疏》冊1《周易・睽》卷四，頁91。
〔註37〕此文節錄於《十三經注疏》冊1《周易・睽》卷四，頁91。

「豕」、「車」、「雨」形容卦辭，似乎明顯是以離之旁通爲坎的象徵事物解《易》，只不過是尚未明言運用此法。至於「相綜」早在《左傳》與《周易》經傳之占筮之中，就已隱約用「相綜」之覆象概念解《易》，再者本節將「旁通」與「相綜」作一橫向連繫，「旁通」與「相綜」彼此相應，如同是一體之不同面相的呈現，接著舉出《周易》六十四卦組成本身也存在著「旁通」與「相綜」緊密結合而不可分的情況發生，也就是「錯綜」之邏輯的存在。《焦氏易林》一書也了解「旁通」與「相綜」之特性，並將其融合爲「錯綜」之法而實際用於林辭之中。（二）運用「先天八卦」之法：本章先就先天八卦之來源、內容與起因作一簡述，史上一般認爲北宋陳摶畫伏羲八卦始有，再由邵雍以組織化有系統地論述，事實上西漢焦延壽之《焦氏易林》一書之中已運用此概念爲取象法之一，本節又分別按照乾南、坤北、離東、坎西、震東北、巽西南、艮西北、兌東南之先天八卦方位與乾一、兌二、離三、震四、巽五、坎六、艮七、坤八的先天卦數之次序，一一舉實例說明解析，並找出大量事例證明焦延壽已存在「先天八卦」之觀念。（三）運用「互體」之法：史上最早以「互體」之概念解《易》者，應是《左傳‧莊公二十二年》「陳厲公筮敬仲」，周史解釋此事之占辭已經運用了「互體」這樣的概念，又《周易‧象傳》、《周易‧大象傳》也有「互體」的方法說易，如需卦☵☰，其〈象傳〉云：「需，有孚，光亨，貞吉，位乎天位。」〔註38〕需卦之三爻至五爻互體形成離之象，離爲光明，而〈象傳〉才說有「光亨」之意，又如隨卦☱☳，其〈大象傳〉曰：「澤中有雷，隨；君子以嚮晦入宴息。」〔註39〕。隨卦之第三爻至五爻互體爲巽，依〈說卦傳〉可知巽有「入」之意；第二爻至四爻互體爲艮，艮爲止，有「止息」之意，兩者合而觀之可得〈大象傳〉所云「君子以嚮晦入宴息」之意義。焦延壽承繼《左傳》與《周易》運用「互體」之法解《易》的方式，在《焦氏易林》一書當中大量的使用，幾乎每一卦林辭之四言詩當中，都有以「互體」爲取象方法之林辭的存在（四）運用「半象」之概念：言及「半象」，一般而言多認爲是起於虞翻；而其實「半象」這樣的概念在《易傳》中就已有這樣的訊息出現，如《周易‧歸妹》初九爻辭云：「跛能履，征吉。」〔註40〕；九二爻辭云：「眇能視，利幽人之貞」〔註41〕；歸妹☳☱內卦爲兌，

〔註38〕 《十三經注疏》冊1《周易‧需》卷二，頁32。

〔註39〕 《十三經注疏》冊1《周易‧隨》卷三，頁56。

〔註40〕 《十三經注疏》冊1《周易‧歸妹》卷五，頁118。

與履卦內卦相同，因而歸妹之爻辭與履卦爻辭雷同，皆運用了「半震」與「半離」之象來說解爻辭，焦延壽也運用「半象」爲林辭取象方法之一。（五）運用「大象」概念：以「大象」的概念方法說易，在《周易・繫辭傳》時已經可見其蹤影，如頤卦 ䷚ 之大象爲離，離爲龜，而《周易・頤》初九爻辭云：「舍爾靈龜，觀我朵頤，凶。」〔註42〕焦延壽也運用了「大象」之概念爲取象方法。（六）運用「納甲」之法：朱子認爲納甲之法是京房所創，但是「納甲」之法似乎並非完全是京房之創舉，而是有所依據，在其師焦延壽之《焦氏易林》已可見端倪（七）運用「辟卦」之概念：徐芹庭認爲「辟卦」是由孟喜所創，是由其「卦氣說」而來，孟喜之弟子焦延壽也受到此一觀念影響，於《焦氏易林》中運用了「辟卦」爲林辭取象方法之一。想要了解《焦氏易林》每一首林辭之意義爲何，最重要之關鍵，需融合本章所整理與歸納的各種易學之法於林辭顯示之物象中加以分析，才能一窺究竟。

論文第五章爲「《焦氏易林》逸象探析」，《焦氏易林》一書之林辭達四千多首，而每一條林辭都是由八卦組合而成，若只以傳統《周易》經傳象徵之卦象、卦德無法涵蓋如此龐大之體系與其象徵之萬事萬物，因此《焦氏易林》勢必需要擴充八卦之象徵意義以應合多變複雜之世事，而這些透過不同之角度與自行理解與推論而衍擴出範圍更大之八卦象徵意涵，有別於傳統《周易》經傳八卦的象徵意義之象，就稱之爲「逸象」。而焦氏逸象產生之途徑本章所整理的三個來源，分別爲（一）由《左傳》中占卜結果之象而來；（二）由《周易》經傳六十四卦所用之象轉化引伸而來；（三）由〈說卦傳〉、〈雜卦傳〉之卦象與卦德闡發而來。又《焦氏易林》之一書可說是集易學逸象之大成者，承先啓後，汲取《周易》經傳、〈說卦傳〉、〈雜卦傳〉、《左傳》之易學精華，形成更爲龐大完整之象數系統，以本章探討的「孟氏逸象」、「九家逸象」、「虞氏逸象」之三大家說法中，其逸象都可在《焦氏易林》逸象的內容之內找到其蹤跡。

本論文第六章重點在於找到「《焦氏易林》之價值與影響」，本章先論漢代易學成就與特色與其豐富的內涵，漢代易學特色與重心除「象數」之外，論是易學對於人事的啓發、天地至道義理的闡明、宇宙萬物成敗興衰之循環律動都有精闢的見解與深入的探討。焦延壽身處於易學發達之漢代，其著作

〔註41〕《十三經注疏》冊1《周易・歸妹》卷五，頁119。
〔註42〕《十三經注疏》冊1《周易・頤》卷三，頁69。

也如同此時易學之多元化之特質，而呈現出不同於傳統解《易》與釋《易》之書的風貌。本章先就焦延壽之師孟喜易學之特色與貢獻作一簡述，歸納其最主要之貢獻是將當時之天文、物候、曆法、陰陽五行等學說融合爲一體，運用陰陽二氣之消長變化的法則闡釋《周易》的基本原理與爻象之解析，對於後世之易學、醫學、天文、曆法、哲學本體論與宇宙論之探討都有深遠之影響。接著本章將《焦氏易林》之價值歸結以下三點，分別爲（一）《焦氏易林》以獨特之體例自創一格、（二）集象數之大成、（三）保留先秦易學精髓，擴大《周易》應用範圍。最後論文的結尾論述焦氏易學內容中運用各種取象方法與解釋林辭的條例對後世易學大家，諸如京房之「八宮說」、荀爽「升降說」、虞翻卦變之法、或是來知德易學的啓迪與創發。總而言之，《焦氏易林》不但承繼了固有《周易》、《易傳》以及從孔子以下之易學脈絡，更擴展了易學的內涵，無論是卦象的多元化、應用範圍的擴大、體例的開展以及象數系統的更加充實完備，也都是《焦氏易林》一書之價值所在。

　　欲窺《焦氏易林》之精華與價值，必需先從此書作者及成書背景著手，若是不先處理根本問題，就沒有辦法確定此書是位處於何時，其時代風氣與學術環境爲何，也就無從談起此書在易學上與歷史中的貢獻。本論文之脈絡即從這樣的觀點切入，先將作者及其時代以目前有限之資料與各家之說，盡可能找到合理之答案之後，眼光再導入此書本身特殊之體例、特色、方法與價值之中。筆者在完成《焦氏易林》易學研究一文後，深感此書之不易與非凡，不易之處是《焦氏易林》全書沒有作者親身出現於書中論述其主張也沒有長篇說明發爲議論，但其豐富之思想與內涵都隱身於四千零九十六首林辭之中；而非凡之處，則是此書不但運用各種易學之條例與逸象，集象數與逸象之大成，更將前人易學精華加以吸收轉化，發揮得淋漓盡致，而此書也將當時固有《周易》經傳之意義與象徵更進一步闡發與應用，再搭配其特殊的表現手法與內容，不但給予後學無限之啓迪與學習的空間，也讓千百年之後的易學專書無法再出其右。筆者此篇論文是以探討《焦氏易林》之易學特色、體例、方法與價值，或許只窺得全書之一隅，尚有許多不足之處，筆者也將持續自我充實，繼續找尋此書不爲人知的價值與光芒！

主要參考書目

一、古籍類

1. 春秋・左丘明《國語》據士禮居黃氏重雕本校刊，台北，中華書局，西元 1966 年台一版。
2. 漢・焦延壽《易林》據士禮居校宋本校刊，台北，中華書局，西元 1970 年第二版。
3. 漢・焦延壽《焦氏易林》收錄於《四部叢刊・初編》冊 23，台北，商務印書館，西元 1945 年第二版。
4. 漢・京房《京氏易傳》卷下，收錄於《四庫叢書初編》本，王雲五主編，台北，台灣商物印書館，西元 1967 年出版。
5. 漢・班固《漢書》據清乾隆武英殿本校刊，台北，中華書局，西元 1984 年第三版。
6. 漢・班固《東觀漢記》據清乾隆武英殿本校刊，台北，中華書局，西元 1985 年新一版。
7. 漢・鄭玄注《易緯乾坤鑿度》收錄於嚴靈峰《無求備齋易經集成》冊 158，台北，成文出版有限公司，西元 1976 年第一版。
8. 晉・王弼編、清・阮元校勘《十三經注疏・周易・尚書》，台北，藝文印書館，西元 1955 年初版。
9. 晉・王弼編、清・阮元校勘《十三經注疏・詩經》，台北，藝文印書館，西元 1955 年初版。
10. 晉・王弼編、清・阮元校勘《十三經注疏・周禮》，台北，藝文印書館，西元 1955 年初版。
11. 南朝宋・范曄《後漢書》據清乾隆武英殿本校刊，台北，中華書局，西元

1966 年第一版。

12. 唐‧魏徵等撰《隋書》據清乾隆武英殿校刊，台北，藝文印書館，西元 1972 年出版。

13. 後晉‧劉昫《舊唐書》據清乾隆武英殿本校刊，台北，中華書局，西元 1971 年第二版。

14. 宋‧李昉等撰《太平御覽》冊 3，台北，商務印書館，西元 1968 年第一版。

15. 宋‧邵雍《皇極經世》冊 93，收錄於中國子學名著集成，台北，中國子學名著集成編印基金會，西元 1978 年出版。

16. 宋‧司馬光、元‧胡三省音註《資治通鑑》台北，啓明書局，西元 1960 年出版。

17. 宋‧黃伯思《東觀餘論》收錄於景印文淵閣四庫全書，冊 850，台北，商務印書館，西元 1983 年出版。

18. 宋‧朱震《漢上易傳》收錄於景印文淵閣四庫全書，冊 11，台北，商務印書館，西元 1983 年出版。

19. 宋‧朱熹《周易本義》收錄於國立故宮文淵閣四庫全書，冊 1，台北，商務印書館，西元 1975 年出版。

20. 宋‧羅泌《路史》，錄於《續修四庫全書》冊 383，上海古籍出版社，西元 1995 年初版。

21. 明‧王逵《蠡海集》收錄於《古今圖書集成》，台北，鼎文出版社，西元 1977 年出版。

22. 明‧楊慎《升庵外集》冊 4，台北，學生書局，西元 1971 年初版。

23. 明‧來知德《周易集註》冊 11，卷首（上），收錄於國立故宮文淵閣四庫全書，台北，商務印書館，西元 1973 年出版。

24. 明‧鍾惺《古詩歸》收錄於《續修四庫全書》冊 1589，上海古籍出版社，西元 1995 年初版。

25. 明‧黃宗羲《周易象數論》收錄於嚴靈峰《無求備齋易經集成》冊 115，台北，成文出版有限公司，西元 1976 年第一版。

26. 清‧朱彝尊《經義考》（上），日本京都，中文出版社，西元 1978 年出版。

27. 清‧李鄴嗣《杲堂文詩文集》，浙江古籍出版社，西元 1988 年第一版。

28. 清‧惠棟《易漢學》北京，中華書局，西元 1985 年出版。

29. 清‧乾隆敕撰《四庫全書總目》台北，漢京文化事業有限公司，西元 1981 年 12 月出版。

30. 清‧張惠言《張惠言易學十書》（上、下冊），台北，廣文書局，西元 1977 年 7 月出版。

31. 清‧焦循《易圖略》收錄於《續修四庫全書》冊 27，上海古籍出版社，西元 1995 年初版。

32. 清‧李銳《周易虞氏略例》收錄於《續修四庫全書》冊 28，上海古籍出版社，西元 1995 年初版。

33. 清‧翟雲升《焦氏易林校略》收錄於《續修四庫全書》，冊 242，上海古籍出版社，西元 1995 年初版。

34. 清‧丁晏《易林釋文》收錄於嚴靈峰《無求備齋易經集成》冊 153，台北，成文出版有限公司，西元 1976 年第一版。

35. 清‧吳翊寅《易漢學考》收錄於《續修四庫全書》冊 39，上海古籍出版社，西元 1995 年初版。

36. 清‧陳壽熊《讀易漢學私記》收錄於《續修四庫全書》冊 34，上海古籍出版社，西元 1995 年初版。

37. 民國‧張純一《墨子集解》台北，文史哲出版社，西元 1971 年 2 月初版。

二、易學相關專著（依出版日期先後順序排列）

1. 馬宗霍《中國經學史》台北，商務印書館，西元 1966 年出版。

2. 屈萬里《先秦漢魏易例述評》台北，學生書局，西元 1969 年 4 月初版。

3. 胡適《胡適選集‧考據》台北，傳記文學社，西元 1970 年初版。

4. 鄭燦《訂正易經來註圖解》台北，松立印刷有限公司，西元 1971 年 9 月出版。

5. 徐芹庭《虞氏易述解》台北，五洲出版社，西元 1974 年 2 月出版。

6. 杭辛齋《學易筆談》台北，廣文書局，西元 1974 年 12 月出版。

7. 徐芹庭《兩漢十六家易注闡微》台北，五洲出版社，西元 1975 年出版。

8. 鄭燦《易學啟蒙》台北，中國孔學會，西元 1975 年 11 月出版。

9. 陳炳元《易鑰》台北，弘道文化事業股份有限公司，西元 1976 年初版。

10. 尚秉和《周易尚氏學》台北，老古文化事業公司，西元 1981 年 7 月台一版。

11. 周大利《周易要義》台北，文史哲出版社，西元 1981 年 11 月初版。

12. 閆修象《易經的圖與卦》台北，五洲出版社，西元 1983 年 2 月出版。

13. 劉大鈞《周易概論》山東，齊魯出版社，西元 1986 年 5 月第一版。

14. 牟宗三《周易的自然哲學與道德函義》台北，文津出版社，西元 1988 年 4 月出版。

15. 朱伯崑《易學哲學史》台北，藍燈文化事業股份有限公司，西元 1991 年 9 月出版。

16. 李煥明《易經的生命哲學》台北,文津出版社,西元 1992 年 3 月初版。

17. 黃慶萱《周易縱橫談》台北,東大圖書股份有限公司,西元 1995 年 3 月初版。

18. 徐道一《周易科學觀》北京,地震出版社,西元 1995 年 5 月初版。

19. 章權才《兩漢經學史》台北,萬卷樓圖書股份有限公司,西元 1995 年 5 月初版。

20. 鄧球柏譯著《白話焦氏易林》,湖南,岳麓書社,西元 1996 年 10 月初版。

21. 張善文《象數與義理》台北,洪葉文化事業股份有限公司,西元 1997 年 1 月出版。

22. 張其成《易圖探秘》北京,中國書店,西元 1999 年 1 月初版。

23. 王新春《周易虞氏學》台北,頂淵文化事業有限公司,西元 1999 年 2 月出版。

24. 傅隸樸《周易理解》台北,商務印書館,西元 1999 年 10 月出版。

25. 南懷瑾‧徐芹庭《周易今註今譯》台北,商務印書館,西元 2000 年 8 月出版。

26. 林文欽《周易時義研究》台北,國立編譯館,西元 2002 年 10 月出版。

27. 郭彧《京氏易傳導讀》山東,齊魯書社,西元 2002 年 10 月出版。

28. 張善文‧黃壽祺《周易譯注》台北,頂淵文化事業有限公司,西元 2002 年 12 月初版二刷。

29. 朱伯崑《易學基礎教程》北京,九洲出版社,西元 2003 年 2 月第四版。

30. 張其成《象數易學》北京,新華書店,西元 2003 年 6 月第一刷。

31. 張善文‧馬重奇《周易漫談》台北,頂淵文化事業有限公司,西元 2004 年 7 月初版第三刷。

32. 尚秉和注‧常秉義點校《焦氏易林注》北京,光明日報出版社,西元 2005 年 5 月第一版。

33. 尚秉和《焦氏易詁》北京,光明日報出版社,西元 2005 年 5 月第一版。

34. 陳良運《焦氏易林詩學闡釋》南昌,百花洲文藝出版社,西元 2005 年 5 月第 1 版。

三、其他類 (依出版日期先後順序排列)

1. 威爾‧杜蘭著、許大成等合譯《西洋哲學史話》台北,協志出版社,西元 1972 年第十六版。

2. 錢鍾書《管錐編》冊 2,台北,蘭馨室書齋出版,西元 1978 年初版。

3. 楊家駱主編《論語古注集箋》台北,鼎文書局,西元 1981 年 3 月第三版。

4. 熊十力《讀經示要》（下冊）台北，明文書局，西元 1987 年再版。

5. 楊伯峻《春秋左傳注》（上、下冊）高雄，復文圖書出版社，西元 1991 年 9 月再版。

6. 聞一多《聞一多全集》文學史編，武漢，湖北人民出版社，西元 1993 年第一版。

7. 張志偉《西方哲學史》北京，中國人民大學初版社，西元 2002 年第一版。

8. 《道藏》冊三十六，上海書店，西元 2004 年 10 月出版。

9. 瀧川龜太郎《史記會註考證》臺北，大安出版社，西元 2005 年 1 月初版第四刷。

10. 余嘉錫《四庫提要辨證》收錄於陳良運《焦氏易林詩學闡釋》南昌，百花洲文藝出版社，西元 2005 年 5 月第一版。

四、期刊（依刊登日期先後順序排列）

1. 李周龍〈現存易林研究〉《孔孟學報》第 57 期，西元 1989 年 3 月，頁 177～215。

2. 張善文〈闡發漢《易》之大蘊〉《周易研究》西元 1995 年第 2 期，頁 80～83。

3. 張其成〈「象數」與「義理」新論〉《哲學研究》西元 1995 年第 10 期，頁 64～68。

4. 吳前衡〈春秋筮法〉《中國哲學史》西元 1996 年第 4 期，頁 54～61。

5. 王新春〈試論虞氏易學「旁通說」的易理內涵〉《周易研究》第 29 期，西元 1996 年，頁 6～18。

6. 周立昇〈虞氏易學旁通說發微〉《中華易學學刊》第 17 卷第 4 期，西元 1996 年，頁 29～34。

7. 連鎮標〈焦延壽易學淵源考〉《周易研究》第 27 期，西元 1996 年，頁 3～9。

8. 尉遲治平〈《易》筮溯源〉《華中理工大學學報》第 29 期，西元 1996 年，頁 74～78。

9. 王興業〈試論十二辟卦〉《周易研究》第 31 期，西元 1997 年，頁 3～8。

10. 林忠軍〈論象數易學演變、特徵及其意義〉《學術月刊》西元 1997 年第 7 期，頁 21～30。

11. 張文江〈《管錐編·焦氏易林》讀解〉《上海社會科學院學術季刊》，西元 1997 年第 4 期，頁 136～144。

12. 牛占珩〈重視經濟問題的易學名著：《焦氏易林》〉《周易研究》西元 1998 年第 1 期，頁 65～79。

13. 張濤〈西漢後期象數易學興起的自然生態和社會政治的根源〉《周易研究》第 38 期，西元 1998 年，頁 47～51。

14. 陳良運〈中國文學史之遺珠 —— 《焦氏易林》四言詩研究之一〉《人文雜誌》，西元 1998 年第 5 期，頁 123～129。

15. 陳良運〈論漢代傑出詩人焦延壽〉《南昌大學學報》第 30 卷第 2 期，西元 1999 年 6 月，頁 97～105。

16. 陳良運〈焦延壽思想淵源考辨 —— 兼證《焦氏易林》產生年代〉《江西師範大學學報》第 33 卷第 1 期，西元 2000 年，頁 33～40。

17. 張清宇〈錯綜不變組和散卦卦序結構〉《哲學研究》西元 2000 年第 12 期，頁 68～72。

18. 蕭漢明〈論《京氏易傳》與後世納甲筮法的文化內涵〉《周易研究》第 44 期，西元 2000 年，頁 22～31。

19. 吳懷祺〈漢《易》與《漢書》〉《齊魯學刊》西元 2001 年第 3 期，頁 113～119。

20. 張文智〈京氏易學中的陰陽對待與流行〉《周易研究》第 52 期，西元 2002 年，頁 39～47。

21. 潘萬木〈《左傳》的卜筮敘述模式〉《荊門職業技術學院學報》第 16 卷第 4 期，西元 2001 年 7 月，頁 19～25。

22. 陳良運〈《易林》幾與《三百篇》並為四言詩矩矱〉《周易研究》第 55 期，西元 2002 年，頁 64～71。

23. 王新春〈哲學視野下的漢易卦氣說〉《周易研究》第 56 期，西元 2002 年，頁 50～61。

24. 羽離子〈《易林》古繇詩的藝術美〉《中國文化月刊》第 269 期，西元 2002 年 8 月，頁 93～108。

25. 倪南〈象數易道論綱〉《周易研究》西元 2003 年第 4 期，頁 32～44。

26. 陳華光〈西漢梁國的《易》學大師焦延壽〉《人物春秋》，西元 2003 年第 2 期，頁 68～70。

27. 魏冬〈周易筮法中的預測哲學批判〉《西藏民族學院學報》第 24 卷第 2 期，西元 2003 年 3 月，頁 76～83。

28. 王新春〈卜筮與《周易》〉《周易研究》第 62 期，西元 2003 年 6 月，頁 26～35。

29. 劉彬〈「月體納甲」說考〉《中州學刊》第 136 期，西元 2003 年 7 月，頁 143～146。

30. 陳昌文〈卜筮之辭的藝術特徵及其對古代文學的影響 —— 《焦氏易林》新論〉《學術探索》，西元 2003 年 11 月第 11 期，頁 28～30。

31. 汪顯超〈《周易》中爻芻議〉《浙江師範大學學報》第 29 卷第 6 期，西元 2004 年，頁 66～70。

32. 方爾加〈《焦氏易林》之管見〉《周易研究》第 64 期，西元 2004 年，頁 13～18。

33. 王雨田〈易筮系統‧周易邏輯‧易象科學〉《湖南科技大學學報》第 7 卷，第 3 期，西元 2004 年 5 月，頁 5～12。

五、論　文（依出版日期先後順序排列）

1. 徐芹庭《漢易闡微》，國立台灣師範大學歷史研究所博士論文，西元 1974 年。

2. 唐玉珍《左傳‧國語引《易》考釋》，國立台灣師範大學國文學系碩士論文，西元 2000 年。

3. 李鴻儒《周易爻變思想研究》，私立東吳大學中文學系碩士論文，西元 2003 年。

4. 楊淑瓊《虞翻易學研究——以卦變和旁通為中心的展開》，國立中興大學中文學系碩士論文，西元 2003 年。

5. 廖婉利《虞翻易學思想研究》，國立高雄師範大學國文學系碩士論文，西元 2004 年 6 月。